OEUVRES COMPLÈTES

DE

F. DE LA MENNAIS.

TOME VII.

PARIS. — IMPRIMERIE DE BRUN, PAUL DAUBRÉE ET Cie,
Rue du Mail, 5.

OEUVRES COMPLÈTES

DE

F. DE LA MENNAIS.

TOME VII.

DE LA RELIGION

CONSIDÉRÉE DANS SES RAPPORTS

AVEC L'ORDRE POLITIQUE ET CIVIL.

> Veri Dei ignoratio est summa omnium rerum publicarum pestis... Itaque omnis humanæ societatis fundamentum convellit, qui religionem convellit.
>
> PLATO *de Legib.*, lib. X.

PARIS,

PAUL DAUBRÉE ET CAILLEUX, ÉDITEURS,

RUE VIVIENNE, N° 17.

1836-1837

AVERTISSEMENT

DE LA TROISIÈME ÉDITION.

Les quatre premiers chapitres de cet ouvrage, publiés d'abord séparément, ont été
réunis, dans cette nouvelle édition, aux six
derniers, avec lesquels ils ne forment qu'un
tout. Les questions qu'on y a traitées tiennent
au fondement même de l'ordre politique et
de l'ordre religieux. Ce qui se passe dans
les Pays-Bas en offre une preuve de fait

aisément bien digne d'attention. La religion catholique, persécutée par un prince calviniste, en vertu des principes gallicans, et cette persécution louée, encouragée, dirigée peut-être par les révolutionnaires français, dont elle sert les desseins : c'est là, certes, un sujet de réflexions profondes pour les politiques et pour les chrétiens, pour les peuples et pour les rois. L'avenir nous réserve d'autres instructions; car tout a son terme, et même la patience. On a vu jusqu'ici le mal en action : qui sait quel spectacle doit succéder à celui-là, et ce qu'à son tour la foi peut remuer dans la société, pour la défense du vrai et du bien, et pour le salut du monde?

PRÉFACE.

On ne lit point aujourd'hui les longs ouvrages; ils fatiguent, ils ennuient : l'esprit humain est las de lui-même ; et le loisir manque aussi. Tout se précipite tellement, depuis qu'on a mis la société entière en problème, qu'à peine est-il possible de donner un moment très court à chaque question,

qu'elle qu'en soit d'ailleurs l'importance.
Dans le mouvement rapide qui emporte le
monde , on n'écoute qu'en marchant ; et
comment l'attention , sans cesse distraite par
des objets nouveaux, pourroit–elle se fixer
long-temps sur aucun? C'est ce qui nous détermine à publier seule la première partie
de ce petit traité, tandis que certains souvenirs sont encore vivans. Dans trois mois
on ne sauroit de quoi nous devons parler.
Nous tâcherons de saisir, au milieu des événemens qui se préparent, l'occasion la plus
favorable pour faire paroître la seconde partie. Il ne faut pas troubler indiscrètement
les méditations des peuples éclairés qui ont
entrepris de réformer l'œuvre de la sagesse
et de la puissance divine, ni les ramener
trop brusquement de la Bourse à l'autel, et
de la rente à la religion.

Nous n'ignorons pas que cet écrit, dicté
par une conviction profonde, choquera beaucoup d'opinions, à une époque où tant
d'hommes ont un tact si fin sur ce qu'il est
à propos de penser. Mais cette considération

n'a pas dû nous empêcher de dire ce que nous croyons vrai. On n'est point obligé de plaire, et ce n'est pas une des conditions que la Charte a mises au droit de publier ses opinions : droit dont nous userons sans autre désir que celui d'être utile, sans autre espérance que de recueillir force injures et calomnies.

Personne n'est plus soumis que nous aux lois du pays où nous vivons, nous le serions de même à Constantinople ; nous l'eussions été de même à Rome, sous la république comme sous les empereurs, et par les mêmes motifs et dans la même mesure. Une fausse liberté ne nous séduit pas , et nous sentons en nous quelque chose qui nous met à l'abri de la servitude. Le christianisme a pour toujours délivré l'homme du joug de l'homme, et il n'est pas un chrétien qui ne puisse et ne doive, en obéissant, selon le précepte de l'apôtre, répéter ces belles paroles que l'auteur de l'*Apologétique* adressoit aux magistrats romains : « Je reconnois dans » le chef de l'empire mon souverain, pourvu

» qu'il ne prétende pas que je le reconnoisse
» pour mon Dieu ; car du reste je suis libre.
» Je n'ai d'autre maître que le Dieu tout-
» puissant, éternel, qui est aussi le sien (1).»

Que si, examinant quelques unes des lois
qui nous régissent, nous les avons jugées
défectueuses à plusieurs égards, elles nous
autorisent elles-mêmes à émettre le jugement que nous en portons. On ne nous
contestera pas sans doute un privilége qu'on
ne cesse, quel qu'il soit, de vanter avec
tant d'emphase. De semblables discussions,
sincères, graves, sur un sujet qui occupe
tout les esprits, ne sauroient être interdites
que par un despotisme timidement soupçon-
neux, et, dans ses vagues inquiétudes, esclave de sa propre tyrannie.

Mais le génie du mal, tremblant pour ses
œuvres, a su trouver une autre ruse, et

---

(1) Dicam plane imperatorem dominum : sed quando non
cogor, ut dominum, Dei vice, dicam. Cæterum liber sum illi.
Dominus enim meus unus est Deus omnipotens et æternus,
idem qui et ipsius. *Apologet. adv. Gentes,* cap. XXXVII.

se faire contre la vérité un autre rempart.
« Combattez l'erreur, dit-il, mais en la sé-
» parant des personnes; » comme il dit encore : « Soutenez la religion , mais en la
» séparant de Dieu. » Qu'on lui laisse les
réalités, il nous abandonnera les abstractions;
afin d'avoir le droit de nous traiter de rêveurs.
Assurément il seroit plus doux de n'avoir à
établir que des théories générales ; mais il n'en
va pas ainsi en ce monde. Les sociétés humaines vivent ou meurent selon les doctrines
des hommes qui les gouvernent; et l'on ne
sauroit attaquer ces doctrines sans attaquer
en même temps et les discours qui les ex-
priment, et les actes qui les consacrent.
Or, quand il s'agit d'actes et de discours,
les hommes, quoi qu'on fasse , reparoissent
nécessairement ; et plus leur autorité est grande
aux yeux des peuples, plus il est nécessaire de
déchirer le voile qui cause leur illusion.
Étrange charité que celle qui sacrifieroit la
société , l'ordre , la religion, à l'orgueil ombra-
geux de quelques individus pervertis ou aveuglés ! Ce n'est pas là l'exemple que Jésus-

Christ nous a donné : il n'est point, il ne sera
jamais de langage qui approche de la sévérité
de ses paroles, lorsqu'il foudroyoit de son indignation divine les *scribes* et les *pharisiens
hypocrites, sépulcres blanchis, éclatans au
dehors, et au dedans pleins de pourriture et
d'ossemens à demi consumés* (1). Et parce que
vous le voyez, en d'autres circonstances,
rempli de douceur et de miséricorde, n'allez
pas vous imaginer qu'il se contredise. «On
» doit, dit saint Augustin, reprendre devant
» tous les fautes commises devant tous, et se-
» crètement les fautes secrètes. Distinguez
» les temps, et l'Écriture s'accorde avec elle-
» même (2). »

Il y a, n'en doutez pas, des reproches qu'il
est plus pénible de faire qu'il n'est dur de les
entendre. Mais en ces temps, où tout est ren-

---

(1) Voyez le chapitre XXXIII de l'Évangile selon saint Mat-
thieu.

(2) Ipsa corripienda sunt coram omnibus, quæ peccantur
coram omnibus : ipsa corripienda sunt secretius quæ peccantur secretius. Distribuite tempora, et concordat Scrip-
tura. *S. August. serm.* 72, *de verbis Ev. Matth.* 18, t. **V**,
col. 444.

versé dans l'homme, on a plus de pitié pour
le remords qui gronde, que pour la conscience
qui gémit. Ses douleurs importunent, irritent;
comme le sauvage à son enfant, on lui dit:
Souffre, et tais-toi! Eh! que n'est-il permis
de se taire! Ce n'est, certes, aucun motif d'intérêt personnel ou d'amour-propre qui peut
engager maintenant à défendre la religion et
la vérité : qui ne le sait? Mais dès-lors aussi
l'on doit comprendre que quiconque descend
dans l'arène, sachant d'avance ce qui l'y
attend, croit accomplir un devoir sacré. Peu
nous importe, au reste, les jugemens des
hommes et leurs vains discours. Lorsqu'aux
premiers siècles de la foi, les confesseurs,
livrés, dans le cirque, à la dent des bêtes
féroces, combattoient pour Jésus - Christ en
présence de César, et des sénateurs, et des
pontifes, et du peuple, qui ne se rioit de ces
insensés et de leur Dieu? Nous annonçons
aujourd'hui le même Dieu aux nations qui
l'oublient, à leurs chefs qui le proscrivent;
et quelque chose pourroit nous empêcher
d'élever la voix! et l'on demanderoit ce que

veut donc ce prêtre ! Ce qu'il veut? ce que vouloit Jésus de Nazareth, ce que vouloient les martyrs : heureux s'il l'obtenoit au même prix !

Il y a long-temps que le monde est le même, et qu'il poursuit de sa haine tout ce qui s'oppose à ses passions et à ses idées. Il en sera ainsi jusqu'à la fin, et ce n'est pas une raison de lui céder. Il faudra bien qu'il cède lui-même à la vérité, quand le jour de son triomphe sera venu, et qu'il cède éternellement. Les lois de la terre, même fondamentales, seront un peu ébranlées alors : et je ne sache pas que l'ordre qu'on nous fait à l'aide de toutes les théories modernes d'athéisme ait reçu du Dieu vivant des promesses d'immortalité.

Quelle que soit, au surplus, en certains momens, la vivacité de nos expressions, nous désirons qu'on les juge par le sentiment qui les a dictées. L'envie de blesser fut toujours aussi loin de nous que le dessein de flatter. Nous avons été, grâce au ciel, conduit par des vues plus hautes; et si nos efforts avoient besoin d'être justifiés devant des chrétiens, nous produirions pour toute défense ces paroles d'un illustre docteur de l'Église :

« *Il y a*, dit l'Ecclésiaste, *un temps de se* » *taire, et un temps de parler*. Et maintenant » donc, après un assez long silence , il con— » vient d'ouvrir la bouche pour révéler ce » qu'on ignore. Ne craignez ni le mensonge » ni la calomnie ; ne vous laissez point trou- » bler par les menaces des hommes puissans ; » ne vous affligez point d'être raillé par les » uns, outragé par les autres, et condamné » par ceux qui affectent de la tristesse, et » dont les remontrances séduisantes sont ce » qu'il y a de plus propre à tromper : que » rien ne vous ébranle, pourvu que la vérité » combatte avec vous. Opposez à l'erreur » la droite raison , appelant à son secours , » dans cette guerre sainte, l'auteur même de » toute sainteté, notre Seigneur Jésus-Christ, » pour qui il est doux d'être affligé, et heu- » reux de mourir (1). »

____

(1) Tempus esse tacendi et tempus loquendi , sermo est Ec-

clesiastæ. Et nunc igitur, quoniam abunde sat silentii hac-
tenus præcessit, opportunum deinceps erit, ut ad patefac-
tionem eorum quæ ignorantur, os nostrum aperiamus... Non
igitur vos terreat mendacii calumnia, neque potentium minæ
conturbent, neque risus notorumve procacitas mœrore affi-
ciat, neque damnatio eorum qui tristitiam simulant, valen-
tissimam ad fallendum illecebram objicientes adhortationis
escam : donec veritatis verbum vobiscum pugnet. Omnibus
propugnet recta ratio, belli socium advocans et adjutorem
ipsum pietatis magistrum Dominum nostrum Jesum Christum, pro quo affligi suave, et mori lucrum. *S. Basil. ep.* 79
et 211; *Oper.* t. III, p. 139 et 229.

DE LA RELIGION

CONSIDÉRÉE DANS SES RAPPORTS

AVEC

L'ORDRE POLITIQUE ET CIVIL.

CHAPITRE I.

État de la société en France.

Instruite par l'expérience et par la tradition universelle des peuples, la sagesse antique avoit compris qu'aucune société humaine ne pouvoit ni se former ni se perpétuer, si la religion ne présidoit à sa naissance, et ne lui communiquoit cette force divine, étrangère aux œuvres de l'homme, et qui est la vie de toutes les institutions durables. Les anciens législateurs voyoient en elle la loi commune (1), source des autres lois (2) ; la base, l'appui (3), le principe régulateur (4) des États constitués selon la nature ou

---

(1) *Arist. Rhetor.*, lib. I.

(2) *Cicer. de Legib.*, lib. II, cap. IV.

(3) Religio vera est firmamentum reipublicæ. *Plat.*, lib. IV *de Legib.*

(4) Omnia religione moventur. *Cicer.* V *in Verrem.*

la volonté de l'Intelligence suprême (1). « En toute
» république bien ordonnée, dit Platon, le premier
» soin doit être d'y établir la vraie religion, non pas
» une religion fausse ou fabuleuse, et de veiller à ce
» que le souverain y soit élevé dès l'enfance (2). » Ces
maximes, partout admises comme une règle immuable, furent aussi partout le fondement de l'organisation sociale : de là l'importance, quelquefois excessive à nos yeux, qu'on attachoit non seulement
aux croyances publiques, mais aux plus petites céré-
monies du culte; de là l'union intime des lois religieuses et des lois politiques dans la constitution de
chaque cité, quelle que fût la forme de son gouvernement; de là enfin le pouvoir toujours si étendu du
sacerdoce chez les nations soit civilisées, soit barbares : et il faut bien qu'il y ait en cela quelque
chose de nécessaire, de conforme à la nature de
l'homme et de la société, puisqu'aucun temps ni
aucun lieu n'offre d'exception à ce fait primitif et
permanent.

Il n'est pas de notre dessein de rechercher comment la religion, suivant ce qu'elle contenoit de
vérités et d'erreurs, modifia les institutions des peuples divers. Il nous suffit de faire remarquer qu'à
l'époque où son influence, dans l'État et dans la famille, s'affoiblit et menaça de s'éteindre entièrement

---

(1) *Cicer. de Legib.*, lib. II, cap. IV et V.
(2) Prima in omni republica bene constituta cura esto de vera religione, non autem de falsa vel fabulosa stabilienda, in qua sumus
magistratus a teneris instituatur. *Plat.*, lib. II *de Republ.*

à Rome, sous les premiers césars, tous les liens qui unissent les hommes se relâchant à la fois, l'empire tomba en dissolution ; et bientôt l'on vit ce grand corps languissant, épuisé, se débattre quelques instans, et succomber enfin sous les coups que lui portèrent des nations envoyées de Dieu pour faire disparoître de la terre le peuple athée.

Exemple à jamais mémorable ! les Romains avoient renoncé aux dogmes conservateurs de tout ordre politique et civil : leur nom seul demeura pour rendre témoignage de ce qu'ils furent. La religion, bannie par les systèmes philosophiques, sortit de cette société auparavant si vivante ; et il ne resta qu'un cadavre. Le monde étonné contemploit cet informe débris, quand tout-à-coup s'éleva une société nouvelle, fondée par le christianisme, et pénétrée de son esprit. Croissant et se développant selon l'invariable loi reconnue des anciens, elle reçut tout de l'Église, et sa forme essentielle, et ses institutions, et son admirable hiérarchie. Gibbon luimême en fait l'aveu. Ce furent les souverains pontifes, ce furent les évêques qui, appelant nos grossiers ancêtres à la vraie civilisation, créèrent, avec la royauté, les monarchies chrétiennes, qu'ils travailloient sans cesse à perfectionner. On chercheroit en vain dans l'antiquité rien de semblable à ce genre de gouvernement, qui n'y pouvoit avoir de modèle, puisqu'il n'étoit que l'expression publique du christianisme et des nouveaux rapports qu'il avoit établis entre les hommes, la manifestation pour

1.

ainsi dire sociale de ses préceptes et de ses dogmes mêmes.

Indépendamment de ce qui touche la constitution intime de l'État ; les règles de discipline établies par l'Église, la forme de ses jugemens et de ses tribunaux eurent une influence aussi heureuse qu'étendue sur la législation civile. Cette influence est surtout remarquable dans les capitulaires de nos premiers rois, monument trop peu admiré de sagesse et de justice. Il est vrai cependant que des erreurs et des passions, diverses selon les époques, mais qui toujours tendoient à rompre l'unité politique en ébranlant l'unité religieuse, altérèrent peu à peu l'esprit de la société européenne, la détournèrent de sa direction, et en arrêtèrent les progrès avant qu'elle eût atteint son parfait développement. Elle ne laissa pas de subsister avec la plupart des caractères qu'elle tenoit de son origine, tant que le christianisme fondu, pour ainsi parler, dans toutes ses institutions, put exercer sur elle son action puissante ; et après les désordres amenés par trois siècles d'hérésie et près d'un siècle d'incrédulité, il fallut, pour achever de la détruire, la séparer violemment de la religion qui la protégeoit encore contre elle-même. Mais cette fatale séparation une fois accomplie, la société changea de nature, et cela nécessairement. Qu'est-elle aujourd'hui en France, quel genre de gouvernement a remplacé la monarchie chrétienne ? Grave question, certes, et qui, bien éclaircie, serviroit à en résoudre beaucoup d'autres.

Long-temps avant notre révolution, la prétendue réforme du seizième siècle avoit ébranlé le système politique de l'Europe. Partout où elle s'établit, on vit
naître aussitôt ou le despotisme ou l'anarchie. L'histoire n'a conservé le nom d'aucun tyran plus abomi-
nable que le fils de Gustave Wasa (1). Nulle part
aussi l'ordre de succession n'a été plus souvent trou-
blé qu'en Suède. Après d'assez longues agitations, le
Danemarck a cherché le repos à l'abri d'un pouvoir
beaucoup moins réglé par les lois que tempéré par les
mœurs. Que l'armée de Gustave-Adolphe, fixée au
sein de l'Allemagne, eût quitté ses tentes pour des
habitations plus stables, ce seroit l'image de la Prusse
luthérienne, soumise, depuis son origine, à un dés-
potisme militaire, adouci par l'influence des États voisins et des tribunaux de l'Empire. En embrassant le
calvinisme, les Provinces-Unies formèrent une république turbulente, avare, cruelle. Le même peuple
qui vendoit au Japon son Dieu, égorgeoit en Europe son chef (2) et dévoroit son cœur palpitant. Qui
jamais exerça une autorité plus despotique que
Henri VIII? y avoit-il en Angleterre, sous le règne
de ce monstre, d'autre loi que son caprice? Il meurt,
et bientôt l'anarchie la plus profonde dévaste cette
terre d'où le christianisme antique, le vrai
christianisme étoit banni. Le monde eut le spectacle d'une nation qui, ayant renoncé à la foi dont

---

(1) Éric XIV.
(2) Le grand pensionnaire de Witt.

elle avoit vécu jusqu'alors , cherche dans les ténèbres et dans le sang une religion nouvelle et une nouvelle civilisation. De l'anarchie elle passe de rechef
sous le despotisme. Un fourbe ambitieux, qui savoit
vouloir et agir, chasse vers l'échafaud un prince foible, cite la Bible à des fanatiques, puis courbe tout
sous son épée. Cette épée, il l'emporta dans la tombe ;
il ne la légua pas à son fils, et ce fils fut renversé.
L'ancienne dynastie se remontre un moment, et disparoît ensuite pour toujours.

Il falloit que l'Angleterre pérît, ou qu'elle se re-
constituât sous des institutions plus stables. Ce que
le temps avoit conservé des anciennes lois et des anciennes mœurs se combinant avec ce qui restoit de
christianisme chez ce peuple, il en résulta une forme
de société analogue à ces divers élémens, mais entièrement différente, au fond, de celle qui existoit avant
la réforme : et c'est ce que ne voient pas assez ceux
qui, frappés des noms plus que des choses, croient
que l'Angleterre est une monarchie, parce qu'il y a,
dans cette terre natale des fictions politiques et de
toutes les déceptions modernes, un homme qu'on appelle roi.

La monarchie angloise expira sous le glaive des
bourreaux avec Charles Ier. Son fils n'en reproduisit
qu'une vague et triste image. Jacques II, doué d'un
sens droit, mais dénué du génie nécessaire à l'exécution des desseins qu'il avoit conçus, voulut la rétablir ;
il succomba. L'esprit du protestantisme, incompatible
avec l'existence de la véritable royauté, triompha de

tous ses efforts. En cessant de reconnoître l'autorité suprême, et même toute autorité réelle dans l'ordre religieux, le peuple avoit perdu la notion de la souveraineté dans l'ordre temporel. Il ne pouvoit plus comprendre ce que c'est qu'un monarque; il ne pouvoit surtout plus souffrir un pouvoir au-dessus du sien. Le trône, pour lui, ce fut un fauteuil, comme l'autel n'étoit plus qu'une table. Par la force même des choses on vit recommencer en Europe le gouvernement républicain. Il ne resta de la monarchie et de la religion chrétienne que des mots vides de sens. L'Angleterre devint en effet une véritable république, selon l'acception rigoureuse du mot; mais la souveraineté, qui, suivant les principes introduits par la réforme, appartient de droit à la nation entière, se concentra de fait entre les mains d'un petit nombre de familles propriétaires du sol, et qui seules possèdent les emplois et forment les deux chambres : c'est en elles que le pouvoir réside essentiellement. Le parlement est le vrai souverain, puisqu'il peut tout, selon Blackstone, tout sans exception, même changer la dynastie, même changer la religion; et ces deux choses, il les a faites : la loi, c'est sa volonté. Il gouverne par des ministres responsables envers lui, et non envers le roi, qui ne peut jamais en choisir d'autres que ceux désignés par la majorité des chambres, ou que cette majorité consent à soutenir. De royauté, à peine en existe-t-il une vaine apparence; elle est nulle en réalité. Les affaires sont discutées, décidées, dans le parlement; celles que la constitution paroît abandonner au roi dépendent entièrement des ministres, que le parlement fait et défait à son gré. Le refus des subsides arrêteroit sur-le-champ le monarque, si, sur ce point comme sur tout autre, il essayoit de s'opposer à ce que veut le parlement.

L'Angleterre est donc réellement une république aristocratique. Aussi a-t-elle tous les caractères qui appartinrent toujours à ce genre de gouvernement : une administration forte, mais à qui tous les moyens sont indifférens pour arriver au but proposé; des conseils suivis et soutenus d'une action qui ne se relâche jamais; un système d'agrandissement progressif et continuel, qui, portant au dehors les pensées du peuple et son activité, assure la tranquillité intérieure; une grande prospérité matérielle, la soif des richesses, l'estime de l'or, des croyances vagues, des mœurs foibles, et dans les classes inférieures une sorte de licence qu'elles prennent pour la liberté.

Telles furent dans tous les temps les républiques aristocratiques : telle est l'Angleterre aujourd'hui. Cependant l'on compare sans cesse notre gouvernement au sien ; c'est chez elle que l'on va chercher des exemples dont on fait des modèles, et quelquefois des lois. Il faut s'entendre. Veut-on dire que la France n'est pas plus que l'Angleterre une vraie monarchie, on a raison. Veut-on dire qu'elle est comme elle, et dans le même sens, une république, on a raison encore. Mais si l'on prétend que la France est une république aristocratique, on se trompe; car nous n'avons pas même les premiers élémens d'une aristocratie.

En effet qu'on nous montre en France ce corps de noblesse propriétaire , ou à peu près, de tout le pays, possédant en outre les premiers emplois du gouvernement, de l'Église, de l'administration , de l'armée; ce corps de noblesse privilégiée comme ne l'étoit pas la noblesse française en 1789, investie d'une foule de droits lucratifs et honorifiques, que personne ne lui conteste, et qu'on lui contesteroit vainement : qu'on nous montre dans nos codes des lois semblables à celles qui assurent la perpétuité de ces grandes familles, par l'hérédité de certaines charges, les partages inégaux, les substitutions, etc., etc.

Non seulement il n'y a point de noblesse en France, car ce ne sont point les titres mais les fonctions qui font le noble; il n'y a pas même de familles à proprement parler, puisque la loi ne fait rien pour elles, qu'elle ne connoît que des individus. Et c'est là, pour quiconque sait voir, la différence essentielle qui existe entre notre gouvernement et le gouvernement anglois.

Parmi nous nulle hiérarchie, nulle classification sociale, nuls rangs, nuls droits reconnus que ceux acquis à tous par la loi commune. Otez l'indélébile distinction qui résulte de l'inégalité des facultés naturelles et de leur développement, un peu d'or de plus ou de moins fait toute la différence entre les hommes; et aussi est-ce uniquement de cette différence variable, et qui le devient davantage de jour en jour, que dépend ce qu'on est convenu d'appeler les droits politiques.

Ainsi la France est un assemblage de trente millions d'individus entre lesquels la loi ne reconnoît nulle autre distinction que celle de la fortune. Mais cette distinction, qui n'a rien de fixe, devient énorme par le fait, pendant· qu'elle subsiste, puisqu'entre l'homme qui paie 1,000 francs.d'impositions et celui qui n'en paie que 999 il y a, comme on s'en convaincra bientôt, toute la distance qui sépare le souverain du sujet.

Voilà ce qu'est la nation considérée en elle-même, voyons ce qu'est son gouvernement. Pour en avoir une idée exacte, il faut répondre à ces questions : Quest-ce que les chambres? Qu'est-ce que le ministère? Qu'est-ce que le roi? et ce n'est pas sans motif que nous les posons dans cet ordre. Tout-à-l'heure on comprendra qu'on ne pourroit, à moins de tout confondre, les poser autrement.

Nous avons vu, et c'est un fait qui n'est pas contesté, que le parlement anglois représente une aristocratie souveraine. Les aînés des premières familles forment en effet la chambre des pairs; celle des communes est formée, dans sa plus grande portion, des cadets de ces mêmes familles, et de quelques autres propriétaires, membres aussi de l'aristocratie : car en Angleterre toutes les terres sont nobles ou privilégiées. Ainsi les deux chambres, ayant au fond les mêmes intérêts à défendre, et représentant toutes deux une même·classe de la société, ne sont réellement que deux parties, l'une élective, l'autre héréditaire, d'un seul corps appelé parlement, en qui réside la souveraineté.

Nos chambres offrent, dans le même sens, deux sections d'un seul et même corps, qu'on pourroit aussi appeler parlement, et qui reçoit effectivement ce nom dans le langage des chambres (1). Les pairs, à la vérité, possèdent des prérogatives personnelles que les députés ne partagent pas ; leurs titres et leurs fonctions sont héréditaires ; mais il en est de même chez les Anglois. L'unique différence est que, chez nous, les pairs ne représentent point une aristocratie qui n'existe pas, et que le temps même ne sauroit former sous l'empire des lois qui nous régissent. Ils ne peuvent, ainsi que les députés, représenter que ce qui est, c'est-à-dire une vaste démocratie, dans laquelle la richesse seule marque des degrés variables comme elle. Hors de là il n'existe aucun ordre à maintenir, aucun intérêt à défendre. La chambre des pairs fait donc essentiellement partie d'un système démocratique ; voulût-elle être autre chose, elle ne le pourroit pas ; elle forme nécessairement, avec la chambre des députés, un seul et unique corps divisé en deux sections qui délibèrent à part : aussi retrouve-t-on dans les deux chambres la même classification identique de leurs membres, un côté droit, un côté gauche, un centre, suivant la nature des opinions adoptées par chacun, et qui partagent également la nation elle-même.

Ce grand corps, divisé par une sorte de fiction,

---

(1) Les discussions *parlementaires*, les usages *parlementaires*, etc., etc., sont des expressions consacrées.

mais réellement un, comme le parlement d'Angleterre, consent comme lui l'impôt, et comme lui fait la loi : nous disons qu'il la fait, et non qu'il y concourt, car les droits attribués sur ce point à la royauté ne sont encore qu'une autre fiction, ainsi qu'on le verra dans un moment.

Or quiconque fait la loi, exerce la souveraineté(1). Sans juger ce qui est, sans le louer ni le blâmer, mais en l'examinant de la même manière qu'on pourroit examiner la constitution d'une république de l'ancienne Grèce, nous sommes donc conduits à cette conclusion, que la souveraineté réside dans les chambres : en soutenant le principe de l'*omnipotence parlementaire*, on n'a fait qu'énoncer le même fait en d'autres termes.

Aucun souverain, ni surtout un souverain collectif, ne pouvant gouverner seul, des ministres lui sont indispensables pour l'exercice de son pouvoir. Le ministère, chez les Anglois, n'est que l'action publique du parlement qui renvoie les ministres au moment même où ils commencent à gouverner d'une manière contraire aux vues de la majorité des chambres, sans que le roi puisse s'y opposer, quel que soit son attachement personnel pour eux, ou l'approbation qu'il accorde à leur administration. Il en est

---

(1) On pourroit ajouter, *et quiconque vote l'impôt, est maître de la souveraineté, et peut s'en emparer quand il lui plaira.* Il n'est pas jusqu'à Voltaire qui ne l'ait remarqué, à propos du gouvernement anglois. « Ceux, dit-il, qui donnent ce qu'ils veulent, et » comme ils veulent, partagent l'autorité souveraine. » *Essai sur l'histoire générale*, etc., chap. LXXI.

ainsi en France; nul ministre ne pourroit y garder ses fonctions malgré l'une des deux chambres, puisque le rejet d'une loi nécessaire suspendroit à l'instant même le gouvernement : aussi est-ce une maxime admise que les ministres doivent se retirer lorsqu'ils perdent la majorité dans l'une ou l'autre chambre ; et ce ne seroit pas une maxime, que ce seroit encore une nécessité.

Le ministère n'est donc, en France comme en Angleterre, que l'action publique du parlement, d'une aristocratie souveraine chez nos voisins, et chez nous d'une démocratie souveraine.

Que si maintenant nous cherchons quelle place la royauté occupe dans ce système, et ce qu'elle est en réalité, nous ne voyons pas que sa condition, examinée attentivement, soit de nature à exciter de vives alarmes parmi ceux qui redoutent le pouvoir absolu.

A s'en tenir aux mots qui fixent l'étendue et les limites de la prérogative royale, nous trouvons d'abord, en ce qui concerne l'autorité législative, que le roi propose les lois aux chambres, et qu'il peut ne pas présenter celles que les chambres l'auroient *supplié de proposer*.

Voilà, certes, une prérogative qui semble lui rendre une partie de la souveraineté. Mais il faut considérer que le roi n'a droit de proposer ni de rejeter aucune loi directement; il est légalement indispensable que tout se fasse par l'intermédiaire d'un ministre responsable. Or les ministres, comme on l'a vu, sont dans une dépendance absolue des chambres. Qu'ils viennent à perdre la majorité, ils tombent au même moment. Ils ne peuvent donc, de fait, rien proposer ni rien rejeter, qu'autant qu'ils seront sûrs de ne pas contrarier la majorité des chambres.

Supposons que le roi voulant les contraindre à faire quelque chose d'opposé à ce que veut la majorité, ils se retirent, et que d'autres les remplacent : les nouveaux ministres se briseront contre cette majorité, ou bien il faudra que le roi cède. Où est, en ce cas, le pouvoir souverain ?

Il est vrai que le roi peut dissoudre les chambres, et ordonner d'autres élections : c'est ici le terme de sa puissance, et encore ne s'étend-elle qu'à une moitié du parlement, à la chambre des députés. La voilà dissoute ; et la question qui étoit débattue entre elle et le roi, est soumise au jugement du peuple souverain payant 300 francs d'impositions. Rien de plus naturel dans l'hypothèse d'un gouvernement républicain. C'est l'appel au roi en ses conseils, des anciennes monarchies : il faut bien toujours un tribunal suprême qui décide en dernier ressort ; nulle société ne subsisteroit sans cela.

Enfin une nouvelle chambre envoyée par le peuple arrive : que fera-t-elle ? ce qu'elle voudra ; rien ne peut contraindre sa volonté ; c'est le même corps composé seulement de membres différens, mais toujours souverain. Il décidera, suivant son bon plaisir, entre le ministère actuel et le ministère qui l'a précédé, et, quelle que soit sa décision, il est impossible désor-

mais, à moins d'une révolution dans le gouvernement, qu'elle ne soit pas rigoureusement exécutée.

Toute fiction mise à part, voilà les droits de la
royauté en ce qui touche la législation : car il ne faut
pas confondre avec les droits fixés par la constitution de l'État, une influence toute différente, fondée
sur des sentimens qui se rattachent à un autre ordre
de choses, et qui subsistoient encore en partie lorsque la Providence ramena parmi nous la famille de
nos anciens monarques.

Mais, dira-t-on, si le roi ne jouit plus de la puissance législative, l'administration du moins lui appartient tout entière ; il conclut les traités, fait la paix,
déclare la guerre, nomme aux emplois de l'armée et
de toutes les autres branches du service public. Ceci
seroit un grand pouvoir, sans néanmoins être la souveraineté, et je m'étonnerois que le souverain osât
confier à d'autres que lui une autorité si étendue.
Mais est-ce bien réellement le roi qui exerce cette
autorité ? non ; ce sont les ministres, qui, censés responsables, font tout, en France comme en Angleterre, où rien ne peut être fait que par eux ; ministres
au choix desquels le roi n'a d'autre part que de signer
l'ordonnance de leur nomination ; ministres qu'il
garde ou qu'il renvoie suivant le bon plaisir des chambres ; ministres placés, sous tous les rapports, dans
une dépendance absolue de ces chambres, et simples
exécuteurs de leurs ordres. Car enfin, qu'ils jugent,
par exemple, la guerre nécessaire à l'honneur et aux
intérêts de l'État : pour faire la guerre il faut des

hommes ; pour faire la guerre il faut de l'argent.
Qui donne l'argent? qui accorde les hommes? le parlement, et le parlement seul. Nulle guerre ne peut
donc être faite que de son consentement ; le système
entier de l'administration lui est soumis de la même
manière. Les ministres sont liés sur tous les points
par ses volontés; qu'ils choquent aujourd'hui en
quelque chose ses vues, ses opinions, ses désirs et
même ses caprices, il les chassera demain malgré le
roi. Ils ne sont donc pas effectivement les ministres du
roi, mais les ministres du parlement. Le parlement
est donc en réalité le pouvoir administrant, comme il
est le pouvoir législatif.

Il nous semble que quiconque ne s'arrête pas à de
simples apparences, mais voit les choses telles qu'elles
sont au fond, ne sauroit contester aucun des faits que
nous venons d'avancer, ni aucune des conséquences
que nous en déduisons. Nous n'avons d'ailleurs rien
dit qui n'ait été dit et redit mille fois, dans les chambres mêmes, en termes équivalens, rien que ce qu'on
lit dans tous les ouvrages qu'on a publiés depuis dix
ans sur le gouvernement représentatif. Tous nos rai-
sonnemens reposent sur des bases positives, sur des
maximes avouées, sur ce qui se passe chaque jour
sous nos yeux.

Reprenant donc les questions posées précédemment : Qu'est-ce que les chambres ? Qu'est-ce que le
ministère ? Qu'est-ce que le roi? nous répondrons sans
hésiter :

Les chambres sont une assemblée démocratique,

divisée en deux sections qui délibèrent à part; assemblée dans laquelle réside, avec la souveraineté, toute la puissance du gouvernement.

Le ministère est l'action publique des chambres, leur agent responsable en tout ce qui tient à l'administration.

Le roi est un souvenir vénérable du passé; l'inscription d'un temple ancien, qu'on a placée sur le fronton d'un autre édifice tout moderne.

Nous avons expliqué avec le plus de netteté que nous avons pu la vraie nature de notre gouvernement, parce qu'il est impossible de rien concevoir à la société actuelle, si auparavant l'on n'a pas compris que la France n'est qu'une vaste démocratie : c'est la source la plus commune et des illusions qu'on se forme sur l'avenir, et des mécomptes que l'on éprouve dans le présent, et des injustes plaintes dont la royauté est trop souvent l'objet.

Chaque espèce de gouvernement a son caractère propre. Le caractère de la démocratie est une mobilité continuelle; tout sans cesse y est en mouvement; tout y change, avec une rapidité effrayante, au gré des passions et des opinions. Rien de stable dans les principes, dans les institutions, dans les lois; on n'y connoît la puissance du temps ni pour établir, ni pour détruire, ni pour modifier. Une force irrésistible pousse et agite les hommes; ce qui se trouve sur leur route, quel qu'il soit, est foulé aux pieds : ils avancent, reviennent, avancent encore, et tout l'ordre social devient pour eux comme un chemin de passage.

Le pouvoir ne donne pas l'impulsion, il la reçoit. Je ne sais quoi d'indéfinissable emporte et le peuple et ses chefs. Il y a dans les esprits une certaine indocilité, dans les cœurs un certain mépris haineux et défiant pour l'autorité, qui fait qu'on cède et qu'on n'obéit pas. Censurer est le besoin de tous; c'est un soulagement pour l'orgueil, et aussi une vengeance. Nulle faute n'est pardonnée à ceux qui gouvernent, parce que nul n'étant, par les lois, obligé de gouverner, quiconque se charge du gouvernement se rend garant du succès même.

La médiocrité réussit mieux dans les démocraties que le vrai talent, surtout lorsqu'il s'allie à un noble caractère. La flatterie, la servilité, la bassesse, une fausse habileté souple et patiente, conduisent plus sûrement aux emplois que le génie et la vertu, chez les peuples qu'on appelle libres. Le génie d'ailleurs et même le talent, s'il avoit quelque chose d'élevé, rencontreroit trop de difficultés, trouveroit trop d'obstacles à ses entreprises dans un État démocratique. Pour atteindre un but important, pour opérer de grandes choses, le temps est indispensable, ainsi que la suite dans les conseils. Cette persévérance est le propre des gouvernemens aristocratiques; jamais ils ne sommeillent, jamais ils ne se lassent, jamais ils n'abandonnent un dessein conçu : tout, au contraire, se fait au hasard, par entraînement ou par caprice, dans les démocraties; aussi n'eurent-elles jamais d'autre éclat que celui des armes, ni d'autre prospérité que la conquête.

Le christianisme avoit créé la véritable monarchie, inconnue des anciens ; la démocratie , chez un grand peuple , détruiroit infailliblement le christianisme , parce qu'une autorité suprême et invariable dans l'ordre religieux est incompatible avec une autorité qui varie sans cesse dans l'ordre politique. Le christianisme conserve tout, en fixant tout; la démocratie détruit tout, en déplaçant tout. Ce sont deux principes qui se combattent sans relâche dans l'État : un principe d'unité et de stabilité , un principe de division et de changement perpétuel ; et comme nulle société né sauroit sortir de ses voies tant que le principe qui la régissoit et qui a présidé à sa formation subsiste avec toute sa force , nulle monarchie chrétienne ne peut dégénérer en démocratie sans que le principe religieux n'ait subi auparavant une profonde altération. Toujours et nécessairement la révolution, commencée dans l'Église , passe ensuite dans l'État , qui à son tour l'achève dans l'Église. C'est ainsi qu'on a vu naître et s'établir en Europe, avec des gouvernemens ou despotisques ou républicains , les religions nationales ou civiles, qui ne sont qu'un athéisme déguisé.

L'égalité absolue ou la destruction de toute hiérarchie sociale, ne laissant subsister d'autres distinctions que celles de la fortune, produit une cupidité extrême, une soif insatiable de l'or; car, quoi qu'on fasse, les hommes veulent s'élever, c'est-à-dire se classer : et comme la richesse participe elle-même à la mobilité du gouvernement et de la société entière, elle devient

2.

corruptrice au plus haut degré. Les désirs sans bornes et sans règle se précipitent vers tout ce qui promet cet or, seule noblesse désormais, seul honneur, seule considération ; et dans ce mouvement rapide, le temps manquant à tous pour apprendre à posséder, tous se jettent dans les jouissances avec une sorte de fureur. Nulle prévoyance pour les siens, nulle pensée d'avenir ; le présent est tout pour l'homme concentré dans l'abjection des sentimens personnels, et les lois et les mœurs tendent de concert à l'anéantissement de la famille.

Dans le désordre universel, chacun cherche avec anxiété la place due à son mérite, à ses services, à ses besoins ou à ses convoitises. De là des prétentions innombrables, des murmures, des plaintes, des haines passionnées, un fonds général d'aigreur et de mécontentement qui croît sans cesse. Pour le calmer, pour offrir, au moins en espérance, une pâture aux désirs qui dévorent le peuple, un but fixe et présent aux passions qui l'agitent, on le jette, selon les circonstances, dans la guerre ou dans le jeu ; on l'attire à la bourse, ou on le pousse dans les camps ; on multiplie les spectacles, les loteries, les maisons de jeu ; on le corrompt de toutes les manières pour se mettre à l'abri de sa corruption.

Le système du crédit renfermé en de certaines bornes, dirigé avec prudence, servi par les événemens, peut, quoique jamais sans inconvéniens, aider quelquefois une nation à vaincre un obstacle, ou à sortir d'un péril extraordinaire : mais ni la sagesse qui se prescrit des limites, ni la force qui s'arrête, ni

la constance qui persévère dans l'exécution d'un plan
mûri par la réflexion, rien, en un mot, de ce qui est
absolument nécessaire au succès d'un pareil système
ne sauroit exister dans aucune démocratie. La mobilité des hommes et des choses empêchera toujours
que le crédit y soit, pour ainsi dire, gouverné avec
plus de suite et de règle que tout le reste. Exagéré
bientôt au-delà de toute mesure pour satisfaire la cupidité même qu'il excite, devenu un immense agiotage, il remplace momentanément la conquête, et
finit par la ruine générale, qui rend la guerre réelle
plus inévitable encore : et l'on peut hardiment prédire que l'époque n'est pas éloignée où l'Europe re-
verra les armées françaises, animées du même esprit
qui fit leur force sous notre première démocratie,
reparoître au milieu des nations étonnées ; et si elles
demandent d'où vient cette agression nouvelle, on
leur dira qu'il y a des temps où les peuples sont con-
traints de chercher dans les camps une image de la
société, et une image du bonheur dans la gloire.

Ce ne sont pas là les seules conséquences qu'entraîne avec soi le gouvernement démocratique, lorsque la religion n'y exerce pas une autorité puissante
et première, ce qui ne s'est jamais vu qu'en des États
très bornés, comme les petits cantons suisses ; et alors
la démocratie se change de fait en une théocratie véritable. Hors ces cas extrêmement rares, et lorsqu'elle demeure ce qu'elle est par sa propre essence,
la démocratie détruit la notion de toute espèce de
droit, soit divin, soit humain ; et c'est pour cela que

lorsqu'elle ne vient pas à la suite de l'athéisme, elle l'enfante tôt ou tard. La souveraineté absolue du peuple, telle même qu'elle est devenue de doctrine publique en Angleterre, où cependant elle est modifiée dans ses applications par la nature aristocratique du gouvernement ; la souveraineté du peuple, disons-nous, renferme le principe de l'athéisme, puisque, en vertu de cette souveraineté, le peuple, ou le parlement qui le représente, a le droit de changer et de modifier, quand il lui plaît et comme il lui plaît, la religion du pays. Ce droit, que Blackstone attribue sans hésiter au parlement anglois, suppose, ou que toutes les religions sont indifférentes, c'est-à-dire, qu'il n'y a point de Dieu ; ou, s'il y a un Dieu, que le parlement peut dispenser de ses commandemens, abolir sa loi, ordonner ce qu'il défend, défendre ce qu'il ordonne, ce qui évidemment est renverser toute notion du droit divin. Mais dès-lors comment pourroit-il exister quelque autre droit, et sur quoi reposeroit-il ? La raison, la loi, la justice n'est plus que ce que veut le peuple, ou le pouvoir qui représente le peuple : et c'est ce qu'ont très bien vu le protestant Jurieu et Jean-Jacques Rousseau, qui admettent l'un et l'autre formellement cette conséquence.

Il suit de là manifestement que la démocratie, qu'on nous représente comme le terme extrême de la liberté, n'est que le dernier excès du despotisme : car, quelque absolu qu'on le suppose, le despotisme d'un seul a pourtant des limites ; le despotisme de tous n'en a point : et voilà pourquoi les démocraties finissent toujours par un despote ; après elles, il n'est rien qui ne paroisse tolérable au peuple.

La démocratie n'étant autre chose, ainsi qu'on vient de le voir, que le plus haut degré du despotisme, son action publique doit nécessairement présenter le même caractère. Quand donc on se plaint en France de l'administration, du ministère, quand on lui reproche d'être despotique, on se plaint que l'administration soit ce qu'elle est forcée d'être, on reproche au ministère ce qui ne dépend de lui en aucune façon. Toute espèce de gouvernement a ses conditions inévitables. Les hommes peuvent bien sans doute y mêler leurs passions, leurs vices, leur bassesse propre, et même il est rare qu'ils y manquent, mais ils ne sauroient changer la nature des choses ; ils ne peuvent pas plus empêcher que l'action de la démocratie soit le despotisme, qu'ils ne peuvent empêcher une conséquence de sortir de son principe : et ceci nous conduit à de nouvelles considérations.

Nous avons montré que le ministère, simple agent des deux chambres, et administrant pour elles, étoit dans une dépendance absolue de leurs volontés. Or telle est dans les assemblées démocratiques nombreuses la mobilité des opinions, des passions, des intérêts, en un mot de tout ce qui détermine les hommes à se réunir dans une volonté commune, que nulle majorité n'y sauroit être assez durable pour que l'administration eût seulement une légère apparence de stabilité, si le principe du gouvernement, son esprit, ne fournissoit pas au ministère le moyen de donner une fixité plus grande à cette majorité, qui lui est indispensable pour se maintenir, au moins quelque temps. A peine le souverain, c'est-à-dire le parlement, l'auroit-il choisi, qu'il s'apprêteroit à le renverser, si le ministère ne réagissoit sur le souverain par la corruption : voyez l'Angleterre. Honneurs, emplois, argent, tout sera promis, tout sera donné pour obtenir et pour conserver la pluralité des suffrages; la corruption s'étendra du souverain à ceux qui élisent le souverain; elle pénètrera, par la contagion de l'exemple, jusque dans les dernières classes du peuple; et peut-être, après tout, sera-ce pour lui une occasion d'apprendre que la conscience est pourtant quelque chose, puisque enfin cela se vend et s'achète.

Venir, dans un pareil système, réclamer des lois, des règlemens, faire valoir des services rendus, des titres acquis, c'est presque une extravagance, c'est demander le renversement complet du gouvernement. La justice distributive dans l'administration seroit la mort du ministère livré sans défense aux attaques de toutes les ambitions. Qui jamais lui permettroit de régner pour lui seul, de recueillir seul les avantages de la souveraineté, tandis que le souverain, dont il n'est que l'agent, languiroit dans l'angoisse éternelle du désir? Il faut donc qu'il administre au profit du souverain, et dès-lors qu'il administre despotiquement, par deux raisons : et parce que les grâces, les faveurs, doivent être accordées, justement ou non, à ceux de qui dépend son existence; et parce que le despotisme administratif est le seul obstacle qui puisse, dans les démocraties, contenir quelque temps les violences de la multitude sans cesse provoquées par ceux qui spéculent sur ses passions et sur ses erreurs.

Chez un peuple ainsi constitué, la législation, soumise à mille influences variables, représentera dans son ensemble les triomphes successifs des opinions et des intérêts les plus opposés; à chaque page on y lira les vicissitudes du pouvoir, les craintes et les espérances des partis, les victoires des factions. L'administration n'offrira qu'incohérence et caprice, un flux et reflux perpétuel de mesures contradictoires, et des déplacemens sans fin. L'estime ne s'attachera plus aux fonctions, mais aux appointemens. Ainsi, plus de services gratuits. Autrefois on se dévouoit, maintenant on se vendra; quelques chiffres pourront exprimer ce que l'État demande, ce qu'on lui promet; et le ministère, à chaque article de son tarif dégradant, aura soin de stipuler une lâche et servile obéissance. Toute charge, quelque haute qu'elle soit, sera dèslors placée entre le mépris qu'elle inspire et la convoitise qu'elle excite, à cause de ce qu'elle vaut d'argent. Il y aura même, en certains cas, un revenu attribué à l'honneur, afin que quelques uns en veuillent. Le trésor devra solder tous les désirs qu'on redoute : il paiera les discours, il paiera le silence même. Les finances deviendront une immense loterie, vers laquelle afflueront toutes les cupidités. Dans le délire universel, les mots changeront de valeur : les dettes s'appelleront richesse; on échangera avidement ses terres contre un morçeau de papier : ce sera le temps de l'imagination.

Un mouvement prodigieux, sans aucun but connu, sans direction constante, agitera la société. Dans l'instabilité générale, chacun, sentant que tout lui échappe, que la famille même n'a plus de garantie de durée, ne regardera que soi, ne pensera qu'à soi. Également privés d'avenir et de passé, sans ancêtres dont le souvenir ait désormais quelque prix, sans postérité sur laquelle ils puissent fonder un sage espoir, isolés dans le temps comme dans la vie, les hommes demanderont au jour présent ce qu'au sein d'une vraie société les siècles seuls accordent. Ils voudront tout, et tout à la fois. Des extrémités de l'ordre social, si ce mot a ici un sens, on les verra se précipiter, accourir en foule, pour passer à travers les richesses, les grandeurs, le pouvoir. Qui restera ferme alors ? qui ne cèdera pas à l'entraînement, à la séduction générale ? S'il en est, qu'ils rendent grâce à Dieu; c'est lui qui les aura sauvés. La probité, la vertu, la religion même, succomberont en plusieurs, qui se mettront à raisonner avec leur conscience, à se dire que pourtant on ne doit non plus rien exagérer ; qu'on a des devoirs envers les siens ; que trop de roideur achèveroit de tout perdre ; que la sagesse conseille de se prêter aux circonstances ; que le bien, tel qu'on le voudroit, n'est plus de saison, que c'est beaucoup déjà d'éviter l'excès du mal ; et en croyant ne choisir qu'entre deux maux, souvent ils choisiront entre deux crimes. La lâcheté, dans le langage de ce temps, s'appellera modération. De tristes exemples seront donnés; on en fera des modèles : car il faudra bien qu'à cette époque de vertige et de bouleversement la foiblesse ait son lustre, et le scandale sa gloire.

Jamais les charges publiques n'auront été si pesantes : on taxera jusqu'à la lumière. Dans les siècles de servitude on prélevoit la dîme des gerbes, dans le siècle de la liberté on prélèvera celle des hommes. De là un nouveau genre de trafic, plus ou moins étendu, plus ou moins lucratif, selon les consommations de la guerre. On achètera pour les revendre des créatures humaines, et nul ne s'en étonnera; que sait-on si, au contraire, on n'y verra pas un progrès de l'industrie, qui pourra figurer dans le tableau de la prospérité nationale?

Il y aura dans les âmes un tel avilissement que l'on ne comprendra plus aucun sentiment noble, et que la simple probité deviendra presque incompatible avec tout ce que le pouvoir exigera de ses agens, suivant les momens et les circonstances. Ce sera, certes, une grande affliction pour les honnêtes gens qui aiment les places. Afin de sortir de cet embarras, ils sépareront ingénieusement l'homme public de l'homme privé; de sorte qu'en demeurant irréprochable comme homme privé, on pourra, comme homme public, être en sûreté de conscience et d'honneur le dernier des misérables.

Cette heureuse distinction une fois établie, l'administration marchera sans gêne : certaine d'être obéie, elle pourra tout commander, même les plus révoltantes vexations, même les plus viles pratiques. Rien désormais ne sera respecté : les confidences intimes de la confiance et de l'amitié, les secrets des familles, tout ce qu'il y a de plus sacré sur la terre, sera violé impudemment pour tranquilliser une lâche défiance, ou pour satisfaire une infâme curiosité.

Cependant la politique, bornée aux intrigues intérieures, et n'étant plus qu'une dispute de places, la nation perdra rapidement toute considération et toute influence au dehors; elle sera livrée aux hommes d'argent, et, pour peu qu'on y rêve quelque profit, vendue peut-être à un juif.

Les spéculations particulières se mêlant à celles de l'État, et se multipliant à l'infini, il s'établira une circulation toujours plus active, et toujours plus effrayante, des fortunes réelles et des fortunes fictives créées par le crédit. L'industrie épuisera toutes ses combinaisons pour entretenir ce mouvement et pour l'accroître. Les sciences mêmes viendront au secours. On perfectionnera les procédés des métiers, des arts, on en inventera de nouveaux; on tirera de la matière tout ce qu'elle peut donner, tout ce que les sens peuvent lui demander de jouissances; et jusqu'au moment où cet édifice d'illusions et de folies disparoîtra dans le gouffre d'une ruine universelle, on se récriera sur les progrès de la civilisation et de la prospérité publique.

Cependant la raison s'affoiblira visiblement. On contemplera avec surprise et comme quelque chose d'étrange les plus simples vérités; et ce sera beaucoup si on les tolère. Les esprits s'en iront poursuivant au hasard, dans des routes diverses, les fantômes qu'ils se seront faits. Les uns s'applaudiront de leur sagesse qui n'admet rien que de *positif*, c'est-à-dire ce qui se voit, ce qui se touche, ce qui se laisse manier avec la main ; les autres se passionneront pour des rêves, et plaignant le genre humain de son opiniâtre attachement à des idées qui ne durent après tout que depuis six mille ans, voudront, pour son bonheur, le forcer à vivre de leurs immortelles abstractions. Tous, quelles que soient leurs pensées, leurs opinions particulières, s'accorderont pour rejeter l'unanime enseignement des siècles. Il sera convenu que rien de ce qui fut ne peut plus être ; que le monde doit changer ; qu'il faut à ses lumières présentes une nouvelle morale, une religion nouvelle, un Dieu nouveau. En attendant qu'on le découvre, nous allons faire voir qu'en France l'État a cessé de reconnoître l'ancien.

CHAPITRE II.

Que la religion, en France, est entièrement hors de la société politique et civile, et que par conséquent l'État est athée.

La révolution française, dont les causes remontent beaucoup plus haut qu'on ne se l'imagine généralement, ne fut qu'une application rigoureusement exacte des dernières conséquences du protestantisme, qui, né des tristes discussions qu'excita le schisme d'Occident, enfanta lui même à son tour la philosophie du dix-huitième siècle. On avoit nié le pouvoir dans la société religieuse, il fallut nécessairement le nier aussi dans la société politique, et substituer dans l'une et dans l'autre la raison et la volonté de chaque homme à la raison et à la volonté de Dieu, base immuable, universelle de toute vérité, de toute loi et de tout devoir. Chacun dès-lors, ne dépendant plus que de soi-même, dut jouir d'une pleine souveraineté, dut être son maître, son roi, son Dieu. Tous les liens qui unissent les hommes entre eux et avec leur auteur étant ainsi brisés, il ne resta plus pour religion que l'athéisme, et que l'anarchie pour société.

Les affreuses proscriptions qui ensanglantèrent la France à cette époque de crime, proscriptions qu'on a depuis appelées des *égaremens*, révélèrent tout ce qu'il y avoit au fond des doctrines philosophiques, dont le triomphe proclamé au milieu des ruines, sur l'échafaud où montoient chaque jour et le prêtre, et le noble, et le savant, et le riche, et le pauvre, et l'enfant même, sembloit être une orgie de l'enfer.

Ces épouvantables horreurs renfermoient dans leur excès même le terme de leur durée. Le meurtre s'arrêta, mais les doctrines restèrent : elles n'ont pas un moment cessé de régner; leur autorité, loin de s'affoiblir, se légitime de jour en jour. Elles deviennent une espèce de symbole national consacré par les institutions publiques, et révéré de ceux mêmes qui l'avoient long-temps combattu. Dans l'ordre politique, nous en sommes encore, sous des formes et des noms différens, à la pure démocratie; elle gouverne et administre selon l'esprit qui lui est propre, et d'après les maximes du droit philosophique qui a fait la révolution. Partout on en trouve les conséquences, au grand étonnement de ceux qui croient vivre dans un État chrétien, sous un gouvernement monarchique, et qui, dans l'erreur de leur esprit, s'en prennent injustement aux volontés particulières de quelques hommes, de ce qui n'est que le résultat naturel, inévitable des principes et des choses.

Bonaparte, qu'il faut louer de ce qu'il a fait de bien, mit fin, par le Concordat, aux persécutions religieuses du Directoire et de la Convention. Il rendit aux catholiques le libre exercice de leur culte, mais par un simple acte de tolérance, ou de protection bornée aux individus : l'État, pendant son règne, n'en demeura pas moins athée ; et rien depuis n'a été changé à ce qui existoit sous ce rapport.

Combien de fois n'a-t-on pas remarqué que l'on chercheroit en vain le nom de Dieu dans nos Codes, seul monument de ce genre où l'homme apparoisse pour commander à l'homme en son propre nom ! Si ce recueil d'ordonnances humaines passoit aux siècles futurs, sans qu'aucun autre souvenir de notre temps leur parvînt, ils se demanderoient avec effroi si l'idée de la Cause suprême, du souverain Législateur, s'étoit donc perdue chez ce peuple ; et méditant l'oubli profond dans lequel il est tombé, ils s'efforceroient de jeter encore un voile plus épais sur sa mémoire.

La Charte, il est vrai, déclare que la religion catholique est la religion de l'État ; mais que signifient ces paroles ? et comment y voir autre chose que l'énonciation d'un simple fait, savoir, que le plus grand nombre des Français professent la religion catholique, lorsque cette même Charte déclare aussi que l'État accorde une égale protection à tous les cultes légalement établis en France ? Et, de fait, les ministres de ces cultes divers ne sont-ils pas nommés, ou au moins approuvés par l'État ? ne reçoivent-ils pas de lui une rétribution ? n'alloue-t-on pas chaque année des fonds pour l'entretien et pour la construction de leurs temples ? ne jouissent-ils pas d'autant de priviléges que le clergé catholique ? ne sont-ils pas même, à certains égards, traités avec plus de faveur ? Or l'État qui accorde une protection égale aux

cultes les plus opposés, n'a évidemment aucun culte ;
l'État qui paie des ministres pour enseigner des doctrines contradictoires, n'a évidemment aucune foi ;
l'État qui n'a aucune foi, ni aucun culte, est évidemment athée. Ce sont là des choses trop claires pour
qu'on puisse les contester ; et aussi ont-elles été solennellement reconnues, en 1817, par le tribunal ins-
titué pour empêcher que nos lois ne reçoivent de fausse
interprétation.

« Il s'agissoit de savoir (nous citons le Conserva-
» teur) si l'autorité publique pouvoit exiger de cha-
» que citoyen des témoignages extérieurs de respect
» pour la religion de l'État. L'avocat de la partie ap-
» pelante soutint que ce seroit violer la liberté des
» cultes établie par la Charte ; que, dans l'esprit de
» nos lois, cette liberté devoit s'étendre à toutes les
» religions qu'il plairoit à chaque individu de se
» former, sans que l'État lui-même en adoptât
» aucune. Et comme on avoit montré, à l'occasion
» d'un mémoire publié précédemment par le même
» avocat, que l'athéisme légal étoit une conséquence
» nécessaire de l'interprétation qu'il donnoit à la
» Charte, il lui a fallu, pour l'intérêt de sa cause,
» avouer hautement cette conséquence, et même s'en
» prévaloir, comme du principe fondamental de la
» décision que le tribunal alloit rendre. *Oui*, a-t-il dit,
» *la loi en France est athée, et doit l'être...*

» Toutes les sections de la cour de cassation,
» réunies et présidées par M. le garde des sceaux,
» ont rendu un jugement conforme aux conclusions

» de M. Barrot, malgré l'éloquence énergique de
» l'illustre défenseur de Louis XVI, et la vive oppo-
» sition de plusieurs conseillers : et quand ils ont de-
» mandé que le mémoire où se trouvent les paroles
» qu'on vient de lire fût censuré, on leur a répondu,
» avec raison, que les deux arrêts seroient contra-
» dictoires; et la doctrine de l'athéisme légal a triom-
» phé (1). »

Les esprits alors étoient frappés de ce caractère
hideux imprimé à nos lois par la révolution. M. de
Châteaubriand écrivoit à la même époque : « Aujour-
» d'hui, c'est le ministre de la justice qui combat
» jusqu'au nom de la religion, qui écarte de nos
» transactions politiques la loi divine, comme peu
» nécessaire sans doute aux règles humaines. Il est
» tout simple alors que l'éducation ressemble à la re-
» ligion; il est inutile de créer des hommes croyans
» pour des *lois athées* (2). »

On s'est fort calmé depuis ce temps-là; tant les
hommes se font à tout! Et puis l'on ne sauroit penser
perpétuellement à Dieu; il faut bien aussi penser un
peu à soi : c'est, dans notre siècle, le zèle qui s'use le
moins, et il y a souvent lieu d'admirer toutes les
formes qu'il sait prendre, et toutes celles qu'il sait
quitter.

L'esprit de notre législation et les principes qui en
sont le fondement jettent quelquefois les hommes qui

---

(1) *Conservateur*, tom. V, 65ᵉ livraison.
(2) *Ibid.*, 41ᵉ livraison, 1819.

gouvernent en d'étranges embarras, lorsqu'ils essaient de concilier ces principes athées avec le besoin
de l'ordre, avec les vœux de la partie de la nation
restée chrétienne. Rien de plus instructif à observer
que cette espèce de combat entre l'ancienne foi, la
foi du genre humain, et les maximes nouvelles que
la philosophie a données pour base à la société. Deux
projets de loi, l'un sur le sacrilége, l'autre sur les
communautés religieuses de femmes, ont été présen-
tés aux Chambres en 1825. Les tribunaux n'avoient
pu jusqu'alors punir les vols commis dans les églises,
parceque, d'après nos Codes, la *maison de Dieu* étoit
considérée comme *inhabitée*. En 1824, le gouvernement, effrayé du grand nombre de vols sacriléges qui
se commettoient, proposa de l'assimiler aux *lieux qui
servent d'asile à nos animaux domestiques*, ou, suivant
la juste expression de M. l'évêque de Troyes, de
l'élever à la dignité d'une étable ! On avoit soigneusement exclu de ce projet de loi le mot de *sacrilége :* et
si on s'est cru obligé de le laisser paroître dans la loi
de 1825, en revanche on y chercheroit inutilement
le nom de Dieu ; parcequ'en effet le sacrilége, selon
les auteurs du projet, n'est pas un crime contre Dieu,
mais *contre les opinions, les sentimens et les croyances
des peuples.*

La discussion, dans la Chambre des pairs, ayant
porté principalement sur la nature et le degré des
peines qu'on infligeroit aux malheureux qui se rendent
coupables de sacrilége, nous sommes bien aise de dire
ici que la religion étoit tout-à-fait étrangère à cette

3.

question. Elle a miséricorde pour tous ceux qui se repentent, et même pour ceux à qui la société ne peut ni ne doit pardonner. Que celui qui a reçu le glaive use du glaive pour faire respecter Dieu et sa loi, c'est son devoir; car nul ordre n'existeroit sans cela sur la terre. Mais la religion n'a point de bourreaux; et quand le crime, poursuivi au dehors par la justice humaine, au dedans par les remords, ne sait plus où se réfugier, elle lui ouvre son sein, et là encore il trouve et la paix et des espérances immortelles.

Toutefois ce seroit une profonde et dangereuse erreur de conclure de là, contre l'exemple universel des peuples anciens et des nations chrétiennes, que la société abuse du droit de vie et de mort qu'elle a sur ses membres, lorsqu'elle punit le sacrilége de la peine capitale ; et nous avons peine à comprendre comment ces paroles ont pu être prononcées devant la Chambre des pairs.

« N'arrêtez pas mes regards sur la dernière consé-
» quence de la loi, ou vous me ferez frémir. La voici
» tout entière, cette dernière conséquence : l'homme
» sacrilége, conduit à l'échafaud, devroit y marcher
» seul et sans l'assistance d'un prêtre ; car que lui
» dira ce prêtre? Il lui dira sans doute, Jésus-Christ
» vous pardonne : et que lui répondra le criminel?
» Mais la loi me condamne au nom de Jésus-
» Christ (1). »

____

(1) *Opinion de M. le vicomte de Châteaubriand sur l'article IV du Projet de loi relatif au sacrilége.*

Ce sophisme n'étoit pas digne de celui qui se l'est permis. Un enfant répondroit que l'homme ne pouvant condamner justement l'homme à mort, qu'en vertu d'un pouvoir au-dessus du sien, toute sentence de mort, si elle n'est pas un meurtre, est rendue au nom de Dieu; qu'il ne faudroit donc non plus jamais parler de Dieu à aucun criminel conduit à l'échafaud, à moins qu'on ne pût lui dire : C'est l'homme seul qui vous condamne; on va vous assassiner, et c'est pourquoi vous pouvez, sans commettre votre raison, vous réconcilier avec Dieu et croire qu'il vous pardonne. Tout cela montre ce que deviennent les lois, et l'esprit des lois, et celui des législateurs, sous les gouvernemens athées.

Et remarquez les progrès que ce genre d'athéisme fait parmi nous d'année en année. En 1824 on avoit demandé que, dans la loi sur le sacrilége, on ne parlàt que de la religion catholique, apostolique, romaine, sauf à statuer, par une autre loi, sur les vols commis dans les synagogues et les temples protestans. En 1825 aucune voix ne s'est élevée dans la Chambre des pairs, qui compte treize évêques dans son sein, pour réclamer cette séparation; de sorte qu'il a été légalement reconnu, sans la moindre opposition, qu'enlever dans un prêche calviniste une table, un banc, une nappe, ou une bible dans une synagogue, étoit un véritable sacrilége : par conséquent, que les objets employés à ces divers cultes ne sont ni plus ni moins sacrés que ceux à l'usage du culte catholique; que dès-lors l'État considère tous ces cultes comme également vrais, ou plutôt comme également faux : c'est-à-dire que l'État s'est de nouveau déclaré athée.

Il ne faut assurément pas de grands efforts d'esprit pour comprendre une chose si claire : mais si l'on souhaite de plus l'aveu précis du gouvernement, nous le produirons.

Dans un discours extrêmement remarquable, prononcé devant les députés, un homme d'un mérite incontestable, et d'une rare habileté de raisonnement, a réduit à un petit nombre de questions, aussi simples qu'importantes, toute la controverse qu'a fait naître la loi sur le sacrilége. On ne sauroit être plus loin que nous le sommes de partager les opinions de M. Royer-Collard; mais nous devons avouer que dans ce siècle si fertile en sophistes niais on est heureux de rencontrer un adversaire dont les idées sont liées entre elles qui part de principes nettement posés, en admet les conséquences, au moins presque toujours, et avec qui l'on peut dès-lors discuter sans dégoût.

En attaquant le projet de loi, il commence par prouver d'une manière invincible que les dispositions pénales qu'il contient sont, au plus haut degré, iniques, odieuses, impies, si la loi ne suppose pas la *vérité* des dogmes d'où dépend la réalité du sacrilége dans chaque cas particulier : qu'ainsi, par exemple, s'il n'est pas *légalement vrai* que Jésus-Christ, Dieu et homme, soit présent sous les espèces consacrées, le supplice infligé aux profanateurs des saintes hosties n'est qu'une épouvantable atrocité, un *forfait légal,* digne de l'exécration de tout homme à qui il reste une ombre de conscience.

Mais comme cette foi publique et sociale exclut évidemment une égale protection de tous les cultes, et que M. Royer-Collard semble confondre dans sa pensée cette protection égale avec la tolérance civile, l'État, selon lui, ne doit adopter aucuns dogmes, ni professer aucune foi. Pour user de ses propres expressions, « l'alliance que l'État forme avec la reli
» gion, de quelque manière qu'elle soit conçue, ne
» sauroit comprendre de la religion que ce qu'elle a
» d'extérieur et de visible. La vérité n'y entre pas ;
» elle est temporelle, rien de plus. »

Afin d'établir cette maxime, qu'on pourroit traduire ainsi : *L'État doit être athée, rien de plus,* l'orateur ajoute : « Est-ce qu'on croit, par hasard, que les
» États ont une religion comme les personnes ; qu'ils
» ont une âme et une autre vie où ils seront jugés
» selon leur foi et leurs œuvres ? »

Voilà, certes, une bizarre demande : ce sont de ces choses, comme Rousseau en fournit tant d'exemples, qui échappent aux plus habiles, quand ils se sont une fois engagés à soutenir quelque principe faux. Car, du reste, M. Royer-Collard sait aussi bien que nous, que si jamais personne n'imagina que *les États aient une âme et une autre vie où ils seront jugés selon leur foi et leurs œuvres,* tout le monde comprend à merveille qu'un État forme un être moral, dont les maximes, les croyances, les doctrines, sont exprimées par ses actes publics et principalement par sa législation. Il faudroit, pour nier cela, renverser le langage humain. Si les États, n'avoient point, en ce sens, une religion, ils n'auroient point non plus de morale, du moins obligatoire puisque *la morale n'a de sanction positive et dogmatique que dans la religion* (1). Or sans morale, je dis sans morale professée publiquement, et reconnue par les lois, concevroit-on seulement l'idée de justice appliquée par l'État aux rapports des hommes entre eux dans la société? Nous nous abstiendrons de montrer toutes les conséquences de l'erreur que nous combattons en ce moment, et sur lesquelles il y a quelque lieu d'être surpris que M. Royer-Collard ait fermé les yeux.

L'horreur que l'athéisme inspire naturellement l'a fait tomber dans la seule contradiction qu'offre son discours. *Il s'en faut bien*, dit-il, *que la loi française soit athée.* Si la loi française n'est pas athée, elle reconnoît donc l'existence de Dieu, il y a donc au moins une *vérité légale;* il est donc faux que la *vérité n'entre pour rien* dans l'alliance de l'État avec la religion, que *la loi humaine ne participe point aux croyances religieuses,* qu'*elle ne les connoît ni ne les comprend.* Je m'étonne que M. Royer-Collard n'ait pas vu que, ce principe admis, toute son argumentation contre ses adversaires et leur projet de loi croule par le fondement; car si l'on avoue que la loi peut et doit professer une vérité religieuse, une seule, elle doit et peut

______

(1) *Discours de M. Royer-Collard.*

les professer toutes : en d'autres termes, Si l'État *peut* avoir une religion, il *doit* en avoir une, et par conséquent la vraie. Que si, au contraire, l'État n'adopte aucune religion, si la *vérité n'entre pour rien* dans la protection que nos lois accordent aux différens cultes ; si ces lois ne consacrent, n'admettent *comme vraies* aucunes croyances, j'en adjure tous les hommes qui entendent la valeur des mots, ces lois sont *athées*.

Le motif pour lequel M. Royer-Collard s'oppose à ce que la loi reconnoisse aucune vérité religieuse, c'est qu'il s'ensuivroit, selon lui, que toutes les religions d'État seroient également vraies, ou qu'*il y auroit autant de vérités que de religions d'État.* « Bien » plus, ajoute-t-il, si dans chaque État, et sous le » même méridien, la loi politique change, la vérité, » compagne docile, change avec elle. Et toutes ces » vérités, contradictoires entre elles, sont la vérité » au même titre, la vérité immuable et absolue..... » On ne sauroit pousser plus loin le mépris de Dieu » et des hommes : et cependant telles sont les consé- » quences naturelles et nécessaires du système de la » vérité légale. »

Nous recueillons avec empressement l'aveu que contiennent ces paroles. Appliquées au système protestant, dont l'examen particulier est, comme on le sait, la base, elles sont d'une justesse rigoureuse ; mais il n'en est pas ainsi de la religion catholique, qui repose sur le principe absolument opposé.

Dans cette invariable religion, aucun individu ne *crée* la vérité ou ne la détermine par son jugement ;

mais il la reçoit sans discussion, d'une autorité toujours vivante et parlante, spirituelle par sa nature, et
infaillible *même humainement,* puisqu'il n'en est point
de plus élevée sur la terre.

De même aussi, l'État ne *crée* point la vérité ou ne
la détermine point par son jugement ; mais, comme
l'individu, il *reconnoît* cette loi immuable des esprits
et s'y soumet, en écoutant ce qu'enseigne l'autorité
indépendante, universelle, perpétuelle, qui la promulgue sans interruption. Ainsi il ne peut y avoir en
matière de religion, ni même, si on l'entend bien,
dans quelque ordre d'idées que ce soit, *deux vérités
contradictoires entre elles,* que par une violation du
principe catholique.

Dans le système protestant, au contraire, chaque
individu crée la vérité ou la détermine par son jugement ; d'où il suit que *les vérités les plus contradictoires
entre elles, sont la vérité au même titre, la vérité immuable, absolue,* ou qu'il n'existe aucune vérité : et la
même chose a lieu pour l'État.

Ici reviennent, avec une force accablante, toutes
les conséquences si admirablement déduites dans le
discours que nous examinons, et qui conduisent elles-
mêmes non moins nécessairement à une conséquence
dernière, savoir, que le système d'où elles découlent,
le système protestant où philosophique, détruit pour
les individus comme pour les États toute vérité sans
exception, et que l'athéisme absolu, qui en est la suite
inévitable, en est aussi le fond essentiel.

L'anxiété douloureuse qui tourmente le monde,

les mouvemens convulsifs qui l'ébranlent, ne sont que le résultat de la lutte établie entre le protestantisme parvenu à son terme extrême, et la religion catholique, c'est-à-dire entre l'athéisme et ses conséquences manifestées partout, dans les lois, dans les mœurs, et la doctrine contraire qui lui dispute et les mœurs et les lois. En cet état de choses, il est impossible de séparer les questions politiques des questions religieuses ; leur étroite liaison oblige de les traiter ensemble : c'est une nécessité indépendante des passions et des intérêts personnels, par lesquels on cherche trop aujourd'hui à tout expliquer. Et ce que nous disons ici est un fait tellement évident, qu'il frappe tous les esprits capables d'observation. Il n'a point échappé à M. Royer-Collard. « De même, dit-il, que, dans la politique, on » nous resserre entre le pouvoir absolu et la sédition » révolutionnaire ; dans la religion, nous sommes » pressés entre la théocratie et l'athéisme. » Ce qui signifie que, dans la politique, on cherche vainement un milieu entre la démocratie absolue ou l'anarchie, et l'unité d'un pouvoir indépendant, de qui seul peut émaner une hiérarchie sociale qui le limite sans l'anéantir ; de même que, dans la religion, on cherche vainement un milieu entre l'athéïsme et la doctrine catholique. Au fond, dans la religion comme dans la politique, on se travaille pour résoudre un problème insoluble, qui consiste à trouver une autorité qui ne soit pas une autorité : l'orgueil, qui ne sauroit se résigner à obéir, ne veut point de la véritable ; on la repousse de la politique sous le nom de pouvoir absolu, et, sous le nom de théocratie, de la religion. Je ne sache point d'expérience plus instructive : mais quelle expérience instruisit jamais les hommes ?

Dans cette position extraordinaire, les uns, emportés par les conséquences du principe athée, détruisent, jusque dans leurs derniers élémens, la société religieuse et la société politique que Dieu lui-même a unies par des liens indissolubles; et les autres, pressés du besoin de retrouver une société véritable, parce qu'il n'y a pour l'homme de vie que là, se concentrent forcément dans la seule société qui subsiste aujourd'hui, l'Église catholique, apostolique, romaine, hors de laquelle il n'existe plus ni ordre, ni vérité. Mais qu'elle cherche à élever un empire temporel, que le *prêtre* aspire à *être roi*, ce seroit aussi trop d'extravagance que de soutenir sérieusement une pareille pensée. L'Église a sans doute des droits en ce monde, puisque apparemment Dieu en a, puisque Jésus-Christ a dit : *Toute puissance m'a été donnée au ciel et sur la terre* (1); mais elle ne réclame d'autre domination qu'une domination spirituelle, et celle-là ne lui sera point ravie. Sûre d'elle-même, elle sait que sa durée sera éternelle. Les hommes ne peuvent rien pour elle ni contre elle, mais elle peut tout pour les hommes; et son désir, si calomnié, seroit de les rappeler dans les voies du bonheur et de la paix, en formant de nouveau avec l'État une alliance, non pas

---

(1) Data est mihi omnis potestas in cœlo et in terra. *Matth.* XXVIII, 18.

de *budget* (1), mais de *vérité,* de croyances, d'institutions et de lois.

Rien n'étoit plus éloigné des pensées du ministère qu'une semblable alliance : de toutes les accusations, ce seroit celle qu'il redouteroit le plus. M. le garde des sceaux, répondant à M. Royer-Collard, défendit les dispositions pénales de la loi, en niant qu'elle contînt un *acte de foi,* et qu'il s'ensuivît qu'il existe des *vérités légales.* « La législation, dit-il, n'a jamais » pensé à autre chose qu'à un acte politique (2). » M. le ministre des affaires ecclésiastiques, que nous nommons ici à regret, développa la même doctrine en des termes encore plus forts. Nous sentons avec douleur que, pour être cru, il est nécessaire de citer ses propres paroles; les voici, telles que les rapporte un journal ministériel : « La Charte dit encore que la » religion catholique est la religion de l'État. Or » l'État n'est pas seulement dans la multitude qui la » professe ; il est dans le roi, dans la famille royale, » dans les grands corps politiques et judiciaires : c'est » donc *politiquement* que l'État professe la foi catho- » lique, et, par suite, le dogme sur lequel elle re- » pose, celui de la présence réelle... *Il ne s'agit pas* » *de savoir si la religion est vraie, il s'agit de savoir si* » *elle est nationale* (3). »

Quoi! que Jésus-Christ soit ou non présent dans

---

(1) La loi de finances au moins n'est pas athée. *Discours de M. Royer-Collard.*

(2) *Drapeau blanc* du 14 avril.

(3) L'*Étoile* du 14 avril.

les hosties consacrées, il suffit que le roi, la famille royale, les grands corps politiques et judiciaires, croient à la réalité de cette présence, pour qu'on puisse justement condamner au supplice des parricides un malheureux qui n'aura, selon vous, manqué de respect que pour un morceau de pain *peut-être !* Et, ce qui passe tout le reste, on soutiendra cette doctrine pour maintenir l'athéisme légal, pour qu'on ne puisse pas dire que la loi reconnoît une vérité, renferme la profession d'un dogme! On craindra moins de tuer *politiquement* l'homme que d'avouer *légalement* Dieu ! Enfin voilà le langage qu'on osera tenir à la face de la France et de l'Europe ; voilà les maximes du ministère dans le royaume appelé *très chrétien* (1).

Aussi dans la loi qui a pour objet l'établissement des communautés religieuses de femmes, loi pénale contre la charité, contre le sacrifice volontaire de

---

(1) Nous voudrions pouvoir citer ici en entier l'admirable discours prononcé par M. Duplessis de Grenédan ; mais ce que nous ne pouvons taire , c'est l'accueil que ce discours a reçu dans la Chambre. Un homme monte à la tribune pour y faire entendre une voix éloquente , qui part d'une conscience incorruptible. Quelques députés quittent leurs bancs , et s'approchent pour écouter ; les autres l'interrompent par le bruit de leurs conversations. L'orateur s'arrête , regarde froidement les interrupteurs, et continue. Il parloit pour défendre Dieu , la religion, la vérité , tout ce dont on ne veut plus. « Un mouvement d'impatience , dit un journal (le *Drapeau blanc*), » se manifeste dans l'assemblée ; les cris : *Assez! assez!* se font » entendre , les bancs se dégarnissent; l'orateur descend de la tribune. » Si l'on ajoute que cet homme , d'un haut talent, est un des plus beaux caractères des temps modernes, on comprendra tout ce que révèle la scène que nous venons de rappeler.

soi-même au bonheur des autres ; dans cette loi, dis-je, on ne reconnoît aucun engagement envers Dieu, et en cela l'on est conséquent. On l'est peut-être un peu moins en reconnoissant des engagemens envers les hommes, tels que ceux des *sociétés de commerce, d'agriculture, d'arts, de sciences,* enfin de toutes les sociétés d'*utilité publique,* parmi lesquelles on veut bien ranger les communautés religieuses. Sur quoi reposent ces engagemens ? d'où tirent-ils leur force obligatoire ? quelle puissance humaine peut lier la volonté de l'homme ? et le devoir est-il autre chose que l'obéissance à une volonté plus haute, à la volonté de Dieu même ? Au lieu donc de renverser le fondement des devoirs, en refusant de reconnoître les obligations envers Dieu, peut-être eût-il mieux valu s'en aider pour raffermir le principe de toute obligation morale, déjà certes assez ébranlé par nos opinions et par nos mœurs. Mais enfin, admettre des vœux, c'eût été faire une brèche à l'athéisme légal, qu'il faut sauver avant tout : point de vœux donc ; et, comme dit le ministre, *l'État ne s'en mêlera pas : ce sont là des choses d'un ordre plus élevé, qui se passeront entre la conscience et Dieu.* Et toutefois qu'une pieuse fille s'engage devant Dieu à garder, suivant le conseil évangélique, une perpétuelle virginité, l'État, *qui ne se mêle point des vœux,* lui ravira les droits dont jouissent les autres membres de la société, tout prêt à les lui rendre, il est vrai, si elle sortoit du cloître pour entrer dans un lieu de prostitution. C'est la première fois que, chez aucun peuple, les lois, s'armant de rigueur contre les plus sublimes dévouemens, se soient effrayées de la vertu (1).

Déclarée par l'État indifférente ou fausse, la religion est encore exclue, sous un autre rapport, de l'ordre politique. Quelle influence y exerce-t-elle? quels droits lui reconnoît-on? Assurément aucun. Dans les anciennes monarchies chrétiennes, l'Église étoit la première des institutions publiques, et le clergé le premier des ordres de l'État, parce que l'on ne connoissoit point en ce temps-là de fonctions plus nécessaires ni plus élevées que les siennes. Il composoit, avec la noblesse et les députés des communes, les états-généraux de la nation. Il ne vivoit point comme étranger au milieu de la société qui lui devoit tout, ses croyances, ses lois, ses mœurs. Des propriétés qui, entre ses mains, furent toujours, en grande partie, le patrimoine des pauvres, assuroient avec son existence la perpétuité des bienfaits qu'il répandoit autour de lui. Il les administroit lui-même : et quoi de plus juste? Une corporation ne possède-t-elle pas au même titre qu'un particulier? ne doit-elle pas être, comme celui-ci, maîtresse de gérer ses propres affaires et de disposer à son gré de ce qui lui appartient légitimement? La folle manie d'adminis-

______

(1) Il n'est pas inutile de remarquer, comme un trait caractéristique de l'époque actuelle, que cette loi a été adoptée sur deux rapports dont le premier la qualifie de *dérisoire* et de *cruelle*, et le second d'*incohérente* et de *révolutionnaire*. Un seul fait semblable en dit plus sur l'état de la société que des volumes de réflexions.

trer tout, de centraliser tout, qui de nos jours s'est emparée de certains gouvernemens, est de leur part un envahissement des seules vraies libertés des peuples, et peut-être, à la longue, la plus dure des tyrannies : car, en ôtant aux hommes le soin de ce qui les intéresse directement, pour les tenir sous une tutelle ruineuse et despotiquement inepte, on froisse sans interruption et le bon sens universel, et tous les sentimens qui forment le lien des associations humaines.

En Angleterre, l'Église établie possède d'immenses revenus ; les évêques sont de droit membres de la chambre haute, et à peu près le tiers des causes qui se plaident dans les trois royaumes ressortissent à leurs tribunaux. Le clergé, en France, reçoit un salaire, mais la religion n'est point dotée. Ce qu'aujourd'hui l'État lui donne, il peut le lui retirer demain ; elle n'occupe aucune place dans le corps politique : elle est au-dessous d'un électeur à trois cents francs. Sans droits reconnus, et, quand on lui en reconnoîtroit, sans moyens de les défendre, une nullité complète est le partage qu'on lui a fait. Objet de crainte et de jalousie pour le gouvernement qui l'opprime beaucoup plus qu'il ne la protége, on ne lui laisse pas même le libre exercice de son propre gouvernement ; on gêne, comme nous le dirons plus tard, les communications des évêques avec leur chef ; on entrave leur juridiction ; on les isole les uns des autres pour les maîtriser plus facilement ; on ne leur permet pas de s'assembler selon les ordonnances de l'Église : abaissement tel que l'on ne conçoit point de servitude plus profonde.

Si de l'ordre politique nous passons à l'ordre civil, nous y retrouvons encore l'athéisme : il préside parmi nous à toute la vie humaine. Un enfant naît, on l'enregistre, comme, à l'entrée de nos villes, les animaux soumis à l'octroi. Rien, dans ce que l'État prescrit, ne rappelle ni la nature de cet être fait à l'image de Dieu, ni les devoirs qui l'attendent, ni les destinées qui lui sont promises. Il pourra croître sans qu'aucune parole du ciel ait été prononcée sur son berceau ; il pourra mourir sans avoir connu d'autre religion que le culte de lui-même, d'autre morale que le code criminel, d'autre divinité que le bourreau.

Suivons-le dans sa carrière, afin d'admirer jusqu'au bout l'opiniâtre impiété de la loi. Ses premières années se sont écoulées ; il est maintenant en âge de fonder une nouvelle famille, de contracter un engagement dont l'importance égale la sainteté, et que les législateurs du monde entier, fidèles à la tradition universelle et primordiale, protégèrent soigneusement contre l'inconstance de l'homme, en l'environnant de ce que la religion, dans ses menaces, dans ses promesses, dans ses rites et ses pompes, a de plus auguste et de plus solennel. Chez toutes les nations, même les plus barbares, le mariage eut toujours un caractère sacré ; jamais il ne fut, en aucun pays, un simple acte civil, une pure convention humaine garantie par l'État. Le souvenir, partout conservé, de son institution primitive, apprit aux hommes qu'à Dieu seul appartient le pouvoir de former le lien mystérieux, indissoluble, qui doit unir l'époux à l'épouse, comme il unit originairement le père et la mère du genre humain. Pour nous, peuple sans Dieu, nous avons chargé un adjoint de village d'accomplir, loin de l'autel, l'œuvre de la toute-puissance, de lier à jamais les destins de l'homme à ceux de la compagne qu'il s'est choisie, d'enchaîner les caprices de son cœur, de soumettre sa volonté à une règle immuable, de créer la famille, la puissance paternelle, les devoirs des enfans : car, s'il ne fait pas toutes ces choses, le mariage dont il est le ministre n'est qu'un concubinage légal, une véritable prostitution.

Hâtons-nous d'arriver à la dernière scène du lugubre drame de la vie dans les sociétés athées. De consolations, d'espérances, la loi n'en connoît pas; hors de la terre il n'y a rien pour elle : ses sollicitudes touchent à leur terme; elle n'a plus à s'occuper que de quelques soins de voirie. Un officier public vient constater la mort. Il déclare qu'appelé en tel lieu il y a vu un cadavre; on écrit sur un registre le nom du décédé : deux fossoyeurs font le reste.

Cherchez dans l'univers, je ne dis pas une nation, mais une horde sauvage dégradée jusqu'à cet excès, vous n'en trouverez point. Jamais, avant le dix-huitième siècle, il n'exista de société publique systématiquement athée, de législation qui se com-

battît elle-même en renversant la base des dèvoirs ;
qui, dépouillant l'homme de sa grandeur, et le
ravalant au rang des brutes, ne lui montrât dans
la naissance qu'un accroissement de l'espèce, dans
le mariage qu'un bail à vie, dans la mort que le
néant. Voilà où nous en sommes venus à force de
lumières; voilà ce que nous appelons avec com-
plaisance, les progrès de la civilisation. Et maintenant, ô France, sois fière, lève la tête, regarde
en pitié les contrées barbares où l'État croit encore
en Dieu et professe une religion ; où l'enfant, à son
entrée dans ce monde, est sanctifié, béni, placé
sous la protection de la miséricorde et de l'espérance ; où l'union conjugale formée en présence
du Très-Haut, reçoit de lui son auguste consécration; où le trépas, consolé par une foi sublime,
n'est pas la fin de toutes choses pour le juste et
pour le méchant, mais le passage à une existence
immortelle. Grâce à tes législateurs, tu t'es élevée au-dessus de ces préjugés vulgaires : affranchie de la loi divine et des croyances du genre
humain, tu t'avances à grands pas vers la perfection sociale. Encore quelque temps, et l'on
cueillera les derniers fruits de la sagesse qui pour
animer les hommes aux travaux du devoir, aux
sacrifices de la vertu, leur enseigne que le passé
n'est qu'un peu de cendre et l'avenir un sépulcre
éternel !

CHAPITRE III.

*Que l'athéisme a passé de la société politique et civile
dans la société domestique.*

Quelques personnes, dont nous devrions partager
les espérances, ont cru remarquer que l'Europe,
après tant d'égaremens, de malheurs et de crimes,
tendoit à se rapprocher de la religion. Ce retour,
s'il étoit réel, s'il étoit général, sauveroit sans
doute, en la régénérant, notre vieille société, qui
tombe de toutes parts en dissolution ; mais, en
se flattant que les doctrines vitales font chaque
jour de no veaux progrès, que le christianisme reprend sur les peuples l'ascendant qu'il avoit perdu,
n'est-on pas rassuré plutôt par des désirs que par des
faits? Il y a aujourd'hui dans les gens de bien une
disposition singulière à la confiance, et comme une
volonté fixe d'espérer sur de vagues motifs et de
trompeuses apparences. Ils comptent sur le temps,
pourvu qu'on le laisse faire et qu'on ne dérange point
son action. A les en croire, tout ira bien ; il suffit
d'attendre : et c'est qu'ils sont las de combattre, ils
veulent du repos.

Il faut réveiller ces endormis, en frappant leur
oreille du bruit des révolutions qui grondent dans
le sein de l'avenir. Mais cependant voyons ce que

des hommes d'un haut talent peuvent dire en faveur
de l'opinion sur laquelle ils se tranquillisent.

« On a beaucoup parlé de la marche du siècle et
» du mouvement des esprits, et personne n'a re-
» marqué un phénomène digne de fixer l'attention
» de l'homme d'État et du législateur. Dans le siècle
» dernier, les esprits, égarés par de funestes doc-
» trines, se dirigèrent avec une violence extrême
» contre la religion. Un ordre célèbre qui la défen-
» doit au dedans, qui l'étendoit au dehors, fut le
» premier objet de leurs attaques : sa puissance, son
» crédit, ses services, ne purent le sauver d'une
» ruine totale. Bientôt après, l'édifice entier de la
» religion s'écroula sous les marteaux révolution-
» naires, avec une facilité qui fit croire aux destruc-
» teurs que ce qui leur coûtoit si peu à renverser
» n'avoit pas une fondation bien solide. Mais, parvenu
» dès-lors à l'apogée de sa puissance, le mouvement
» irréligieux s'arrêta, ou plutôt un mouvement con-
» traire et tout religieux emporta les esprits dans une
» direction opposée. Bonaparte sut le reconnoître
» et en profiter.

» Depuis ce temps, l'esprit religieux a toujours
» été croissant; ainsi que le démontre à tout œil at-
» tentif la situation de l'Europe. Qui peut en mécon-
» noître l'influence dans les mouvemens de la Grèce,
» dans les troubles de l'Irlande, dans cette inquié-
» tude vague qui pousse les esprits vers de hautes
» contemplations? D'un bout à l'autre l'Europe est
» travaillée par un ferment religieux, introduit dans

» la masse du corps social : *Mens agitat molem*. Que
» dis-je? ces sociétés secrètes, si acharnées contre le
» christianisme, ces livres impies dont le déborde-
» ment nous inonde, ne prouvent-ils pas d'une ma-
» nière invincible la tendance religieuse contre la-
» quelle tant d'efforts se réunissent? C'est parce
» qu'elle se voit assiégée dans la place qu'elle avoit
» conquise, que l'impiété s'y fortifie ; elle ne se dé-
» fend que parce qu'elle est menacée. Ajoutez à ces
» preuves la renaissance de l'épiscopat, les concordats
» faits avec le Saint-Siége, l'établissement spontané
» de dix-huit cents communautés de femmes; les
» villes, les bourgs, appelant de tous côtés ces hum-
» bles frères de la doctrine chrétienne, plus nom-
» breux aujourd'hui, plus difficiles à supprimer, que
» ne le furent il y a soixante ans les jésuites. Com-
» ment ne pas apercevoir dans les prodiges de l'es-
» prit religieux le caractère particulier du nouveau
» siècle (1)? »

Nous convenons des efforts du zèle ; on ne sauroit
trop les louer. Du reste ce brillant tableau, réduit à
ce qu'il contient d'exact, peut être résumé en ce peu
de mots : La religion, objet d'une haine non moins
active que persévérante, est attaquée partout, et partout défendue par les vrais chrétiens.

La question qui agite la Grèce est d'un ordre différent. Après une longue et dure servitude elle combat

____

(1) *Opinion de M. le vicomte de Bonald sur le Projet de loi
relatif au sacrilége ;* 1825.

pour recouvrer son indépendance nationale, et, à force de sacrifices, probablement elle parviendra à la reconquérir, si les vues étroitement intéressées et les basses jalousies de quelques puissances rivales ne la courbent pas de nouveau sous le sabre musulman.

Esclaves depuis deux siècles dans leur propre pays, et sous quelques rapports plus misérables que les Grecs mêmes ; persécutés, dépouillés de leurs biens, massacrés au nom de la tolérance, les Irlandois demandent à leurs oppresseurs combien de temps encore six millions d'hommes, à qui l'on ne sauroit reprocher d'autre crime que leur attachement inviolable à la foi de leurs pères, seront tenus hors de la loi des nations. Ce noble peuple, indigné de ses fers et pouvant les briser, donne l'exemple d'une modération aussi admirable que le furent sa constance et sa fermeté. Il réclame par les voies légales une justice trop tardive pour l'honneur de l'Angleterre ; heureux s'il peut passer, sans que ni une larme ni une goutte de sang soit répandue, de l'état de proscrit au rang de sujet !

Rien, dans les deux exemples que nous venons d'examiner, n'autorise à penser que *l'esprit religieux soit le caractère particulier du nouveau siècle.* Le débordement des livres impies, les complots chaque jour renaissans des sociétés secrètes, conduisent bien moins encore à cette conclusion. Et quant aux prodiges de la charité, j'avoue que partout où l'on aperçoit de grands effets l'on doit admettre une cause puissante. Cette cause existe sans aucun doute : c'est la foi, c'est l'amour que le christianisme commande et inspire. Mais qu'on prenne garde de s'y méprendre : de ce qu'une lutte universelle s'est engagée entre le bien et le mal, il ne s'ensuit pas que le bien prédomine ; cela prouve plutôt, qu'au lieu de régner, il est réduit à se défendre. Qui auroit songé, il y a cinquante ans, à se réjouir de la formation d'une école religieuse comme d'une victoire? On ne remarque tant l'action du christianisme que dans les sociétés qui ne sont plus chrétiennes. La vue d'une croix étonne et frappe en un pays protestant : ailleurs à peine excite-t-elle l'attention de la piété.

La situation présente de l'Europe diffère tellement de tout ce qu'on avoit encore vu, que les meilleurs esprits, faute d'un terme de comparaison, s'abusent quelquefois d'une manière étrange dans les jugemens qu'ils en portent. Il est impossible de rien comprendre à ce qui se passe sous nos yeux, si l'on ne reconnoît d'abord, dans les deux mouvemens opposés qui agitent le monde, la continuation de la guerre que l'athéisme déclara ouvertement, vers le milieu du dernier siècle, à la religion catholique, sa seule véritable ennemie ; et si l'on ne considère d'une autre part que cette guerre, plus vive qu'elle ne le fut jamais, a totalement changé de nature, en ce qu'autre fois l'athéisme, n'ayant à ses ordres que des soldats dispersés et sans presque aucune organisation, combattoit la société publique, chrétienne alors, sinon dans ses membres, au moins dans ses lois, ses institutions, ses usages, ses maximes ; tandis que, maître aujourd'hui de cette société qu'il a conquise, il attaque, avec toutes les forces qu'elle lui prête , la religion , défendue seulement par des individus isolés. Loin que, *d'un bout à l'autre , l'Europe soit travaillée par un ferment religieux, introduit dans la masse du corps social,* le corps social s'est au contraire entièrement séparé de la religion. Il y a maintenant deux sociétés , non seulement distinctes, mais armées l'une contre l'autre : la société des hommes sans Dieu, dont presque partout les systèmes prévalent dans le gouvernement et l'administration ; la société des chrétiens unis sous l'autorité de l'Église, et qui, pour maintenir sur la terre une foi, un culte, un ordre moral, sont forcés de lutter sans relâche contre l'athéisme politique et ses conséquences. De là les prodiges de zèle qu'on admire avec raison ; et de là aussi les maux extrêmes que produit nécessairement une oppression légale et une persécution savante. Qu'en cet état les esprits soient agités d'une *inquiétude vague,* cela se conçoit ; on n'est pas à l'aise dans le vide : mais que cette inquiétude *les pousse à de hautes contemplations,* on en douteroit fort , si celui qui l'affirme n'avoit plus qu'un autre le droit d'être cru, toutes les fois qu'il s'agit de contemplations élevées.

A cause de l'abaissement où on l'a réduite, des attaques dont elle est l'objet, des sacrifices même attachés à la pratique sincère de sa doctrine et de ses commandemens, la religion peut-être exerce aujourd'hui une action plus forte sur la portion des peuples qui lui est demeurée vraiment fidèle : mais le nombre des chrétiens a diminué depuis un demi-siècle, et continue de diminuer progressivement. Ce fait n'est que trop incontestable, et seroit, au besoin, susceptible d'être établi par les documens les plus positifs. Le gouvernement lui-même, à cet égard peu suspect d'exagération, est convenu, en exposant les motifs du projet de loi sur le sacrilége, de la multitude d'*impiétés commises par des malheureux dépourvus de foi*, et il a présenté la *négligence*, l'*oubli*, l'*indifférence*, comme le caractère particulier de ces tristes temps. C'étoit avouer, en d'autres termes, l'affoiblissement de la vie morale dans la société : car la société vit de foi ainsi que l'homme; et la religion, fondement des devoirs, est aussi l'unique source des idées spirituelles, et de tout ce qui élève au-dessus des sens. Si l'on en doutoit, qu'on observe comment la philosophie du dernier siècle, en se répandant, a introduit peu à peu un matérialisme abject dans les esprits et dans les mœurs, d'où il a passé dans les lois, l'administration et le gouvernement. Des individus, égarés par de fausses doctrines, ont corrompu l'État, qui corrompt à son tour les individus : car quel est le peuple dont la foi pût résister à des lois athées, à l'influence continuelle d'un gouvernement à qui toute croyance est indifférente? Quand on le voit payer également, protéger également les cultes les plus opposés, que voulez-vous que pense la multitude toujours déterminée par l'exemple? Incertaine de ce qu'elle doit croire, elle s'affranchit bientôt de la pratique gênante des devoirs religieux; elle déserte l'église pour tous les lieux où ses passions l'appellent, et, privée d'instruction, de conseils, de règle de conduite, elle tombe rapidement dans une ignorance profonde et dans des habitudes brutales. Le repos du jour saint n'est plus gardé, et en cela l'on ne fait qu'imiter l'administration même. Le dernier signe de communion qui existe entre les peuples, au milieu de tant de cultes divers, disparoît (1). Cependant la dépravation va croissant; les liens de la famille se relâchent : ou plutôt l'on ne connoît plus ni mariage ni paternité; un homme a sa femelle et ses petits, voilà tout : et encore souvent ne sait-on à qui ils appartiennent (2). Les vices se propagent, on les étale sans honte à tous les yeux; ils entourent l'enfant dès le berceau, et leur hideuse nudité n'inspire ni horreur ni étonnement. Au sens moral, à peu près éteint, succède une sorte de mouvement aveugle qui pousse stupidement des êtres dégradés vers tout ce qui promet

------

(1) La prière commune du matin et du soir fut toujours en usage à bord des vaisseaux et parmi les troupes de toutes les nations chrétiennes ; mais en France, où il faut que tout ce qui est attaché au service de l'État participe à l'athéisme de l'État, on n'a jamais pu obtenir qu'elle fût rétablie : de sorte que le soldat, dans sa caserne, craignant de s'agenouiller devant Dieu, en présence des autres soldats, qui souvent ne souffriroient pas cette marque extérieure de religion, est exposé à perdre insensiblement la foi, en perdant l'habitude des actes de piété qu'elle commande et qui l'entretiennent. De retour dans son hameau, il y portera, avec l'incrédulité, les mœurs qu'elle engendre. C'est ainsi que le mal naît du mal, et que la corruption du gouvernement se communique de proche en proche, et par mille voies différentes, jusqu'aux derniers rangs du peuple.

(2) Ceux qui connoissent une certaine classe, malheureusement trop nombreuse, de la population de Paris, diront s'il y a rien d'exagéré dans ce tableau.

quelque jouissance à leurs grossiers appétits. Quelquefois un instinct féroce se développe en eux ; ils ont soif du sang, et des forfaits inouïs épouvantent le monde.

Que dire d'une semblable société, de ses doctrines, de ses lois ? que dire des hommes qui, possédés de je ne sais quel esprit de vertige, jettent les peuples dans cet abîme, et de ceux, plus coupables encore, qui, par foiblesse où par intérêt, se rendent les apologistes, les soutiens, les agens d'un si exécrable désordre ? Encore une fois, que dire ? Il n'y a que les paroles de l'Esprit saint : « Malheur à vous dont le cœur est » malade, qui ne croyez point en Dieu, et que Dieu » ne protégera point (1) ! Malheur à vous qui éta- » blissez des lois impies, et qui écrivez l'injustice (2) ! » Malheur à la nation pécheresse, au peuple chargé » d'iniquités, à la race perverse, aux enfans du » crime, qui ont abandonné le Seigneur, qui ont » blasphémé le Saint d'Israël, et qui se sont retirés » de lui (3) ! Malheur aux prophètes insensés qui sui- » vent leur esprit et ne voient rien (4) ! Mahcur à vous, » qui dites que le mal est bien, et que le bien est » mal ; qui appelez les ténèbres la lumière, et la » lumière les ténèbres ! Malheur à vous qui êtes sages

---

(1) Væ dissolutis corde, qui non credunt Deo, et ideo non protegentur ab eo ! *Eccles.*, II, 15.

(2) Væ qui condunt leges iniquas, et scribentes, injustitiam scripserunt ! *Is.*, X, 1.

(3) Væ genti peccatrici, populo gravi iniquitate, semini nequam, filiis sceleratis : dereliquerunt Dominum, blasphemaverunt Sanctum Israel, abalienati sunt retrorsum ! *Is.*, I, 4.

(4) Væ prophetis insipientibus, qui sequuntur spiritum suum, et nihil vident ! *Ezech.*, XIII, 3.

» à vos propres yeux, et qui vous applaudissez de
» votre prudence (1)! Malheur à vous qui avez un
» cœur double, et des lèvres criminelles, et des
» mains souillées, et qui marchez en deux voies sur
» la terre!... Que feront-ils, quand tout-à-l'heure
» Dieu les regardera (2)? Malheur à eux, car leur
» jour vient, et le temps de la visite approche (3)! »

Nous n'avons encore montré qu'une partie de
l'influence que l'État exerce sur la société domestique
pour la corrompre. Le moyen sans contredit le plus
puissant, et dont le génie du mal a su le mieux profiter pour étendre le règne de l'athéisme, est l'éducation publique. C'étoit, avant la révolution, une
maxime universellement reçue, qu'elle appartenoit,
chez les nations chrétiennes, à ceux à qui Jésus-Christ
a dit : *Allez et enseignez.* « Les conciles provinciaux,
» dit monseigneur l'évêque d'Amiens, les ordon-
» nances synodales, les édits de nos rois, les arrêts
» du conseil d'État et des parlemens, la double puis-
» sance du sacerdoce et de l'empire, reconnurent
» solennellement que l'éducation de l'enfance étoit le
» droit exclusif de l'épiscopat (4). » Après avoir

---

(1) Væ qui dicitis malum bonum , et bonum malum ; ponentes tenebras lucem, et lucem tenebras; ponentes amarum in dulce , et
dulce in amarum! Væ qui sapientes estis in oculis vestris , et coram
vobismetipsis prudentes! *Is.*, V, 20, 21.

(2) Væ duplici corde , et labiis scelestis, et manibus malefacien-
tibus , et peccatori terram ingredienti duabus viis... Et quid facient,
cum inspicere cœperit Dominus? *Eccles..* II, 14, 17.

(3) Væ eis , quia venit dies eorum, tempus visitationis eorum! *Jerem.*, L, 27.

(4) *Mandement de monseigneur l'évêque d'Amiens, du 20 août*

détruit l'ordre ancien on se hâte d'établir le principe contraire, afin d'assurer le triomphe de l'impiété et de l'anarchie. Il n'y avoit plus d'évêques en France, mais il y avoit encore des pères; on les dépouilla de l'autorité que Dieu même leur a donnée sur leurs enfans : la leur a-t-on rendue depuis? loin de là ; on a consacré l'usurpation de la puissance paternelle. Écoutez M. de Corbière :

« L'instruction publique est chez nous une institution
» *politique,* et ce n'est pas une chose nouvelle : les
» temps ont amené des changemens succesifs dans
» les établissemens comme dans les formes de l'in-
» struction ; le principe est resté le même (1). »

Une assertion si positive étonne de la part d'un avocat, qui devroit avoir au moins quelque idée de

---

1823, *concernant l'établissement d'une maison de frères destinée à l'éducation des enfans de la campagne*, pag. 11.

Nous croyons utile de consigner ici l'indication des autorités sur lesquelles l'auteur du mandement appuie le fait qu'il avance. — Conc. de Narbonne, 1551, can. 56; assemblée de Melun, 1579, tit. 38; conc. de Rouen, 1581, can. 1er; conc. de Bordeaux, 1583, tit. 27; conc. d'Aix, 1585; conc. de Toulouse, 1390; édit de 1606, au mois de décembre, article 14; déclaration, 1657, article 21; déclaration, 1666, mois de mars, art. 22; lettres du roi Louis XIII, décembre 1640; édit du mois d'avril 1695; déclaration du roi, 13 décembre 1698, articles 9 et 10; déclaration du roi, 16 octobre 1700; arrêt du conseil d'État, 16 octobre 1641; *idem*, 18 septembre 1665; 20 août 1668; 12 mars 1669; 13 janvier 1680; 23 janvier 1680; 10 septembre 1681; 8 octobre 1682; 8 mars 1695; 25 février 1696; arrêt du parlement de Paris, 4 mars 1625; *idem*, 28 juin 1625; 19 mai 1628; 10 juillet 1632; 20 mars 1642; 29 juillet 1650; 6 août 1652; 9 février 1654; 5 janvier 1665; 31 mars 1665; 31 mars 1683; 17 février 1653; 3 mars 1651; 7 septembre 1697; 25 mai 1666; 23 août 1578; 29 mai 1647.

(1) *Discours à la chambre des pairs*, séance du lundi 21 juin 1824. *Moniteur* du 25 juin 1824.

notre ancienne législation; qu'il remonte seulement jusqu'à Louis XIV, il verra que personne alors ne se doutoit de ce *principe* qui *est resté le même.* « Il est » manifeste, déclaroit, le 23 janvier 1680, le conseil » d'État; il est manifeste, qu'il n'appartient qu'à » l'Église de prendre connoissance du fait des écoles. » Cet usage a toujours été suivi en France;... aussi » les jurisconsultes disent que le soin des écoles est » soumis aux écclésiastiques. »

Puisque le ministre l'ignore, il est bon de lui apprendre que la doctrine qui le charme, et dont l'antiquité lui paroît si vénérable, est née dans la Convention. C'est elle qui, la première, en violant tous les droits, essaya de faire de l'éducation *une institution politique;* projet digne de ses inventeurs, et que, sous ce rapport, il y a certainement quelque courage à adopter. Car enfin le ministre veut-il savoir quelle est, après la sienne, la plus haute autorité qu'on puisse alléguer en faveur de la maxime qu'avec tant d'à propos il entreprend de soutenir? C'est l'autorité de Danton. En 1793, ce profond publiciste s'exprimoit ainsi : « Il est temps de rétablir ce grand prin- » cipe, que les enfans appartiennent à la république » avant d'appartenir à leurs parens. »

Voilà certes un imposant accord : aussi M. Lainé, dont toute la France connoît la vive imagination, paroît-il n'avoir pas été peu flatté de voir son administration justifiée par ce double suffrage. Sa naïve satisfaction se montre tout entière dans ces paroles qu'il adressoit à la Chambre des pairs :

« On est heureux d'entendre dire que l'instruction
» publique pour les hommes est une institution politi-
» que à régler par les lois : cela peut ranimer des es-
» pérances et des vœux légitimes : mais pour n'avoir
» pas autant d'intérêt politique , l'instruction des
» femmes n'en est pas dépourvue (1). »

Saisissant cette dernière idée, qui double le domaine
de la politique , M. le marquis de Lally-Tolendal ex-
prima le *vœu légitime,* qu'on s'occupât promptement
de former des *citoyennes;* et, en vérité, la chose est
tellement facile, tellement simple, que si nous ne
jouissons pas bientôt de ce développement si désira-
ble de nos institutions constitutionnelles, ce sera
mauvaise volonté pure de la part de l'administration.
Il ne s'agit que de faire apprendre à lire aux petites
filles dans la Charte, à qui le noble pair n'assigne
cependant que la seconde place dans la bibliothèque
de l'enfance. Il ne dit pas à quel autre ouvrage il
réserve la première : mais il tient extrêmement à ce
qu'on mette entre les mains des jeunes personnes,
lorsqu'elles seront déjà suffisamment familiarisées avec
les lois fondamentales et les lois organiques, la *Défense des quatre propositions de* 1682, par Bossuet (2).

---

(1) *Moniteur* du 13 juillet 1824 , séance de la Chambre des pairs
du 10 juillet.

(2) « Le noble pair désireroit ardemment que cet exemple (celui
» d'un magistrat anglois qui apprenoit à lire à son fils dans la grande
» charte) fût suivi par nos institutrices; que les petits enfans trou-
» vassent dans leur premier livre , sinon à la première place, du
» moins à la seconde , les lois fondamentales, la charte royale que
» nous devons à la sagesse et à la bonté conservatrice de notre

Les esprits légers trouveront peut-être ces lectures excessivement graves ; on ne nie pas qu'au premier aspect elles n'offrent quelque chose d'un peu sérieux pour des petites filles, et même pour des petits garçons : mais après cela aussi la France pourra se flatter d'avoir des *citoyennes* comme on n'en voit guère assurément, et les femmes les plus fortes de l'Europe en théologie et en politique *gallicanes*.

Il n'est pas inutile de rappeler ces extravagances : mieux que tout ce qu'on pourroit dire elles montrent ce que devient la raison publique chez les peuples qui abjurent le christianisme. Ils tombent dans une sorte d'imbécillité à la fois risible et effrayante. Le sens leur est ôté, et c'est leur premier châtiment.

On se plaint depuis long-temps de l'esprit dans lequel la jeunesse est élevée en France : mais dès qu'on fait de l'éducation une *institution politique*, l'éducation est nécessairement ce qu'est l'État lui-même ; ses doctrines règnent dans les colléges comme dans la société, quel que soit l'enseignement particulier de tel ou tel maître : aucune puissance humaine ne sauroit faire qu'une institution politique soit opposée, et en elle-même et dans ses effets, au principe dont elle

---

» bien-aimé souverain. Il voudroit que plus tard on offrît à leurs
» yeux les ouvrages de Bossuet, docteur éternel de l'Église galli-
» cane, etc... Ici le noble pair ne craint pas qu'on l'accuse de con-
» fondre les lectures d'un sexe avec celles de l'autre. Sujettes et
» *citoyennes*, épouses et mères de famille, l'instruction des fem-
» mes, leur éducation, importent aujourd'hui à la société sous
» des rapports plus étendus qu'autrefois. » *Moniteur* du 14 juillet
1824.

émane, qu'il y ait de la foi dans les écoles établies et administrées par un gouvernement qui professe l'indifférence absolue des religions. De là cette espèce de doute contagieux et cette impiété froide et tenace, qu'on observe avec épouvante dans la plupart des établissemens publics d'éducation. Les désordres de mœurs, bien que portés à un degré autrefois inconnu, sont moins alarmans pour l'avenir. On se corrige du vice; rarement on revient d'une incrédulité précoce. Nous avons cité des faits terribles; nous en garantissons de nouveau la trop exacte vérité : et combien n'en pourrions-nous pas citer d'autres ! On dit qu'il auroit fallu taire ces faits : non, non, quand il s'agit d'avertir les parens des dangers auxquels ils peuvent, sans le savoir, exposer ce qu'ils ont de plus cher; quand il s'agit du salut des âmes, se taire est un crime, et dissimuler en est un plus grand.

La religion ne se commande point, elle s'inspire. L'exemple général, l'esprit des institutions, l'influence des lois, voilà ce qui fait sa force et ce qui la conserve; et c'est pour cela aussi, qu'à bien peu d'exceptions près, nos écoles publiques ne peuvent être que des écoles d'impiété, et par conséquent de mauvaises mœurs. Lorsqu'on établit dans un collége, à côté d'une chapelle catholique, un prêche calviniste, quel doit être, je le demande, sur la foi des élèves l'effet d'un semblable rapprochement? Protestant, catholique, chacun se moque de son culte, et ne voit dans la religion qu'une rêverie absurde, ou tout au plus qu'une coutume indifférente. Et qu'on ne croie pas

5.

remédier aux inconvéniens d'un pareil système d'éducation en plaçant à sa tête un évêque ; car l'unique résultat d'une si choquante inconvenance est d'abuser quelques familles, de perdre quelques enfans de plus, d'augmenter les dangers du mal en le couvrant d'un voile sacré, de mettre l'athéisme sous la protection de la religion même, et de persuader peut être aux oppresseurs de l'Église, qu'il n'est point de complaisances qu'on ne puisse exiger et attendre de ses ministres.

Cependant, corrompre l'enfance, c'est corrompre l'avenir tout entier, c'est appeler les fléaux et provoquer la ruine. Car quel est le peuple qui puisse subsister lorsque la base des devoirs, méconnue par l'État, est encore ébranlée dans la société domestique ? Le temps approche où ces vérités, éternelles comme Dieu, cesseront d'être un objet de doute et de raillerie insensée. Quand, de sa main inexorable, la justice qui ne meurt point les aura écrites en caractères de sang sur une terre désolée, on comprendra que le monde est soumis à d'autres lois que celles inventées par la raison du dix-neuvième siècle. Beaucoup de générations ne passeront pas avant que cette grande et dernière leçon soit donnée aux hommes. Jusque-là tous les avertissemens seront vains ; mais ils ne laissent pas d'entrer dans les vues de la Providence pour éclairer ceux qui ont le cœur droit, et pour justifier la sévérité de ses jugemens sur les autres.

CHAPITRE IV.

*Que la religion , en France , n'est aux yeux de la loi
qu'une chose qu'on administre.*

Tout se lie et s'enchaîne tellement dans les sociétés
humaines comme dans l'univers, que l'on ne sauroit
traiter une question de quelque importance, sans en
remuer un grand nombre d'autres, surtout lorsque
l'absence de maximes établies et généralement reçon-
nues oblige d'éclaircir et de prouver jusqu'aux vérités les plus simples. Aujourd'hui principalement,
qu'il n'est rien sur quoi l'on ne conteste ; aujourd'hui
qu'à la place de la raison publique, presque entièrement éteinte, il n'existe que des opinions aussi opposées entre elles, aussi diverses que toutes les chimères
qui peuvent s'offrir à des esprits abandonnés sans règle à eux-mêmes, on ne doit supposer comme admis
aucun principe, ni aucun fait, mais chercher d'abord,
en parlant aux hommes, à se faire avec eux une raison commune, si l'on veut en être entendu. Ce n'est
pas assurément une difficulté médiocre ; et parvînt-on
à la surmonter, il y a loin de là encore à persuader et
à convaincre. Malgré l'anarchie des croyances, jamais on ne fut plus affirmatif ; et le caractère du temps
présent est le dogmatisme individuel et le scepticisme
social.

De cette disposition, signe infaillible d'un profond désordre et d'une foiblesse profonde, résulte, puisqu'il faut le dire, une espèce d'idiotisme public, auquel on ne voit rien à comparer dans les siècles précédens. De là l'étrange facilité avec laquelle on se laisse abuser par des mots. Appelez liberté la servitude, et la persécution tolérance, les hommes, tels que les a faits la civilisation philosophique, ne se croiront libres que dans les fers, et s'imagineront de bonne foi protéger en opprimant. Partout on remarque ce genre d'illusion : il se propage si rapidement, qu'il devient chaque jour plus difficile de trouver des esprits qui en soient tout-à-fait exempts ; et c'est pourquoi, voulant traiter de la religion dans ses rapports avec l'ordre politique et civil, nous avons été obligé, pour être compris, d'examiner ce que sont actuellement en France et l'ordre civil et l'ordre politique. Un court résumé des réflexions qu'il nous a paru nécessaire de présenter sur cet important sujet aidera beaucoup à saisir les conséquences que nous ne tarderons pas à en tirer.

Pour quiconque est capable d'assembler deux idées, il est clair qu'à la place de la monarchie chrétienne, dont la révolution qui travaille l'Europe a fait disparoître jusqu'aux dernières traces, nous avons un gouvernement démocratique par essence, mais qui tient de son origine et des circonstances de sa formation un caractère particulier. Car on se tromperoit prodigieusement si on le comparoit à certaines démocraties que des causes naturelles avoient établies dans le sein de la chrétienté, et qu'on pourroit appeler légitimes.

Elles n'étoient, à vrai dire, que des communautés in-dépendantes où chacun avoit apporté et conservoit des droits égaux, une réunion de familles liées par les mêmes intérêts, et qui, selon des règles convenues, administroient en commun la chose publique. La raison conçoit très bien une semblable forme de police dans un petit État où règnent des mœurs simples, maintenues par une foi simple comme elles.

La démocratie de notre temps, toute différente par son principe, repose sur le dogme athée de la souve-raineté primitive et absolue du peuple. Considérées en elles-mêmes, nos institutions, sur lesquelles des discoureurs peuvent faire des phrases et bâtir des sys-tèmes sans fin, ne sont évidemment que des consé-quences de ce dogme absurde. Il règne dans les es-prits, il est l'âme de la société et le fond réel, quoique inaperçu, des opinions en apparence les plus diver-gentes. Combiné avec les idées étroites et matérielles de la politique moderne et la corruption morale qu'elles engendrent, il produit et dans les lois une anarchie hideuse, et dans l'administration un despo-tisme tel qu'il n'en exista jamais de si funeste et de si dégradant. A la vue de ce supplice, car c'en est un, on seroit tenté de croire qu'il y a des crimes pour les-quels la justice suprême condamne les peuples à être étouffés dans la boue.

Or la révolution, qu'on a confondue et que l'on continue de confondre avec ce qui n'en fut qu'une horrible circonstance, n'est en réalité que le renver-sement des doctrines qui, depuis l'origine du monde,

ont été le fondement des sociétés humaines. On la reconnoît bien moins à ses atroces violences, qu'à sa
haine réfléchie pour le christianisme, qui partout se
présente à elle comme un obstacle, et le seul qui retarde son triomphe complet. Aussi n'a-t-elle pas un
moment cessé de le poursuivre. Tantôt, en poussant
des cris de rage, elle le traîne sur les échafauds, tantôt elle le bannit de la société publique avec toutes les
formules du respect, armant contre lui tour-à-tour et
la fureur des hommes de sang, et la basse astuce des
légistes, et les bouillantes passions de la jeunesse, et
la corruption froide de la classe qui se vend, et l'ignorance de la populace, et l'imbécillité même de quelques bonnes gens qui se croient religieux, qui le sont
réellement, et qui, imperturbables dans leur confiance
hébétée en des malheureux qui se jouent de leur in-
curable innocence, s'imaginent faire merveille et sauver la religion toutes les fois qu'ils prononcent contre
elle un arrêt de mort.

A l'aide de ces divers moyens, la révolution est parvenue à exclure Dieu de l'État, et à établir l'athéisme
dans l'ordre politique et dans l'ordre civil, d'où il passe
dans la famille. L'éducation l'y introduit ; il s'y propage par l'exemple et par l'influence secrète et puissante qu'a sur les hommes l'esprit de la société dans
laquelle ils vivent.

Mais dès-lors qu'est-ce que la religion pour le gouvernement ? que doit être à ses yeux le christianisme ?
Il est triste de le dire, une institution fondamentalement
opposée aux siennes, à ses principes, à ses maximes :

un ennemi; et cela, quels que soient les sentimens personnels des hommes en pouvoir. L'État a ses doctrines,
dont chaque jour il tire les conséquences dans les actes
soit de législation, soit d'administration. La religion
a des doctrines essentiellement opposées, dont elle tire
aussi les conséquences dans l'enseignement des devoirs et de la foi, et dans l'exercice du ministère pastoral. Il y a donc entre elle et l'État une guerre continuelle, mais qui ne sauroit durer toujours. Il faudra
nécessairement ou que l'État redevienne chrétien,
ou qu'il abolisse le christianisme; projet insensé autant qu'exécrable, et dont la seule tentative amèneroit la dissolution totale et dernière de la société.

Déjà elle chancelle de toutes parts, déjà sa vie s'affoiblit manifestement, à mesure qu'elle se sépare davantage de la religion ; et cette effrayante séparation,
qu'on s'efforceroit en vain de ne pas apercevoir, s'ac-
croît d'année en année. Dans l'impossibilité actuelle
de prononcer son abolition légale, on combat son influence, on restreint son action, on la façonne à l'esclavage, pour en faire, s'il se peut, en la dénaturant,
un docile instrument du pouvoir. On redoute, et l'on
a raison de redouter, une lutte ouverte, où l'Église,
qu'on ne subjugue point, puiseroit un nouveau courage et des forces nouvelles. A la place de la violence,
on emploie contre elle la ruse et la séduction. L'habituer à la servitude, en la flattant et en l'intimidant
tour-à-tour, voilà ce qu'on cherche. On voudroit, non
pas former avec elle une alliance sainte pour le
triomphe de l'ordre et de la vérité, mais qu'elle se fon-

dit peu à peu dans l'État tel qu'il est, en renonçant à ses croyances, à son propre gouvernement, à ses propres lois, c'est-à-dire en s'anéantissant elle-même ; ce qui est arrivé partout où l'unité catholique a été rompue. Les révolutionnaires de tout degré ne dissimulent point à cet égard leurs vœux ; et je les loue de leur franchise, parcequ'au moins l'on sait clairement à quoi s'en tenir sur leurs desseins. L'administration tend au même but, en feignant de les combattre : on l'a déjà vu, et nous n'aurons encore que trop d'occasions de le prouver. Hypocrite dans son langage, pour tromper les simples, elle se refuse obstinément aux améliorations comme aux réformes les plus nécessaires, à tout ce qui contrediroit le grand principe de l'athéisme légal ; et il n'est pas un seul de ses actes qui n'ait, sinon pour fin, du moins pour effet de propager dans les esprits l'opinion funeste de l'indifférence absolue des religions, devenue l'une des maximes fondamentales de notre droit public.

Déjà, dans les Chambres, on la défend comme le principe même de la civilisation moderne, et de je ne sais quelle *fraternité universelle, politique et religieuse,* dont Paris, dit-on, est le centre, dont les plaisirs sont le lien, et qui, pour le bonheur de l'humanité, doit unir à jamais, sans distinctions de croyances, tous les peuples à l'Opéra. Les hommes qui parlent ainsi en présence d'une assemblée grave, ou qui doit l'être, pourroient se souvenir que Rome aussi eut une semblable civilisation : de tous les points du monde on accouroit à ses spectacles ; les lettres et les arts fleurissoient; avec une extrême politesse de mœurs régnoit une philosophie douce et voluptueuse. L'empire étoit heureux sans doute ? Demandez-le à l'histoire : la félicité de ces temps commence aux triumvirs et finit à Néron.

Certes nous sommes descendus bien bas, si bas qu'à peine conçoit-on qu'il soit possible de descendre encore. Une nation peut se corrompre, et même périr par l'excès de la corruption : cela s'est vu ; mais qu'un peuple rejette systématiquement de ses lois tout principe spirituel, toute vérité religieuse et par conséquent toute vérité morale, il n'en existoit aucun exemple : c'est un phénomène nouveau sur la terre. Cependant je m'étonne moins encore de cette prodigieuse dégradation, que de l'espèce d'orgueil qu'elle inspire à certains êtres qu'il faut bien appeler humains, puisqu'il leur reste la figure et le langage de l'homme.

Dans cet affoiblissement général de la conscience et de la raison, la tribune ne laissera pas de retentir de belles paroles : on s'y montrera fidèle à toutes les phrases obligées ; le *trône* et l'*autel* viendront régulièrement orner les pieuses harangues de quelques orateurs, dont le zèle, plus effrayé, ce semble, des erreurs de l'opinion que de l'impiété des lois, combat les unes par conviction, et vote les autres par dévouement.

Lorsqu'on en est arrivé à ce point, atténuer le mal, excuser les lâches complaisances qui nous perdent, ce seroit s'en rendre complice. On doit la vérité, on la doit tout entière à ceux qui sont capables de l'entendre ; aux autres on ne doit rien que la pitié. Disons-le donc sans crainte : si, dans cette contradiction malheureusement trop commune entre les discours et la conduite, on est de bonne foi, il y a démence ; si on ne l'est pas, il y a crime.

Deux choses ont aujourd'hui des conséquences funestes : l'une est le penchant qui porte à pallier, à justifier les actes les plus déplorables, d'après le motif présumé qui a fait agir. Cet homme, dit-on, a de bonnes intentions. On ne lui en demande pas davantage ; avec cela il peut faire le mal en sûreté. Ce mal, quelque grand qu'il soit, cesse d'inspirer une juste et salutaire horreur : ce n'est plus qu'une foiblesse, un travers ; et ainsi peu à peu s'éteint dans les âmes le sentiment de l'ordre et l'amour du devoir.

Si la disposition à excuser tout en faveur des liens de parti, de coterie, ou d'opinion, déprave insensiblement la conscience, la dangereuse manie de chercher dans le passé des analogies chimériques avec le présent égare et fausse l'esprit. Ce qui est ne ressemble à rien de ce qui fut ; et l'idée contraire est la source d'une multitude d'erreurs qui, à force d'être répétées, passent enfin pour des vérités établies. Voyez avec quelle confiance et quel sérieux on apprend à la France que ses institutions actuelles remontent à Charlemagne et à Mérovée ; que ses Chambres ne sont autre chose que les assemblées du Champ de Mai, et ses Codes une édition revue et corrigée des Capitulaires. Chaque jour on tourmente le bons sens par de semblables inepties. Aux fictions politiques, assez graves déjà, on ajoute encore des fictions historiques, afin de compléter ce vaste système d'illusions. Il n'est point de peuple dont la raison pût résister long-temps à l'influence de tant de causes diverses qui tendent incessamment à la troubler et à la détruire. La même confusion d'idées règne en partie dans la jurisprudence, comme nous aurons occasion de le montrer; et quant à l'administration, qu'est-elle, qu'un chaos de maximes et de règles empruntées à tous les régimes, modifiées selon les caprices du moment, appliquées selon les intérêts, violées selon les passions, et qui, sous quelque point de vue qu'on les considère, ne présentent rien de fixe que le despotisme, et d'immuable que l'oppression?

Un matérialisme abject a tout envahi : dans la société on ne voit que de la terre, des bras, et de l'argent; dans la loi, que le rapport entre des boules noires et blanches; dans la justice, que les prescriptions variables d'une loi sourde et aveugle; dans le crime qu'un simple fait, dont, pour la sûreté commune, l'idée doit se lier à celle du bourreau.

Du reste l'État ne connoît ni Dieu, ni ses commandemens, ni vérité, ni devoirs, ni rien de ce qui appartient à l'ordre moral. Il se glorifie d'être indifférent à l'égard de tous les dogmes, et même de les ignorer. Il n'existe à ses yeux nul pouvoir supérieur à celui qui le régit; il ne s'élève pas plus haut que l'homme, et il appelle indépendance la soumission servile à ses volontés. Tout lui est bon, pourvu qu'il renie la souveraine autorité, de qui découlent toutes les autres (1), pourvu qu'il n'obéisse point au suprême législateur. Il repousse jusqu'à son nom; ce nom lui est odieux même à entendre; il l'a effacé de ses lois, ne leur laissant que la force pour principe, et pour sanction que la mort.

De cette affreuse apostasie politique il résulte que la religion, toujours à la veille d'être proscrite, puisque son esprit et sa doctrine sont en contradiction absolue avec les maximes de l'État, n'est qu'une sorte d'établissement public accordé aux préjugés opiniâtres de quelques millions de Français. On la tolère pour eux, comme on protége pour d'autres les spectacles. Elle figure dans le budget au même titre que les beaux-arts, les théâtres, les haras. Elle dépend de la même manière de l'administration qui la salarie. On règle sa dépense, on détermine le mode de comptabilité, on nomme aux emplois : c'est là tout. Une église n'a rien de plus sacré qu'un autre édifice; elle n'est, comme une prison, comme une halle, qu'un bâtiment à construire ou à réparer; et nulle différence entre le sanctuaire où repose le Saint des saints, et un temple protestant, et une synagogue,

----

(1) Non est enim potestas nisi à Deo. *Ep. ad Rom.*, XIII, 1.

et une mosquée même, s'il prenoit fantaisie au premier venu d'en établir. Évêques, consistoires, prêtres, ministres, rabbins, tout est égal aux yeux de la loi, et nous dirions aussi aux yeux des administrateurs, si le clergé catholique n'étoit trop souvent pour eux l'objet d'une défiance particulière et d'une aversion que rarement prennent-ils le soin de déguiser.

Ainsi la religion, qui devroit, placée à la tête de la société, la pénétrer tout entière, est reléguée parmi les choses qui l'intéressent le moins, ou qui ne l'intéressent que sous des rapport matériels. On la souffre à cause du danger de l'abolir subitement; on l'avilit, on gêne son action, on rétrécit autant qu'on le peut le cercle de son influence, on ne laisse échapper aucune occasion de lui contester ses droits divins; on s'efforce de la rendre odieuse et méprisable au peuple, espérant, par ces moyens, s'en délivrer peu à peu sans secousse; ou, ce qui reviendroit au même, asservir ses ministres, en ce qui regarde leurs fonctions spirituelles, à la puissance civile, devenue maîtresse dans l'Église, comme elle l'est de droit dans l'État.

Et qu'on ne se tranquillise pas sur les obstacles que rencontreroit l'exécution d'un pareil plan : il n'est point de mal qu'on doive aujourd'hui juger impossible; il se trouvera des gens pour tout faire, et pour justifier tout. Car, on ne sauroit se le dissimuler, une race d'hommes nouvelle a apparu de notre temps, race détestable et maudite à jamais

par tout ce qui appartient à l'humanité ; hommes
de fange, les plus vils des hommes après ceux qui
les paient ; hommes qui n'ont une raison que pour
la prostituer aux intérêts dont ils dépendent, une
conscience que pour la violer, une âme que pour
la vendre ; hommes au-dessous de tout ce qu'on
en peut dire, et qui, après avoir fatigué l'indignation, fatiguent le mépris même.

Nous le répétons, l'anéantissement du christianisme
en France par l'établissement d'une Église nationale, soumise de tout point à l'administration,
voilà ce qu'on prépare avec une infatigable activité ;
voilà où mèneroit infailliblement le système suivi
jusqu'ici, voilà enfin ce que veut la révolution :
l'obtiendra-t-elle ? L'avenir répondra.

CHAPITRE V.

*Conséquences de ce qui précède par rapport au gou-
vernement de l'Église et aux relations des évêques
avec le pape, centre et lien de l'unité catholique.*

Ceux qui trouvoient peut-être, il y a quelques mois,
nos alarmes exagérées, doivent comprendre maintenant, par ce qui se passe sous nos yeux, par l'audace
croissante des hommes d'anarchie, par les maximes
qu'ils soutiennent, les projets qu'ils avouent, les espérances qu'ils manifestent ouvertement, que jamais
l'ordre social ne fut plus dangereusement menacé.
La vérité, trahie ou abandonnée, se défend à peine.
L'erreur triomphe presque sans combat; on n'entend
que sa voix, on ne sent que son action; elle étonne
ceux même qu'elle ne subjugue pas ; et pénétrant peu
à peu dans les esprits, elle les poussera bientôt à des
résolutions violentes. Les gens de bien, satisfaits de
quelques courts instans de sommeil, tâchent de s'a-
veugler sur la crise qui se prépare; ils n'osent la
craindre de peur d'être conduits à tenter un effort
pour la prévenir; ou s'ils ne peuvent réussir à se
tranquilliser complètement, ils s'enfoncent dans leur
lâcheté comme dans le plus sûr asile : tant l'expérience est nulle pour eux !

Il est vrai aussi qu'exiger des hommes qu'ils portent leur vue au-delà du présent, qu'ils développent par la pensée le germe de l'avenir, et découvrent ce qui sera dans ce qui est, c'est demander plus et beaucoup plus qu'on n'est en droit d'attendre. Ils ignorent, pour la plupart, comment les révolutions politiques et surtout les révolutions religieuses s'opèrent. L'esprit des institutions, la nature des doctrines, sont des causes dont peu de personnes savent apprécier la puissance et prévoir les effets. Cependant rien de considérable n'arrive dans le monde, rien ne s'établit, rien n'est détruit que par leur influence. C'est toujours d'en haut que le branle est donné aux événemens qui remuent la société entière; et ce que le bras abat, la pensée l'avoit déjà renversé.

Or l'État en France, obligé, comme on l'a vu, de subir toutes les conséquences du principe démocratique consacré par les lois, n'offre qu'une vaste agrégation d'individus dépourvus de lien; tandis que pour maintenir, sous le nom de liberté, la démocratie des opinions, on proclame, sans aucunes limites, le principe du jugement privé, également destructif de tout lien dans l'ordre spirituel.

C'est là ce qu'il faut considérer, bien plus que les vieilles objections de la philosophie contre le christianisme, pour comprendre quelle est la source de cette opposition violente, de cette haine effrénée dont la religion catholique est aujourd'hui l'objet. Fondée sur l'autorité, elle proscrit tout ensemble et la souveraineté politique du peuple et la souveraineté de la raison, qui n'est que l'indépendance absolue d'un être supérieur. Le désir de cette indépendance, ou de l'extinction totale de la société humaine, tourmente une foule d'insensés; elle est, de leur aveu, le but constant de leurs efforts. Chose effrayante à dire, Dieu et l'homme sont en présence : il s'agit de savoir à qui l'empire restera.

D'un autre côté les gouvernemens, engagés dans un système d'athéisme légal, favorable à la fois et par les mêmes raisons au despotisme et à la démocratie, regardant avec défiance la seule vraie religion, qui tend par son essence à régler et à modérer l'exercice du pouvoir qu'elle affermit, et ne se croyant jamais assez en sûreté contre elle, ou ils la persécutent ouvertement, ou ils essaient de l'affoiblir par une guerre sourde non moins dangereuse peut-être. Qu'on ne s'y trompe pas cependant, son culte, sa doctrine, ce n'est pas là ce qui les inquiète; rien ne leur est, au contraire, plus indifférent. Et comme le caractère de *loi* qu'elle imprime à ses dogmes blesse seul les sectaires, irrités uniquement de ce qui porte atteinte à la souveraineté de la raison, ainsi l'autorité qui commande la foi excite seule les craintes et l'aversion des gouvernemens, parce que, seule inconciliable avec la liberté absolue de croyance que proclament les lois, seule encore elle oppose un obstacle insurmontable aux vues du pouvoir, qui, de la religion, base nécessaire de l'ordre social, voudroit faire une simple branche de l'administration civile.

De là cet état de contrainte où l'on s'efforce de la maintenir, ce poids de servitude que sans cesse on

6.

aggrave sur elle, cette prédilection marquée pour les sectes, toujours plus dociles à mesure qu'elles sont plus vides de vérité ; de là les calomnies, les injures, les cris de rage du parti révolutionnaire, ses déclamations éternelles contre le clergé catholique et son chef ; de là cet amour pour les libertés de l'Église gallicane, qui les a saisis tout-à-coup, et qui n'est bien clairement que la haine de l'unité ; de là enfin le projet exécrable, avoué des uns, mal dissimulé par les autres, de précipiter la France dans un schisme semblable à celui du seizième siècle.

Le protestantisme se ploie partout à ce qu'on demande de lui, parce qu'il n'a rien à conserver, ni dogmes, ni discipline ; partout il est esclave de la puissance temporelle, parce que, dépourvu de sacerdoce, il n'offre pas même les premiers élémens d'une société. L'absence de liens, d'autorité et d'obéissance, voilà ce qui le constitue fondamentalement. Il n'a d'organisation nécessaire, d'existence publique, que celle que l'État lui donne, et dès-lors il vient de lui-même se ranger sous la main de l'administration. Cette *dépendance civile* a, il est vrai, sa source dans les mêmes maximes qui produisent une *indépendance politique* féconde en révolutions ; mais c'est le propre des gouvernemens foibles, de bien plus redouter ce qui gêne le pouvoir que ce qui le tue.

Divine par son institution, indépendante par sa nature, l'Église catholique subsiste par elle-même : avec sa hiérarchie, ses lois, sa souveraineté inaliénable, elle est la plus forte des sociétés ; sa durée

seule le prouve. Des liens que l'homme n'a point
formés, et qu'il ne peut rompre, unissent toutes les
parties de ce grand corps. Que des individus, que des
peuples mêmes s'en séparent, il reste entier. Telle fut
l'Église aux premiers jours, telle encore elle est aujourd'hui; elle ne change point, elle ne vieillit point;
il y a dix-huit siècles que l'éternité a commencé pour
elle. Sa destinée n'est pas de posséder la terre et de
la gouverner avec un de ces sceptres que le temps
brise; un plus haut empire lui est réservé; elle a reçu
la mission de conduire et les rois et les peuples dans
les voies où Dieu même leur commande de marcher;
elle instruit, reprend, conseille, ordonne, non pas en
son nom, mais au nom du suprême législateur.
Élevée au-dessus de ce qui passe, elle domine les établissemens humains, qui empruntent d'elle leur force
toujours si fragile, et cette vie qui s'épuise si vite.
Sans elle que seroit l'Europe, que seroit le monde?
Et cependant on verra les gouvernemens qui lui doivent tout ce qu'ils ont de stabilité, la combattre,
parceque l'homme aveuglé, enivré par le pouvoir, ne
sait plus supporter la règle. Que n'a point essayé la
puissance séculière pour soumettre l'Église à ses volontés? Quel est le genre d'attaque que l'on n'ait
point employé contre elle? Naguère on démolissoit
ses temples, on traînoit ses prêtres à l'échafaud. Maintenant on lui laisse l'exercice de ce culte, puisqu'enfin
le peuple en veut un; mais on tente de la dissoudre
comme société. Afin d'arriver à ce but, on gêne sa
discipline, on entrave son gouvernement, on trouble

sa hiérarchie. Entrons dans le détail de cette persé-cution nouvelle.

La discipline, sauvegarde de la foi et fondement du bon ordre, sert encore à maintenir, au moyen d'un régime et d'une législation uniforme, les liens exté-rieurs de l'unité si essentielle à l'Église. Elle fait de tant de pasteurs, dispersés dans le monde entier, un seul corps dont les membres, unis par des rapports in-times, agissent constamment sous l'autorité du chef souverain selon des règles communes. De cet accord, qui est aussi un caractère de vérité, dépend et toute la vigueur du gouvernement spirituel, et la vénération des peuples pour des lois partout les mêmes, malgré quelques usages particuliers, qui, prévus et sanc-tionnés par elles, n'y forment pas même de véritables exceptions.

Mais comment conserver cet admirable ensemble, comment établir solidement l'empire de ces lois et sur les fidèles et sur les pasteurs, sans tribunaux qui s'élèvent de degré en degré, jusqu'au tribunal su-prême ? Or à peine reste-t-il en France quelque trace de cette juridiction graduée. Celle des métro-politains, nulle de fait, n'est plus qu'un vain nom. Qu'en arrive-t-il? On ne le sait que trop, des différends interminables ; et, dans l'absence d'un juge cano-nique, de scandaleux appels aux cours séculières, lorsqu'il naît quelque conflit de droit entre un curé et son évêque. Aucune contestation ne peut être ter-minée régulièrement. Les esprits brouillons, turbulens, désolent l'administration, devenue elle-même arbitraire ou incertaine. Il n'existe plus de règles dont elle n'ait le pouvoir de s'affranchir ; et au lieu de reconnoître ses bornes réelles dans une autorité supérieure, elle n'en trouve que d'illégitimes dans l'indocilité des subalternes : deux causes de désordres qui, à la longue, suffiroient pour énerver et détruire entièrement la discipline.

Les difficultés qu'on oppose, contre les dispositions expresses des canons, à la tenue des conciles provinciaux et nationaux ne lui sont pas moins funestes. C'étoit dans ces saintes assemblées que les évêques, s'instruisant des besoins communs de leurs troupeaux, concertoient ensemble de sages réglemens, s'excitoient à la réforme des abus, s'avertissoient, s'exhortoient les uns les autres, s'occupoient des intérêts généraux de leurs églises, veilloient efficacement à la défense du sacré dépôt de la vérité, et s'animoient à tout genre de bien. Elles donnoient aux actes de la puissance ecclésiastique une certaine solennité qui leur concilioit un respect plus grand ; elles prévenoient les écarts de l'autorité épiscopale, ou y remédioient, quelquefois même par la déposition, dans des cas heureusement très rares, et toujours sauf l'appel au souverain pontife, seul investi de la juridiction suprême. L'Église avoit-elle soit des plaintes, soit des demandes à adresser au pouvoir civil, combien ses réclamations n'acquéroient-elles pas d'importance et de poids, lorsqu'au lieu d'être présentées par quelques hommes épars, tous les premiers pasteurs, après un mûr examen et de graves délibérations, les portoient ensemble au pied du trône ! Mais ce qu'on redoute, ce qu'on ne veut pas, c'est précisément ce concert qui rendroit à la religion sa dignité et une partie de sa force. On l'abaisse, on la dégrade ; on relâche, on brise tous les ressorts de sa divine police, pour consommer son asservissement. Le despotisme administratif, indifférent à la licence de l'impiété et de l'anarchie, d'où sort tôt ou tard la servitude, tremble à la seule pensée qu'une voix libre puisse s'élever en faveur de l'ordre. Retiré au fond de l'athéisme, il s'y fait un rempart de toutes les erreurs ; et, sûr de régner par elles, il dit comme Joad, mais dans un autre sens : *Je crains Dieu,... et n'ai point d'autre crainte.*

Que les évêques le sachent cependant, nulle loi n'empêche qu'ils ne s'assemblent selon les ordonnances des canons : il suffit qu'ils le veuillent pour rentrer en possession de ce droit ; parlons plus exactement, pour remplir ce devoir que les décrets de l'Église leur imposent. Le dessein qu'on a conçu de les affoiblir en les isolant n'est que trop manifeste : qu'ils considèrent les suites qu'entraîneroit une déplorable condescendance, qu'ils réfléchissent sur le passé, qu'ils regardent l'avenir, et le courage de la foi dont ils donneront l'exemple sauvera peut-être la société(1).

---

(1) Dans ces temps de prudence et de silence, où l'on tremble plus d'une vérité dite que d'une vérité niée, il ne sera pas inutile de rappeler ce que Fénelon écrivoit à un évêque : « Je suis très édifié, Monseigneur, de votre zèle sincère contre la nouveauté, et » de votre constante persuasion en faveur de la bonne cause. J'en

Ce qui la perd, c'est que l'autorité, toute-puissante par sa nature, a cessé de croire en elle-même ; au lieu de franchir les obstacles, elle calcule les inconvéniens ; elle transige, au lieu de commander ; et le droit devenu dès-lors, aux yeux des hommes, une prétention, est discuté d'abord, et bientôt après rejeté comme un abus. Descendre, pour le pouvoir, c'est mourir : cela est vrai universellement. Mais une politique timide et pliante est surtout funeste en religion ; elle donne à ce qui est de Dieu l'apparence d'une chose humaine. Laissez les hommes combiner, peser les chances incertaines de la terre. L'Église a d'autres pensées et une autre prudence ; elle attend, mais elle ne cède point. Aux époques sinistres, lorsque des mouvemens extraordinaires agitent le monde, elle sait qu'en elle est le salut, bien qu'elle en ignore et le temps et la manière ; et immobile alors on la voit opposer, sans jamais fléchir, aux tempêtes de l'erreur, aux flots des passions, son inébranlable foi et sa législation impérissable.

L'état de la société, qui rend les gouvernemens

» espère de grands fruits, pourvu que la voix flatteuse de l'enchan-
» teur, qui endort si dangereusement d'autres personnes, d'ailleurs
» très zélées, ne ralentisse point votre vigilance sur les périls de la
» sainte doctrine. Rien n'affoiblit tant les pasteurs qu'une timidité
» colorée par de vains prétextes de paix, qu'une incertitude qui
» rend l'esprit flottant à tout vent de doctrine spécieuse, enfin que
» les ménagemens d'une politique souvent bien plus mondaine
» qu'ils ne la croient eux-mêmes. »

OEuvres de Fénelon, tom. XII, pag. 375, *édition de Versailles.*

mêmes dépendans de cette puissance vague et mobile qu'on appelle l'opinion, exige impérieusement que la défense de la religion, les plaintes qu'elle a le droit de former, l'exposition de ses besoins, aient un caractère éclatant de publicité. Il faut parler au peuple dans les démocraties. Que ce soit là l'indice d'un profond désordre, ce ne sera pas nous, certes, qui le nierons ; mais la nécessité n'en subsiste pas moins. Qu'on nous dise à quoi reviennent des observations adressées par quelques évêques à un ministre, et passant, quelquefois sans être lues, de ses mains en celles d'un commis chargé de les ensevelir dans des cartons? Représentez-vous, au contraire, l'épiscopat entier élevant sa voix, et ses gémissemens, et ses lamentations prophétiques au milieu de la France, rappelant à la souveraineté temporelle, avec une sainte et respectueuse liberté, ses devoirs envers Dieu, envers la religion, envers la société humaine qui, séparée de son principe de vie, se dissout comme un cadavre ; peignant les ravages du doute, de l'impiété, du libertinage, entretenus, propagés jusque dans les dernières classes, par une multitude chaque jour croissante de livres corrupteurs ; réclamant, au nom de l'État même, au nom des familles, les droits sacrés dont on a dépouillé l'Église ; secouant, pour ainsi parler, ses chaînes, afin de réveiller à ce bruit lugubre les chrétiens assoupis et tièdes ; montrant aux hommes les suites terribles, prochaines, inévitables, de la fausse indépendance qui les séduit, et ouvrant à leurs pieds le gouffre où ils courent se précipiter : pense-t-on que ces remontrances, ces avertissemens, ces annonces effrayantes et trop certaines qui retentiroient entre la terre et le ciel, fussent tout-à-fait stériles ; qu'un rayon de lumière ne pénétrât pas dans les esprits les plus aveuglés ; qu'un remords, qu'une crainte au moins, ne se fît sentir aux cœurs les plus endurcis ? Et après tout, est-ce donc du succès qu'il s'agit ? La victoire est à Dieu ; combattre, voilà notre partage.

Mais ce n'est pas seulement dans sa discipline que l'Église est attaquée, elle l'est encore dans l'exercice de son gouvernement. Que ne lui a-t-on pas ravi ? On avoit cru toujours, chez les peuples chrétiens, que l'éducation de la jeunesse lui appartenoit essentiellement ; et les lois, et les arrêts du conseil d'État et des tribunaux, et les déclarations royales s'accordoient à reconnoître ce droit divin. Maintenant ce n'est plus cela ; à la place d'une éducation religieuse, la seule réelle, la seule nécessaire, la seule sociale, on veut une éducation *politique*, pour former peu à peu une nation digne en effet de cette politique qui rejette Dieu de la législation ; qui déclare qu'elle se passera de lui ; que sa souveraineté l'inquiète ; qu'elle saura bien, sans son assistance, créer un pouvoir purement humain, et que ce pouvoir lui suffit ; politique sans croyances, et dès lors sans devoirs, qui jette au hasard quelques intérêts entre le berceau et la tombe, et puis dit en s'admirant : Voilà la société, et c'est moi qui l'ai faite ! Des générations entières seront élevées selon ces maximes, et elles rapporteront dans l'État les principes que l'État leur aura donnés. En vertu du droit d'examen et de la liberté des opinions, un enfant de dix ans, sous l'influence des exemples dont l'esprit de l'institution l'aura environné, formera sa foi comme il l'entendra, ou plutôt croîtra sans aucune foi ; et cependant l'on parlera encore de morale, *comme si bien croire n'étoit pas le fondement de bien vivre* (1). Certes on ne se trompe pas quand on annonce que quelque chose d'inconnu se prépare dans le monde, et l'avenir dira ce qui arrive lorsque l'homme entreprend de se faire seul sa raison, sa conscience et ses destinées.

En usurpant, pour la corrompre, l'éducation publique, respectera-t-on du moins les droits inaliénables des évêques sur l'éducation cléricale? Non. Il leur faudra recevoir de l'autorité civile la permission de remplir leurs devoirs les plus importans, la permission de perpétuer le saint ministère. Ils ne pourront ouvrir aucune école que de son consentement. Le nombre en sera fixé d'après les vues, les craintes et les défiances de l'administration. Vainement un évêque représentera les besoins de son troupeau, on lui répondra qu'il n'en est pas le juge. Mais le sanctuaire se dépeuple, mais les paroisses sont abandonnées. Soyez tranquille, l'administration qui sait tout, qui veille à tout, y remédiera dans une juste mesure. Or qu'est-ce que cela sinon s'arroger le gouvernement spirituel? Qu'est-ce que cela sinon déclarer que

-----

(1) Bossuet.

le sacerdoce vivra, ou mourra, au gré de l'administration?

Il ne resteroit qu'à ôter aux premiers pasteurs le
pouvoir de rappeler les lois canoniques et de les faire
exécuter. Ce genre d'oppression, en partie renouvelé
des anciens parlemens, a été en effet tenté comme
tous les autres. On n'a pas oublié avec quel froid et
barbare acharnement on tourmentoit, il y a peu d'années, la conscience des prêtres, à l'occasion des refus
de sépulture. Un légiste s'étoit mis en tête de forcer
l'Église à tolérer le duel, le suicide, tous les crimes,
pourvu que la mort ne laissât point de place au repentir. Quel bruit, plus récemment, n'a-t-on pas fait
d'une ordonnance épiscopale dont les dispositions,
relatives, pour la plupart, à l'administration des sacremens, et toutes de l'ordre purement spirituel, n'of-
froient que le texte même des statuts et des rituels qui
règlent partout la dispensation des choses saintes !
Certains journaux crièrent au scandale, à l'envahissement, s'épuisèrent en homélies sur la tolérance et
la charité, et finalement menacèrent du protestantisme l'Église catholique, si elle ne réformoit pas,
d'après les lumières du siècle, sa discipline sur le bap-
tême, le mariage et les inhumations (1). Le parti se
procura l'avantage de quelques troubles, et même,
dit-on, de quelques apostasies officielles pour donner
du poids à ses conseils. Le gouvernement alarmé cher-

---

(1) Voyez le *Constitutionnel* du 28 mai 1825.

cha un coupable; et ce coupable fut le vénérable grand-vicaire du prélat, cause innocente de cette rumeur.

Nous ignorons si elle fut le motif d'une autre tentative du ministère : toujours est-il sûr qu'il essaya de persuader aux évêques de soumettre à sa censure, avant de les publier, leurs lettres pastorales et leurs mandemens. Ils repoussèrent comme ils le devoient cette ignominie; et M. de Corbière, si fécond en attentions délicates, ne réussit pas mieux, on doit l'avouer, lorsqu'il leur proposa de recevoir, pour leurs séminaires, des économes de sa main.

Le projet d'une censure ministérielle, si propre à relever la dignité de l'épiscopat, rappelle naturellement la lettre célèbre de M. le cardinal de Clermont-Tonnerre, supprimée par le conseil d'État. Ainsi, lorsque la presse est libre pour tout le monde, lorsque le dernier Français peut, en se conformant aux lois, qu'on n'accusera pas d'être sévères, publier ses pensées et ses opinions; lorsque la France est inondée de livres, de journaux, de pamphlets, où l'on verse à grands flots le mépris et le ridicule sur les objets les plus sacrés, il a été déclaré solennellement qu'un évêque n'a pas le droit d'exprimer ses vœux en faveur de la religion. On lui fait un crime des désirs mêmes que la foi lui commande, lorsqu'il ne les renferme pas dans son cœur. Il seroit temps, ce semble, qu'on cessât ou d'opprimer si tyranniquement l'Église, ou de vanter la protection qu'on lui accorde.

Deux ministres de l'intérieur se sont efforcés tour-à-

tour d'envahir jusqu'à l'enseignement (1), exigeant
des évêques qu'ils fissent souscrire par les professeurs
de théologie et par les directeurs de séminaires, des
promesses incompatibles avec les règles conservatrices
de la foi, et des formulaires de doctrines imposées au
nom de l'autorité séculière. Que deux avocats aient
tenté de singer Henri VIII, c'est un des plus curieux
phénomènes de notre siècle. Selon leurs idées, les bureaux de l'intérieur fussent devenus comme un concile œcuménique permanent, présidé par un ministre
révocable, en sa qualité de *pape civil;* et l'on auroit
vu M. de Corbière, le front orné de la tiare ministérielle, après avoir invoqué les lumières de l'esprit qui
jadis inspira les parlemens, libeller et contresigner
des ordonnances dogmatiques obligatoires, sauf appel
aux Chambres, pour les consciences constitutionnelles
des França s.

Tout cela ne seroit que risible, si l'expérience ne
montroit que le ridicule et l'absurdité sont de foibles
garanties contre les suites de certaines erreurs, lorsqu'elles se glissent dans les lois, et que la force vient
au secours de l'extravagance. N'a-t-on pas, à l'occasion même de la folle entreprise qui nous suggère ces
réflexions, traduit devant les tribunaux un journal
estimable, dont le délit, l'unique délit, étoit d'avoir
rendu publique la réclamation d'un archevêque, suivant le désir qu'il en avoit lui-même manifesté? Nous
ne pouvons regarder comme des maximes de la ma-

---

(1) M. Lainé en 1818, et M. de Corbière en 1824.

gistrature les principes qu'établit alors le procureur du roi, qui essaya de faire revivre contre l'Église, sous les Bourbons, une loi de la République abrogée par Bonaparte; tant quelques hommes sont toujours prêts à se laisser emporter par leur zèle. « Attendu, disoit » le réquisitoire, que l'article du journal ci-dessus » désigné présente, dans son ensemble et dans ses dé- » tails, les caractères de la provocation à la désobéis- » sance aux lois, notamment en ce que, nonobstant » les dispositions de l'édit de mars 1682, et de la loi » du 8 avril 1802, qui enjoignoit aux évêques de faire » enseigner dans les écoles ecclésiastiques et séminai- » res de leurs diocèses la doctrine contenue dans les » quatre propositions du clergé de France, il seroit » exprimé dans la lettre contenue audit article : 1° que » *l'autorité civile n'auroit pas le droit de fixer aux évê-* » *ques ce qu'ils ont à prescrire pour l'enseignement dans* » *leurs séminaires;* 2° que (1), » etc. Nous ne le dirons jamais assez haut : si c'est un crime en France de soutenir la proposition que condamne ici le procureur du Roi, c'est un crime en France d'être catholique. Mais il est, grâce à Dieu, permis encore de l'être, et toutes les cours du royaume rejetteroient avec indignation la maxime qu'on ose avancer comme un axiome de leur jurisprudence. Non, *l'autorité ci- vile n'a pas le droit de fixer aux évêques ce qu'ils ont à prescrire pour l'enseignement dans leurs séminaires.* Non, ce n'est pas à l'autorité civile qu'il a été dit :

----

(1) Voyez le *Moniteur* du 11 juillet 1824.

Docete omnes gentes. Non, l'autorité civile n'est ni le fondement ni la règle de la foi. Non, l'autorité civile n'est pas l'Église de Jésus-Christ, l'Église universelle, infaillible. Et ce sera sous le prétexte des *libertés religieuses* qu'on essaiera de nous faire un nouveau christianisme, tel qu'il plaira au pouvoir temporel de l'imaginer ! Nos croyances varieront au gré de ses intérêts ou de ses caprices : il y aura les dogmes de la veille, les dogmes du jour et du lendemain ! On notifiera aux évêques la doctrine révélée par le souverain, on leur enjoindra d'en ordonner l'enseignement dans leurs séminaires, et les procureurs du roi y tiendront la main ! Voilà, certes, des *libertés* qu'on a raison de défendre, si l'on a résolu d'abolir en France toute religion. Du moins conduisent-elles directement à la destruction du catholicisme, et à la plus grande des servitudes, celle d'une Église nationale, dont partout l'établissement a produit l'ignorance et la corruption dans le peuple, dans les classes élevées un déisme vague, et l'athéisme dans le gouvernement.

On nous pousse encore sur cette pente en troublant la hiérarchie, en séparant, autant qu'on le peut, l'épiscopat de son chef, centre et lien de l'unité, d'où les évêques, et on le sait bien, tirent toute leur force. Une schismatique défiance s'attache obstinément à diminuer l'influence salutaire du Saint-Siége, et à lui ravir peu à peu l'exercice de sa juridiction divine. Permettroit-on le recours à son autorité dans les causes majeures, lors même que, par le manque de tribunaux compétens, elles ne sauroient être jugées sur les lieux en première instance? L'ordre et le pouvoir hiérarchique s'arrêtent pour nous à la frontière. Quel moyen canonique auroit-on en France de procéder à la déposition d'un évêque ouvertement hérétique ? Ce moyen cependant doit exister, ou il n'y a plus de gouvernement dans l'Église de Jésus-Christ, abandonnée, sans police et sans lois, à tous les désordres que l'erreur et les passions humaines y introduiroient à leur gré; et c'est encore une de ces *libertés religieuses* que nous devons conserver si précieusement, dit-on.

Un prélat que, depuis trois ans, nous ne nommons jamais qu'avec une douleur profonde, nous a révélé récemment une autre *liberté* du même genre dans son *instruction*, non pas pastorale, mais ministérielle, *sur l'exécution de la loi concernant les congrégations et communautés religieuses de femmes.* Cette instruction porte, article X : « Tout acte émané du Saint-Siége,
» portant approbation d'un institut religieux , ne
» pourra avoir d'effet qu'autant qu'il auroit été vérifié
» dans les formes voulues pour la publication des
» bulles d'institution canonique. »

Qu'un établissement, religieux ou autre, ne puisse avoir d'existence civile, s'il n'est connu de l'autorité civile, c'est là une chose trop claire pour que personne l'ignore ou le conteste. Mais la puissance apostolique est totalement indépendante de ces formalités civiles, et aucune autre puissance ne sauroit, dans les principes catholiques, annuler les *actes émanés d'elle,* puisque Dieu ne l'a soumise à aucune autre puissance.

Nous demanderons à *M. le ministre secrétaire d'État au département des affaires ecclésiastiques,* si le droit d'approuver un institut religieux appartient ou n'appartient pas au Saint-Siége, et en vertu de quelle autorité, lui, simple évêque, ou l'État même, peut déclarer qu'une pareille approbation *sera de nul effet?* Nous lui demanderons comment ce langage s'accorde avec l'obéissance qu'il a promise au pontife romain dans son sacre? Que s'il dit que cette obéissance est subordonnée aux canons, nous le prierons de produire les canons qui statuent que l'approbation d'un institut religieux par le Saint-Siége n'aura d'effet *qu'autant qu'elle auroit été vérifiée,* par le magistrat civil, *dans les formes voulues pour la publication des bulles d'institution canonique.* Nous le supplierons enfin de nous dire quelle seroit, dans le cas d'une approbation non vérifiée, la règle que les catholiques devroient suivre, à quelle autorité ils devroient obéir, ou à celle d'une bulle signée LÉON, PAPE, ou à celle d'une instruction signée DENIS, *évêque d'Hermopolis?*

La suppression du bref adressé à M. l'évêque de Poitiers, au sujet du schisme obscur appelé la *petite église,* offre une nouvelle preuve du soin qu'on apporte à empêcher la communication des évêques avec le pape, et semble annoncer le dessein de subordonner entièrement à l'autorité séculière le pouvoir qu'il a reçu de Dieu. S'il faut en croire un bruit assez répandu, le conseil des ministres auroit trouvé des in-

7.

convéniens graves à laisser publier un rescrit du souverain pontife qui dispensoit les troupes de la loi d'abstinence. Il seroit difficile de pousser plus loin le scrupule administratif. Nous nous trompons, il y a mieux encore. M. le nonce ayant eu la témérité d'écrire aux évêques pour leur notifier la mort de Pie VII, l'avénement de Léon XII, et, à cette occasion, leur demander des prières, M. le ministre des affaires étrangères, alarmé d'une si dangereuse démarche, se hâta d'avertir les prélats que l'envoyé du Siége apostolique ne devoit communiquer avec eux que par son entremise. Ainsi ce souhait de paix qui, par toute la terre, accompagne et bénit le trépas du chrétien, le père commun ne peut, en France, l'obtenir de ses enfans que sur la permission d'un secrétaire d'État, et, grâce aux *libertés* qu'on nous vante, la religion y est réduite à négocier diplomatiquement quelques prières pour ses pontifes.

Fénelon se plaignoit déjà, il y a plus d'un siècle, de cette espèce de séparation qu'il voyoit s'établir entre l'épiscopat français et le Saint-Siége, par les envahissemens successifs de la puissance civile. « On a » rompu, disoit-il, presque tous les liens de la société » qui tenoient les pasteurs attachés au prince des pas– » teurs. On ne voit plus les évêques le consulter, » comme ils le faisoient autrefois si fréquemment. On » ne voit presque plus de réponses par lesquelles, » comme autrefois, le Siége apostolique, dissipant » tous les doutes, nous enseigne sur ce qui touche la » foi et la discipline des mœurs, et l'interprétation des

» canons. Il semble que l'on ait fermé toutes les voies
» de ce commerce, jadis continuel entre le chef et les
» membres. Que nous présage pour l'avenir ce lamen-
» table état des choses spirituelles, si des princes
» moins pieux venoient à régner, sinon la défection
» de la France et sa rupture avec le Siége apostoli-
» que? Je crains bien que ce qui est arrivé en Angle-
» terre n'arrive aussi chez nous (1)! »

Enfin telle est la position de l'Église dans le royaume appelé très chrétien. On mine avec art sa discipline,
son gouvernement, sa hiérarchie ; on la charge de
triples liens pour l'empêcher de réparer ses ruines,
pour que rien n'arrête, rien ne retarde le travail des-
tructeur d'une fausse politique et de l'impiété. Depuis
l'athée jusqu'au janséniste, tous les sectaires se remuent,
se liguent, comme s'ils pressentoient un triomphe prochain. Dans leurs rangs, qui se pressent d'heure en
heure, accourent les ambitieux, les intrigans, les
foibles d'esprit, les foibles de conscience, les parleurs
de christianisme et de monarchie. Chacun apporte

______

(1) Undè nulla ferè societas initur, quæ pastores pastorum principi devinctos teneat. Jam ferè nulla est episcoporum consultatio,
quæ olim tam frequens erat ; nulla ferè Sedis apostolicæ responsio,
quæ, ut olim, tùm de fide, tùm de morum disciplinâ et canonum
interpretatione, absque ullâ ambiguitate nos doceat. Occlusa vide-
tur via commercii caput inter atque membra olim continui. Quæ
quidem infelicissima rerum spiritualium conditio, quid præsagit
pro futuris temporibus, si minùs pii principes regnent, nisi aper-
tam Gallicanæ gentis defectionem à Sede apostolicâ? Quod in Angliâ
contigit, hoc idem apud nos eventurum valdè metuo.

De Summi Pontif. Auctoritate, cap. XL; *OEuvres de Fénelon,*
tom. II, p. 389 et 390, *édition de Versailles.*

avec soi le tribut exigé de calomnies et de déclamations. Un vaste système d'imposture est suivi persévéramment. On inquiète par de fausses alarmes les timides et les imbéciles. On dénature les faits, on invente l'histoire. Répétés par des milliers de bouches, les plus sots mensonges deviennent, pour l'ignorance, d'incontestables vérités. Jamais le génie du mal ne combina plus profondément ses complots, jamais il ne déploya une puissance de séduction si effrayante. Encore un peu de temps, et qui pourra y échapper? Le soleil baisse, la nuit se fait, et, dans cette nuit où se cache l'avenir, on n'entrevoit que des fantômes sinistres. Rien n'est oublié de ce qui peut servir au succès du plan conçu par les artisans de désordre ; mais c'est principalement sur la jeunesse que reposent leurs espérances. Déjà préparée à tout par l'éducation qu'elle reçoit, on la circonvient, on l'attire, en flattant son orgueil et ses passions, dans des sociétés mystérieuses. Là elle entend des paroles telles qu'il en sort de l'abîme. Énivrée de haine, de doctrines et de désirs funestes, liée par d'affreux sermens, elle rentre dans la société pour y accomplir l'œuvre à laquelle on lui a fait prendre le terrible engagement de se vouer.

Nous parlons ici des plus pervers, et dès-lors du plus petit nombre ; mais ce petit nombre, uni et sans cesse agissant, forme, avec ses chefs, le parti qui pousse le monde social à sa destruction. Du reste une froide incrédulité, un mépris extrême des siècles antérieurs, une présomption sans bornes, et surtout un esprit d'indépendance universelle, absolue, tel est

en général le caractère de la génération nouvelle. On
lui a dit qu'elle étoit appelée à tout refaire, religion,
politique, morale, et elle l'a cru. Elle passe en sou-
riant sur des débris ; où va-t-elle ? elle l'ignore. Elle
va où sont allés tous ceux qui se sont perdus :

Per me si va tra la perduta gente.

Étrange misère ! Mais il est ainsi.

Et cependant parce que l'Église, seule invariable,
arrête encore le mouvement fatal qui emporte et les
gouvernemens et les peuples, tous les efforts se diri-
gent contre elle. Ses dogmes, son culte, ses ministres,
sont livrés aux outrages des derniers manœuvres de
l'impiété ; mais, comme nous l'avons remarqué, c'est
surtout sa constitution qu'attaquent les habiles du
parti. Il leur falloit un prétexte, ils l'ont trouvé ; ce
sont les *libertés gallicanes*, devenues le cri de guerre
de tous les ennemis du christianisme, de tous les
hommes à qui Dieu pèse. Il leur falloit un nom pour
opposer à l'autorité catholique ; ils ont profané celui
de Bossuet. Destinée lamentable de ce grand évêque !
Que si, là où ses vertus reçoivent sans doute leur ré-
compense, il savoit de quels desseins on le veut rendre
complice, ses os tout desséchés en tressailliroient dans
le tombeau. Lui qui tant de fois protesta si éloquem-
ment de son amour pour l'Église romaine, de son
obéissance filiale à ses pontifes, il les entendroit insulter chaque jour par des sectaires qui se disent ses
disciples ; il verroit se développer une noire conjura-

tion pour séparer d'eux le royaume de saint Louis : mais parmi ceux qui se plaisent à semer contre eux les soupçons et la défiance, qui repoussent leur autorité, qui voudroient peu à peu habituer les Français à ne voir dans le père commun des chrétiens qu'un *étranger;* parmi les voix qui s'élèvent pour répandre ces odieux sentimens, il ne pourroit comme nous en reconnoître une qui, en d'autres temps, rendit aussi un éclatant hommage à cette Rome sainte *à qui l'Europe doit sa civilisation.*

Admirez cependant les dispensations de cette haute providence qui conduit le monde et veille sur l'Église de Jésus-Christ. Des hommes s'émeuvent, se rassemblent, pour ébranler le trône du prince des apôtres, pour soustraire à sa puissance des peuples égarés, et sur ce trône elle fait asseoir un pontife dont les vertus et la sagesse profonde rappellent la sagesse et les vertus de Léon-le-Grand ; également distingué et par l'inébranlable fermeté du caractère, et par cette douceur persuasive et attirante qui rend presque inutile la fermeté ; qui à la piété du prêtre et à la science de Dieu unit la connoissance de l'état du siècle et le génie du gouvernement ; pontife enfin tel qu'il le falloit pour ranimer la foi, pour relever l'espérance, et qui semble, en ces tristes temps, avoir été donné aux chrétiens comme une preuve vivante de l'immuable fidélité des promesses.

Grâce encore à cette providence si merveilleuse dans ses voies, le clergé français, purifié par une longue persécution, instruit par l'expérience et par le zèle passionné avec lequel les ennemis du christianisme soutiennent et propagent certaines maximes trop fameuses, a renoncé pour toujours à des préjugés qu'on ne put jamais, dans l'oppression ou le tenoit la magistrature, regarder comme sa vraie doctrine. Ce n'est pas à la suite d'une révolution qui a mis à nu toutes les erreurs que de vains mots le séduiront. Les libertés qu'on lui prêche, il les a connues ; il sait qu'elles aboutissent pour la religion à l'athéisme, et pour le prêtre à l'échafaud. Des études mieux dirigées sur plusieurs points ont, quoi qu'on en dise, étendu ses vues, rectifié ses idées, et dissipé pour lui bien des nuages. Que, du fond de ses ténèbres, un imbécile orgueil lui reproche de manquer de lumières, c'est aussi ce que disoient des premiers disciples du Christ les savans et les sages du monde, alors que sur les peuples, *assis dans l'ombre de la mort*, se levoit le soleil des intelligences (1). La science véritable, car il en est une, la science qui vient de Dieu et qui conduit à Dieu, à qui la doit-on, si ce n'est au clergé? Transmise par lui d'âge en âge, il la conservera fidèlement : mais il repousse sans doute, et ne cessera de repousser avec horreur, la fausse science, les trompeuses lumières qu'admirent quelques insensés ; lumières semblables à ces lampes funèbres que les anciens plaçoient dans les tombeaux, et qui n'éclairoient que des ossemens.

Il est trop tard aujourd'hui, après ce qu'on a vu,

____

(1) Oriens ex alto : Illuminare his qui in tenebris et in umbrâ mortis sedent. *Luc.*, 1, 78, 79.

pour réussir à détacher le sacerdoce français du vicaire de Jésus-Christ : les liens qui les unissent ont
été retrempés dans le sang des martyrs. Cependant
puisqu'on s'efforce de renouveler, pour en tirer bientôt les dernières conséquences, de funestes opinions
heureusement éteintes, il est nécessaire de montrer
combien elles sont absurdes en elles-mêmes, et comment elles tendent à renverser et l'Église et l'État ;
mais il faut auparavant essayer d'apprendre à ceux
qui l'ignorent, ce qu'est le pouvoir souverain dans la
société spirituelle.

CHAPITRE VI.

Du souverain pontife.

La philosophie de ces derniers temps, fille de l'hérésie et aveugle comme elle, n'a jamais pu rien comprendre ni à la religion ni à la société. De ses théories étroites et stériles il n'est sorti, dans l'ordre des idées, qu'un doute universel ; et dans l'ordre politique, que des révolutions. Impuissante à créer aucun système durable, à établir aucune doctrine, elle n'a pas même conçu celles qu'elle attaquoit. Pendant près d'un siécle elle a travaillé à démolir le christianisme, comme de stupides manœuvres démolissent un palais dont les belles proportions, l'ensemble et le plan leur sont totalement inconnus. Tout hébétée de matérialisme au moment même où elle annonçoit des prétentions si exclusives à la pensée et à la raison, a-t-elle seulement entrevu la profondeur et l'admirable harmonie des dogmes chrétiens ? Encore aujourd'hui ces hautes vérités qui recèlent le mystère de l'intelligence humaine et le principe de sa vie, que sont-elles à ses yeux, sinon des rêveries incompréhensibles, ou tout au plus des formes variables et passagères de notre entendement ? La nature de l'Église, sa constitution, ses lois, l'influence même temporelle qu'il étoit de sa mission d'exercer pour le salut des peuples et le perfectionnement de la société, tous ces grands objets ont échappé à ses profondes méditations. Il étoit plus aisé, et apparemment plus philosophique, de verser à pleines mains la calomnie, le sarcasme et l'outrage sur les *ministres de la superstition* : car c'est ainsi que le nom de prêtre se traduit en son langage. Du reste vous l'entendrez répéter éternellement les déclamations surannées du vulgaire des protestans contre Rome et les papes, et leurs usurpations, et leur tyrannie. Là s'arrête sa logique, sa science; et en effet n'est-ce pas assez pour la plupart de ses disciples?

Mais lorsque, dégagé de ces idiotes préventions entretenues par l'esprit de secte, on considère attentivement l'histoire de l'Europe depuis l'établissement du christianisme, il est impossible qu'en voyant les papes diriger sans interruption ce grand mouvement spirituel, et constamment à la tête de la société, dès qu'il exista une société chrétienne, on ne soit pas frappé de cette double prééminence, ainsi que du sentiment universel qui en attestoit la légitimité. Alléguer l'ignorance des peuples et de leurs chefs pour expliquer ce fait éclatant, ce seroit dire que le monde a été civilisé par une religion que personne ne connoissoit avant Luther ; que l'ordre social et l'ordre religieux avoient jusque-là reposé sur des bases fausses ; qu'avant ce moine apostat, le christianisme n'avoit été prêché aux hommes que par des imbéciles ou des imposteurs; et qu'enfin, pour en venir aux dernières conséquences de la réforme, jamais Jésus-Christ n'eut l'intention d'instituer un sacerdoce, et que sa doctrine bien comprise se réduit à l'affranchissement de toute autorité, au droit qu'a chacun de nier tous les dogmes et conséquemment tous les devoirs.

Voilà, de l'aveu des protestans (1), le christianisme *réformé;* et si on ne veut pas y reconnoître le véritable christianisme, il faut bien ou renoncer à le découvrir, ou le concevoir comme l'ont conçu les catholiques pendant dix-huit siècles. S'il y a quelque chose au monde de ridiculement absurde, c'est, en rejetant le principe athée qui constitue le protestantisme, de prétendre fixer arbitrairement les bornes d'un pouvoir divin, d'en combattre l'influence, d'en restreindre l'exercice et de se déclarer juge de sa propre obéissance. Assez de trônes ont tombé par l'application de cette théorie à l'ordre civil, pour que les princes dussent au moins se défier un peu de ses conséquences. Elle détruiroit également la société religieuse, si l'Église pouvoit être détruite ; et c'est pourquoi les plus habiles et les plus sages d'entre les protestans, Mélanchton, Calixte, Grotius, Leibnitz surtout, se sont montrés si favorables à l'autorité du pape, dont ils sentoient profondément l'indispensable nécessité pour le maintien de la foi et pour la conservation de la société européenne.

---

(1) « Le protestantisme consiste à croire ce qu'on veut et à professer ce qu'on croit. » L'évêque anglican *Watson*, cité par M. Milner. Voyez *The end of religious controversy*, etc. Part. III, page 125.— « Le protestantisme est, en matière religieuse, l'acte d'indépendance de la raison humaine. » *Revue protestante*, quatrième livraison, page 151.

Elle n'étoit point, quoi qu'on ait dit, une production du génie de l'homme, le résultat des prévoyances, des volontés, des combinaisons de quelques puissans esprits, mais l'œuvre du christianisme qui, surmontant au contraire la continuelle résistance des hommes, perfectionnoit sans cesse les mœurs, les lois, les institutions : et lorsqu'on réfléchit à l'immensité des obstacles qu'il eut à vaincre pour opérer cette grande régénération, ce n'est pas la lenteur du succès qui étonne, mais plutôt son étendue et sa rapidité. Quand Jésus-Christ parut, le monde alloit périr; il succomboit visiblement à une double cause de mort, l'erreur et les passions. Les passions ou les intérêts arment les peuples contre les peuples, et les hommes contre les hommes; l'erreur les divise, les isole, et dissout ainsi la société jusque dans ses élémens. Que fit le christianisme? il ranima la foi presque éteinte, il promulgua de nouveau la loi des croyances et la loi des devoirs; et pour en assurer l'empire, il constitua sur les débris des sociétés humaines, destinées à renaître bientôt sous une autre forme, une société divine et impérissable. Ce n'est ni à l'Église ni à ses ministres qu'on doit demander raison de l'influence qu'elle exerça, mais à Jésus-Christ, mais à Dieu qui voulut sauver le monde et le renouveler par elle. Considérée particulièrement sous le point de vue politique, son action, qui, nous le répétons, n'étoit que le développement du principe même de son existence, tendoit à tout ramener à l'unité, à coordonner les nations, comme les membres d'une seule famille, dans un système de fraternité universelle par l'obéissance au père commun, et à établir la prééminence du droit sur les intérêts, en substituant partout la justice à la force. Il faudra bien convenir qu'il seroit difficile d'imaginer un but plus noble, plus généreux, plus utile à l'humanité ; et quand on pense qu'on a pu espérer de le voir atteint, on est peu disposé à juger avec rigueur ce que les hommes peut-être ont mêlé quelquefois de foiblesses et de torts personnels à l'exécution d'un si magnifique dessein.

Qu'on y prenne garde, nous ne parlons ici que selon des idées tout-à-fait indépendantes des questions de droit qu'on peut former sur le pouvoir réel de l'Église. Nous discuterons plus tard cet important sujet : à présent nous ne l'envisageons que dans ses rapports avec la paix et le bonheur des peuples. Or il est sans doute permis d'admirer, au moins comme le résultat d'une conception vaste et grande, ce long effort du christianisme pour unir entre elles toutes les nations, et pour les garantir également de l'anarchie et du despotisme. Le célèbre historien de la Suisse, Jean de Müller (1), M. Ancillon (2) et M. Sismondi lui-

____

(1) *Geschichte Schweizerischer*, Eidgenossenschaft ; liv. I, c. XIII, tom. I, p. 312 et 313.

(2) L'aveu de cet écrivain célèbre mérite d'être cité : « Dans le » moyen-âge, où il n'y avoit point d'ordre social, elle seule (la » papauté) sauva peut-être l'Europe d'une entière barbarie ; elle » créa des rapports entre les nations les plus éloignées, elle fut un » centre commun, un point de ralliement pour les États isolés..... » Ce fut un tribunal suprême, élevé au milieu de l'anarchie uni- » verselle, et dont les arrêts furent quelquefois aussi respectables

même (1) ont rendu sur ce point un hommage non suspect à la conduite des papes. Mais nul, parmi les protestans, n'a mieux senti que Leibnitz les avantages politiques de la suprématie pontificale. A propos du *projet de paix perpétuelle* de l'abbé de Saint-Pierre, projet fondé sur l'érection d'un tribunal européen : « Pour moi, dit-il, je serois d'avis de l'établir à Rome, » et d'en faire le pape président, comme en effet il » faisoit autrefois figure de juge entre les princes chré- » tiens. Mais il faudroit en même temps que les ecclé- » siastiques reprissent leur ancienne autorité, et qu'un » interdit et une excommunication fît trembler des » rois et des royaumes, comme du temps de Nicolas I » ou de Grégoire VII. Voilà des projets qui réussi- » ront aussi aisément que celui de M. l'abbé de Saint- » Pierre : mais puisqu'il est permis de faire des ro- » mans, pourquoi trouverions – nous mauvaise la » fiction *qui nous ramèneroit le siècle d'or* (2)? »

Si Leibnitz eût écrit de nos jours, il n'échapperoit certainement pas à l'accusation de *fanatisme* et de *jé- suitisme ;* il seroit traduit devant le public comme un

---

» que respectés : elle prévint et arrêta le despotisme des empe- » reurs, remplaça le défaut d'équilibre et diminua les inconvéniens » du régime féodal. » *Tableau des révolutions du système politi- que de l'Europe depuis la fin du XVe siècle*, tom. I, p. 135, 157. Il seroit étrange assurément qu'il ne fût pas permis à un catholique de penser et de dire en France, en 1826, ce que pensoit et impri- moit un protestant à Berlin en 1806.

(1) *Histoire des révolutions des républiques italiennes*, tom. IV, p. 144.

(2) *Leibnitii Opera*, t. V, p. 65. *Voy. aussi sa* Lettre à M. Vidou, *ibid.*, p. 476.

ennemi des rois et des peuples ; on peindroit sa doctrine des plus noires couleurs, on lui supposeroit des desseins secrets. Voyez-vous ? diroit-on ; entendez-vous ? « La conséquence est inévitable, ce sont les » gibets et les bûchers, le despotisme et l'inquisition. » La perspective est touchante ! »

Ce noble genre de discussion est devenu si familier aux admirateurs de la civilisation nouvelle, de cette civilisation par écrit, qui compte déjà près de douze années d'existence et de traverses, que nous craignons beaucoup d'exposer à leurs délations et à leurs insultes un éloquent écrivain, dont le témoignage a cependant trop de poids dans la question qui nous occupe pour qu'il nous soit possible de le passer sous silence ; peut-être aussi son autorité nous servira-t-elle de sauvegarde.

« Rome chrétienne a été pour le monde moderne » ce que Rome païenne fut pour le monde antique, » le lien universel. Cette capitale des nations remplit » toutes les conditions de sa destinée, et semble véri- » tablement la ville éternelle. Il viendra peut-être » un temps où l'on trouvera que c'étoit pourtant une » grande idée, une magnifique institution que celle » de ce père spirituel, placé au milieu des peuples » pour unir ensemble les diverses parties de la chré- » tienté. Quel beau rôle que celui d'un pape vrai- » ment animé de l'esprit apostolique ! Pasteur géné- » ral du troupeau, il peut *ou le contenir dans le devoir,* » *ou le défendre de l'oppression.* Ses États, assez » grands pour lui donner l'indépendance, trop petits

» pour qu'on ait rien à craindre de ses efforts, ne lui
» laissent que la puissance de l'opinion ; puissance
» admirable, quand elle n'embrasse dans son em-
» pire que des œuvres de paix, de bienfaisance et de
» charité.

» Le mal passager que quelques mauvais papes ont
» fait a disparu avec eux ; mais nous ressentons
» encore tous les jours l'influence des biens immenses
» et inestimables que le monde entier doit à la cour
» de Rome. Cette cour s'est presque toujours montrée
» supérieure à son siècle. Elle avoit des idées de lé-
» gislation, de droit public ; elle connoissoit les
» beaux-arts, les sciences, la politesse, lorsque tout
» étoit plongé dans les ténèbres des institutions go-
» thiques. Elle ne se réservoit pas exclusivement la
» lumière, elle la répandoit sur tous ; elle faisoit tom-
» ber les barrières que les préjugés élèvent entre les
» nations ; elle cherchoit à adoucir nos mœurs, à nous
» tirer de notre ignorance, à nous arracher à nos
» coutumes grossières ou féroces. Les papes, parmi
» nos ancêtres, furent des missionnaires des arts,
» envoyés à des barbares ; des législateurs chez les
» sauvages. *Le règne seul de Charlemagne*, dit M. de
» Voltaire, *eut une lueur de politesse qui fut probable-*
» *ment le fruit du voyage de Rome.*

» C'est donc une chose assez généralement recon-
» nue, que l'Europe doit au Saint-Siége sa civili-
» sation, une partie de ses meilleures lois, et presque
» toutes ses sciences et tous ses arts (1). »

____

(1) *Génie du christianisme*, IVe partie, liv. VI, chap. VI.

« Lorsque les papes mettoient les royaumes en in-
» terdit, lorsqu'ils forçoient les empereurs à venir
» rendre compte de leur conduite au Saint-Siége, ils
» s'arrogeoient un pouvoir qu'ils n'avoient pas ; mais
» en blessant la majesté du trône, ils faisoient peut-
» être du bien à l'humanité. Les rois devenoient plus
» circonspects ; ils sentoient qu'ils avoient un frein et
» le peuple une égide. Les rescrits des pontifes ne
» manquoient jamais de mêler la voix des nations et
» l'intérêt général des hommes aux plaintes particu-
» lières. *Il nous est venu des rapports que Philippe,*
» *Ferdinand, Henri opprimoit son peuple,* etc. : tel
» étoit à peu près le début de tous ces arrêts de la cour
» de Rome.

» S'il existoit au milieu de l'Europe un tribunal qui
» jugeât, au nom de Dieu, les nations et les mo-
» narques, et qui prévînt les guerres et les révo-
» lutions, *ce tribunal seroit sans doute le chef-d'œuvre*
» *de la politique, et le dernier degré de la perfection*
» *sociale.* Les papes ont été au moment d'atteindre à
» ce but (1). »

Secondés par les vœux, j'ai presque dit par l'instinct
des peuples, et par l'esprit de la société profondément
chrétienne alors, les papes en effet, avec un courage
et une persévérance dont le principe étoit au-dessus de
l'humanité, parvinrent à fixer le droit public, et à
tirer de la force l'aveu qu'elle étoit soumise à une loi
de justice (2). Tel est cependant l'empire des passions,

(1) *Genie du christianisme*, IVe part., liv. VI, chap. XI.
(2) « Sans les papes, dit Jean de Müller, Rome n'existeroit plus ;

que les princes, tout en reconnoissant cette loi divine
et le pouvoir chargé de veiller à son exécution, ne
laissèrent pas de résister dans les cas particuliers. Leurs
flatteurs s'empressèrent de justifier cette résistance,
qui devint peu à peu systématique par l'autorité des
exemples et par l'introduction du droit romain, où les
jurisconsultes puisèrent tout ensemble et des idées ré-
publicaines et des maximes de despotisme qu'ils prirent
pour la vraie notion de la souveraineté. Dès-lors, la
politique se sépara toujours davantage de la religion ;
et l'on put de nouveau la définir, la *force dirigée par
l'intérêt* (1). On ne demanda plus, Cela est-il juste ?
mais, Cela est-il utile ? Les princes furent sans frein,
et les peuples sans protection. Nul n'étant lié par les
traités, il n'existoit que des trèves ; et de là cette fureur des armes qui désola si long-temps l'Europe,
transformée en un champ de bataille où toutes les ambitions venoient tour-à-tour se mesurer. On réduisit en
théorie le brigandage, la perfidie, la trahison, l'as-

» Grégoire, Alexandre, Innocent, opposèrent une digue au torrent
» qui menaçoit toute la terre : leurs mains paternelles élevèrent la
» hiérarchie, et à côté d'elle la liberté de tous les États. » *Voyages
des Papes*, en allemand, 1782.

(1) La décadence fut si rapide, que cette doctrine étoit avouée
hautement sous les Valois ; et l'histoire de ces temps si agités et si
malheureux n'en est qu'une perpétuelle application. « Les plus bel-
» les prétentions, dit Brantôme, et les plus grands droits que les
» roys et ces hauts princes souverains ont, sans tant pointiller sur
» la justice, ni sur l'honneur, consistent sur la pointe de leurs épées,
» et comme disoit le bon duc Philippe de Bourgogne : Les royaumes
» appartiennent de droit à ceux qui les peuvent avoir par force d'ar-
» mes ou autrement. » *Hommes illustres français ;* tom. VIII des
OEuvres, pag. 325.

sassinat, et Machiavel fut le législateur de cette société de souverains qui se déclaroient indépendans de
Dieu. Le livre du *Prince*, commenté par les passions,
remplaça l'*Évangile* interprété par les pontifes. C'étoit
là certes un grand progrès, et les *lumières* ne datent
pourtant pas de nos jours ; aussi les mieux instruits
assurent-ils qu'elles sont seulement plus générales et
plus également repandues.

Cependant un système de politique qui, en substituant la force au droit, ôtoit aux foibles et même aux
puissans toute sécurité, et constituoit les nations dans
un état de guerre permanent, devoit conduire, ou au
morcellement de l'Europe en une multitude de petites
souverainetés occupées sans cesse à se détruire l'une
l'autre, ou à un vaste despotisme, si une seule par-
venoit à établir solidement sa prépondérance. Plus
d'une fois on soupçonna des tentatives de ce genre.
La souffrance et l'inquiétude universelle firent chercher un remède aux maux de la société, une barrière
contre l'envahissement, un principe enfin de stabilité
dont le besoin se faisoit partout sentir. Mais ce principe, où le trouver ? Dans l'ordre moral ? dans la loi
de justice ? On en étoit sorti pour n'y plus rentrer : et
d'ailleurs qu'est-ce qu'une loi sans un tribunal qui
l'applique ? On avoit proclamé le règne de la force ;
on lui demanda une garantie contre elle-même : et de
là le système de balance entre les États, balance chi-
mérique qu'on crut fixer par le traité de Westphalie,
et qui, dérangée toujours et toujours cherchée, fut
long-temps comme le *grand-œuvre* des rose-croix de la

politique. Jamais peut-être n'y eut-il plus de guerres,
ni des guerres plus sanglantes, ni des usurpations plus
iniques et plus audacieuses, que depuis l'invention de
ce système destiné à les prévenir ; et la loi suprême
de l'intérêt, promulguée solennellement par quelques
puissances qui veulent voir le fond de cette doctrine,
ne semble pas promettre à l'Europe des destinées plus
tranquilles à l'avenir.

Du reste, les mêmes causes qui détruisirent la
grande société des peuples et arrêtèrent le progrès de
la civilisation chrétienne, agissant aussi dans chaque
État, y produisirent des effets semblables. Les rapports
de justice furent ébranlés et le droit sacrifié souvent à
l'avarice et à l'ambition. Il étoit difficile que les
maximes par lesquelles les souverains régloient leur
conduite au dehors, ne pénétrassent pas plus ou moins
dans le gouvernement intérieur ; et cela sous des
princes même religieux, parce que, distinguant deux
personnes diverses dans le monarque, on se persuadoit
que la règle des devoirs étoit autre pour l'homme,
autre pour le roi, à raison de la souveraineté qui légitime tout, n'ayant aucun juge, ni aucun supérieur
sur la terre. On en a dit autant du peuple, et par la
même raison, lorsqu'on l'a déclaré souverain.

L'esprit du christianisme et les mœurs qu'il avoit
formées combattoient sans doute et modifioient dans
la pratique ces principes funestes ; mais on ne laisse
pas d'en suivre le développement de siècle en siècle,
et personne ne contestera l'influence générale et trop
puissante qu'ils ont eue sur les destins de la société.

Ils établirent une guerre réelle entre le pouvoir et les sujets, d'abord entre la noblesse et le trône, puis entre le peuple et le roi. La première, presque terminée par Richelieu, finit sous Louis XIV, dans les plaisirs et les fêtes de la cour : la seconde a fini sur la place Louis XV, et l'Europe sait comment.

Ainsi donc, et ceci mérite qu'on y réfléchisse, en séparant, contre la nature essentielle des choses, l'ordre politique de l'ordre religieux, le monde aussitôt a été menacé d'une anarchie ou d'un despotisme universel; la sécurité des États est demeurée sans garantie ou n'a eu pour garantie qu'une balance illusoire des forces. Chaque État soumis, dans son intérieur, à la même cause de désordre, a marché également vers le despotisme et l'anarchie : et pour échapper à ces deux fléaux des sociétés humaines, qu'a-t-on jusqu'à ce jour imaginé ? encore une balance des forces, ou, en d'autres termes, des *pouvoirs ;* voilà tout : on a fait des traités de Westphalie.

Et comme les nations, divisées par leurs intérêts, seule loi qu'elles reconnoissent en tant que nations, n'ont aucun lien commun, et, au lieu de former entre elles une société véritable, vivent à l'égard les unes des autres dans un état d'indépendance sauvage, ainsi là où plusieurs pouvoirs indépendans sont établis il n'existe non plus aucune vraie société ; l'État est perpétuellement en proie à la lutte intestine des intérêts divers qui cherchent à prévaloir. Tous se défendent, tous attaquent ; la passion de chacun, son désir étant le seul droit, nul n'est lié envers autrui dans l'ordre politique , et les troubles succèdent aux troubles , les révolutions aux révolutions , jusqu'à ce que cette démocratie de sauvages policés enfante avec douleur un despote.

Or que l'on compare un pareil désordre, inouï même dans le monde païen, avec l'institution européenne telle que le christianisme tendoit à la former et l'avoit déjà réalisée en partie; que l'on compare l'action des deux souverainetés contraires, le principe de justice et le droit de la force; que l'on compare, enfin, dans leurs effets, les systèmes dont l'un tira la société du chaos, et dont l'autre l'y a replongée : et qu'on juge auquel les peuples doivent le plus de reconnoissance.

Mais c'est bien, en vérité, des peuples qu'il s'agit pour ceux qui se disent leurs défenseurs! les gouverner à leur profit, avec une verge de fer, en les abusant, en les enveloppant d'un nuage de préjugés et de mensonges : voilà tout le secret de leurs déclamations, de leurs calomnies, de leur haine contre les papes et contre le christianisme , comme aussi de leur fureur quand un rayon de vérité vient à percer les immenses ténèbres qu'ils travaillent sans cesse à épaissir. Ils parlent de la raison, et dès qu'on l'oppose à leurs erreurs, à leurs impostures, ils jettent les hauts cris, ils invoquent contre elle les tribunaux. Il ne s'agit plus alors de la liberté des opinions, il s'agit d'étouffer toute opinion assez malheureuse pour leur déplaire, assez hardie pour mettre en doute leur infaillibilité politique et philosophique. Cependant, rendons-leur justice, ils n'ont pas encore, au moins clairement, redemandé les échafauds ; que les prisons 'ouvrent et qu'elles reçoivent les chrétiens fidèles à tous les principes de leur foi, provisoirement cela suffira. Nous sommes dans le siècle de la tolérance.

On vient de voir comment les pontifes romains, placés, par la nature même des choses, à la tête de la société nouvelle que le christianisme tendoit à former, devinrent, suivant l'expression d'un illustre écrivain (1), le *pouvoir constituant* de la chrétienté ; et comment cette société, dont la justice étoit la base, mais à qui les passions humaines ne laissèrent pas le temps de parvenir à sa perfection, s'est peu à peu dissoute, à mesure qu'on l'a soustraite à l'influence et à l'autorité des papes. Les ennemis de l'ordre sociale, les révolutionnaires de toute nuance, n'ignorent aucune de ces vérités ; et voilà pourquoi le seul nom de Rome les épouvante : voilà le motif de la guerre qu'ils lui ont déclarée de nouveau. Mais pour bien comprendre quelles seroient les suites de cette guerre détestable, si Dieu qui se rit de l'impie (2) n'avoit déjà fixé le point où il l'arrêtera, il faut considérer les souverains pontifes sous un autre rapport, et montrer que sans eux point d'Église ; sans Église point de christianisme ; sans christianisme point de religion pour tout peuple qui fut chrétien, et par conséquent point de société :

---

(1) M. le comte de Maistre.
(2) Qui habitat in Cœlis irridebit eos, et Dominus subsannabit eos. *Ps.*, II, 4.

de sorte que la vie des nations européennes a sa source, son unique source, dans le pouvoir pontifical. C'est là, certes, un sujet grave, et d'un intérêt trop pressant, trop général, pour qu'on se refuse à l'examiner quelques instans. Nous conjurons les hommes sincères de nous prêter une attention sérieuse comme les questions que nous allons traiter, et calme comme la vérité que nous espérons rendre évidente.

§ I. *Point de pape, point d'Église* *.

La vraie religion avant Jésus-Christ se conservoit par une tradition domestique. Les Juifs seuls avoient une Église publiquement constituée, image et type de celle que le Sauveur du genre humain devoit établir par toute la terre, afin d'y fonder le règne de Dieu, d'unir les nations et de les élever, suivant l'attente universelle, à un état plus parfait, sous l'empire d'une loi divine à jamais immuable (1). Pour réaliser ce grand dessein de miséricorde et

---

* Les idées dont ce paragraphe ne contient qu'une courte exposition seront développées dans le V⁰ volume de l'*Essai sur l'indifférence*.

(1) Nec erit alia lex Romæ, alia Athenis, alia nunc, alia posthac ; sed et omnes gentes, et omni tempore, una lex, et sempiterna, et immutabilis continebit ; unusque erit communis quasi magister et imperator omnium Deus ; ille hujus legis inventor, disceptator, lator cui qui non parebit ipse se fugiet ; ac naturam hominis aspernatus, hoc ipso luet maximas pœnas, etiam si cætera supplicia, quæ putantur, effugerit. *Cicer. ap. Lactant. Inst. Divin.*, lib. VI, cap. VIII.

d'amour, conçu de toute éternité dans la pensée de son Père, le Fils de Dieu forma une société spirituelle destinée à recueillir ceux qui croiroient en lui, et il institua pour la gouverner un sacerdoce nouveau, un corps de pasteurs chargés de répandre sa parole et d'administrer ses sacremens : « Allez » et enseignez toutes les nations, les baptisant au » nom du Père, du Fils et du Saint-Esprit, » et leur enseignant à garder tout ce que je vous ai » commandé : allez dans tout l'univers, prêchez » l'Évangile à toute créature. Celui qui croira et » sera baptisé, sera sauvé : celui qui ne croira pas » sera condamné (1). Tout ce que vous lierez sur la » terre sera lié dans le ciel, et tout ce que vous » délierez sur la terre sera aussi délié dans le ciel (2). »

Qu'il existe en effet, depuis dix-huit siècles, une semblable société, qu'elle ait été gouvernée toujours par un sacerdoce dépositaire de la doctrine, dispensateur des sacremens, et qui, sans interruption, a exercé le pouvoir de *lier* et de *délier*, ou un pouvoir souverain de juridiction sur ses membres, ce sont des faits si éclatans que personne ne songera même à les contester.

On ne contestera pas davantage que cette société ait constamment reconnu pour chefs les successeurs de l'apôtre à qui Jésus-Christ avoit dit : « Tu es » Pierre, et sur cette pierre je bâtirai mon Église, » et les portes de l'enfer ne prévaudront point contre

____

(1) *Matth.*, XXVIII, 19, 20. *Luc.*, XVI, 15, 16.
(2) *Matth.*, XVIII, 18.

» elle, et je te donnerai les clés du royaume des
» cieux, et tout ce que tu lieras sur la terre sera
» lié dans le ciel, et tout ce que tu délieras sur la
» terre sera aussi délié dans le ciel (1); » et encore :
« Pais mes agneaux, pais mes brebis (2); » usant
des mêmes expressions par lesquelles il conféra la
puissance spirituelle au corps des pasteurs, mais
adressant alors la parole à Pierre seul, et soumettant
à cette puissance dont il l'investissoit particulièrement, et les *agneaux* et les *brebis*, c'est-à-dire les
fidèles et les pasteurs mêmes, ainsi que les uns et les
autres l'ont toujours cru (3).

On voit donc, dès l'instant où il commence à
remplir publiquement sa divine mission, Jésus-Christ
annoncer qu'il fondera une Église, une véritable
société; et bientôt après effectuer sa promesse en
communiquant à ses apôtres, et principalement au
premier d'entre eux, le pouvoir qu'il avoit reçu
de son Père : « Tout pouvoir m'a été donné au
» ciel et sur la terre (4) : comme mon Père m'a
» envoyé, je vous envoie (5). » Ce qui constitue en
effet la société, c'est le pouvoir; et de la nature
du pouvoir dépend la nature de la société. Là où le
pouvoir suprême, la souveraineté, appartient à tous

----

(1) *Matth.*, XVI, 18, 19.
(2) *Joan.*, XXI, 15, 16.
(3) Sicut Christus accepit à Patre sceptrum Ecclesiæ gentium, sic
Petro et ejus successoribus plenissimè commisit et nulli alii. *S. Cyril.
Thesaur.*, sive *Tract. de Trinitate.*
(4) *Matth.*, XXVIII, 18.
(5) *Joan.*, XX, 21.

ou à plusieurs, la société est démocratique ou aristocratique ; là où un seul est souverain et n'a au-dessous de lui que des pouvoirs subordonnés, elle est monarchique. Mais toujours faut-il une souveraineté, un pouvoir suprême qui ait le droit de commander et à qui l'on doive obéir, pour qu'il existe une société quelconque : et déjà l'on conçoit que toute secte qui refuse de reconnoître un pareil pouvoir, qui nie l'autorité et proclame l'indépendance individuelle, n'est point une société, n'est point une Église, et par cela même elle est frappée du terrible anathème prononcé par Jésus-Christ : « Celui qui » n'écoute point l'Église, qu'il vous soit comme un » païen et un publicain (1). »

Il suit de là encore qu'on ne sauroit, en aucune société, altérer le pouvoir sans altérer la société même et changer sa nature. Or changer la nature d'une société divine, évidemment ce seroit la détruire : elle est ce que Dieu l'a faite, ou elle n'est point. Si donc Jésus-Christ a établi le régime monarchique dans l'Église, si le pape y est souverain, attaquer son autorité, limiter son pouvoir, c'est détruire l'Église ; c'est essayer de substituer un gouvernement humain, un gouvernement arbitraire, à celui qu'elle a reçu de Jésus-Christ.

Et maintenant observons que nul n'est associé à Pierre, lorsque le Sauveur déclare qu'il bâtira sur lui son Église *contre laquelle les portes de l'enfer ne*

____

(1) *Matth.*, XVIII, 17.

prévaudront point, et lorsqu'il promet de lui confier les *clés* symbole du pouvoir souverain, de cette *pleine puissance* que les conciles œcuméniques ont reconnu appartenir au pontife romain, *Vicaire de Jésus-Christ, chef de toute l'Église, Père et Docteur de tous les chrétiens* (1). Le voilà donc distingué de tous les autres pasteurs par le suprême Pasteur lui-même, et distingué, comme l'explique un concile universel, par l'étendue de sa puissance, qui n'en admet ni de supérieure ni d'égale, puisqu'elle lui soumet l'Église entière. Le sixième et le huitième concile œcuménique ont également reconnu, en termes exprès, la souveraine et infaillible autorité du successeur de saint Pierre (2).

Gerson, malgré des préjugés qui rendent ses paroles plus remarquables, avoue que « Jésus-Christ » a fondé son Église sur un seul *monarque* suprême, » le pontife romain, en qui seul réside la puissance » ecclésiastique dans sa plénitude (3). » Ainsi

---

(1) Definimus sanctam apostolicam Sedem, et romanum pontificem in universum orbem tenere primatum, et ipsum pontificem romanum successorem esse beati Petri, principis apostolorum, et verum Christi Vicarium; totiusque Ecclesiæ caput et omnium christianorum Patrem ac Doctorem existere, et ipsi in beato Petro pascendi, regendi ac gubernandi universalem Ecclesiam à Domino nostro J.-C. plenam potestatem traditam esse. *Acta concil. Florent.*, Labb. tom. XIII, col. 515.

(2) Vid. *de Summi Pontif. Auctorit. Dissert.*, cap. XVIII et XX; *OEuvres de Fénélon*, tom. II, *édition de Versailles.*

(3) Ecclesia in uno monarchâ supremo per universum fundata est à Christo. *De auferibilitate Papæ*, consid. VIII; *Oper.*, tom. II, col. 213.—Potestas ecclesiastica in suâ plenitudine est formaliter et subjectivé in solo romano pontifice. *De potest. Eccles.*, consid. X;

l'Église est une *monarchie*, et le pape en est l'unique souverain, étant seul investi de la plépitude de la puissance : et c'est aussi la doctrine d'Almain , qu'on n'accusera pas plus que Gerson d'avoir voulu flatter Rome. Il avoue que Jésus-Christ a établi dans son Église *une police royale et monarchique*, de sorte qu'en vertu de ce pouvoir monarchique, « le pape seul » possède une autorité primitive qui lui soumet tous » les autres, sans qu'il soit soumis à aucun. La » puissance universelle de faire des canons obliga- » toires par tout l'univers a été donnée à un seul, » savoir , à Pierre et à ses successeurs, et elle n'a » été donnée à nul autre. Un seul est investi de la » puissance suprême , et l'Église n'est une que par » l'unité du chef; elle forme un corps mystique dont » le pape est le chef : le pouvoir du pape, dans les » choses spirituelles, est un pouvoir souverain, et » ce genre de gouvernement ne peut être changé ; » c'est-à-dire, observe Fénélon, « qu'on ne peut en » faire un gouvernement aristocratique ou démocra- » tique (1). »

« Nous ne mettons point en doute votre princi- » pauté , très saint père; mais nous disons : *Soyez* » *notre prince* (Is., III, 6). Nous savons et nous » confessons hautement que la *principauté monar-* » *chique* a été établie de Dieu (dans l'Église), non

---

ibid., col. 239.—Plenitudo jurisdictionis residet apud papam, et in alios secundùm ejus determinationem derivatur. *Regulæ mor.* 157 ; *ibid.*, tom. III , col. 106.

(1) *De Summi Pontif. Auctorit.*, cap. XXXII ; *Ouvres de Fénélon*, tom. II, p. 356 et 357 , *édition de Versailles.*

» seulement selon la commune providence du monde,
» mais aussi par l'institution particulière de Jésus-
» Christ, et que vous la possédez par une vraie et
» légitime succession (1). »

Ainsi parloient au pape Eugène IV les ambassadeurs de Charles VII; et cette doctrine est si constante et si sacrée dans l'Église catholique, que la
faculté de théologie de Paris, en censurant le livre
de Marc-Antoine de Dominis, a déclaré la doctrine
contraire *hérétique et schismatique* (2).

Il n'est pas jusqu'aux luthériens qui ne fussent
disposés à reconnoître cette importante vérité, au
temps de Mélanchton. « La manière, dit Bossuet,
» dont il [s'en explique dans une de ses lettres, *est*
» *admirable.* » Et après avoir cité un passage très
frappant de cette lettre', il ajoute : « Voilà ce que
» pensoit Mélanchton sur l'autorité du pape et des
» évêques. Tout le parti en étoit d'accord quand il
» écrivoit cette lettre : *Nos gens,* dit-il, *demeurent*
» *d'accord.* Bien éloigné de regarder l'autorité des
» évêques, avec la supériorité et la *monarchie* du

---

(1) *Allocut.*, etc., *ap. Odoric. Rainald.*, ad annum 1441.

(2) Monarchiæ formam non fuisse immediaté in Ecclesiâ à Christo
institutam.... : *Hæc propositio est hæretica¦, schismatica,* ordinis
hierarchici subversiva, et pacis Ecclesiæ perturbativa. Collect. ju-
diciorum , *etc.* , tom. I, part. II, p. 105.

Doctrina in articulis Joannis Hus contenta , nimirùm *in Ecclesiâ
non dici unum caput supremum et monarcham* præter Christum ,
suam Ecclesiam per multos ministros , *sine uno isto monarchâ mor-
tali* regere perfectè et gubernare , est doctrina christiana à sanctis
Patribus egregiè explicata et confirmata. *Hæc propositio est hæretica quoad singulas partes.* Ibid., p 106.

» pape, comme une marque de l'empire antichré-
» tien, il regardoit tout cela comme une chose dé-
» sirable, et qu'il faudroit établir si elle ne l'étoit
» pas (1). »

Que l'Église soit une monarchie, on ne le peut
donc nier sans démentir Almain, Gerson, Bossuet,
la faculté de théologie de Paris, Mélanchton même,
et tout l'univers catholique. Que le pape, comme seul
monarque suprême, possède dans l'Église *une pleine
puissance* ou un pouvoir souverain, on ne peut le
nier non plus sans contredire une définition de foi
d'un concile œcuménique. Donc, supposer qu'il y ait
dans l'Église un pouvoir au-dessus du pape, limiter
sa puissance à qui Dieu n'a donné d'autres limites que
sa loi, c'est s'élever insolemment au-dessus des conciles, au-dessus de Dieu ; c'est, par un attentat sacrilége, ébranler l'ordre qu'il a établi ; c'est renverser,
autant qu'il est possible à l'homme, la constitution
divine de l'Église, et l'Église elle-même.

Qu'est-ce en effet que l'Église ? La société dépositaire de la vraie religion, c'est-à-dire de la vraie foi et
du véritable culte. L'Église doit donc offrir les mêmes
caractères que la vraie religion ; elle doit être, comme
elle, *une, universelle, perpétuelle et sainte*. Si quelqu'un
de ces caractères, dont la réunion forme le plus
haut degré d'autorité qu'on puisse concevoir, lui
manquoit, il manqueroit également à la religion
qu'elle professe, puisque, nécessairement, ou la re-

____

(1) *Hist. des Variat.*, liv. V, chap. XXIV.

ligion auroit varié, l'Église variant elle-même dans ses dogmes et dans son culte, ou il existeroit plusieurs vraies Églises distinctes l'une de l'autre, et par conséquent plusieurs vraies religions; car évidemment ces Églises ne pourroient être distinguées que par l'opposition de leurs croyances, au moins en ce qui toucheroit la légitimité de leur institution et le pouvoir spirituel de gouvernement, ce qui emporte tout le reste. Toujours est-il que l'Église fondée par Jésus-Christ pour unir tous les peuples dans le même culte et dans la même foi, doit être *une,* pour que cette foi soit une, comme le dit l'apôtre : *un Dieu, une foi, un baptéme* (1); doit être *universelle,* pour que cette foi, partout la même, soit annoncée à toutes les nations; soit *perpétuelle,* pour que cette foi soit une et universelle dans le temps comme dans les lieux; soit *sainte,* pour que cette foi n'éprouve jamais d'altération, pour que la *sainte* doctrine infailliblement promulguée et constamment enseignée dans l'Église, y forme aussi toujours des *saints,* selon le but que Jésus-Christ s'est proposé.

Or aucuns de ces caractères indispensables à l'É-glise, et qu'elle déclare posséder, ne sauroient lui appartenir, qu'autant qu'ils appartiennent au pouvoir qui la régit, et qui *seul* la constitue ce qu'elle est. Si ce pouvoir n'est pas *un, universel, perpétuel, saint,* l'Église, non plus, n'est ni ne peut être *une, universelle, perpétuelle, sainte.* Elle n'est pas *une,* s'il n'existe

______

(1) *Ep. ad Ephes.,* IV, 5.

point de centre d'unité, si la souveraineté ne réside point immuablement dans *un seul ;* elle n'est pas universelle, si ce souverain, ce pouvoir *un* n'est pas universel, puisque là où le pouvoir s'arrête, là s'arrête la société; elle n'est pas perpétuelle, si ce pouvoir *un* et *universel* n'est pas perpétuel aussi, puisque là où le pouvoir finit , là finit la société; enfin elle n'est pas sainte ou infaillible, si ce pouvoir *un, universel et perpétuel,* n'est pas saint ou infaillible, puisqu'il n'est et ne peut être pouvoir dans la société *spirituelle,* que par le droit de commander la foi, ou de juger souverainement de la doctrine.

Or qu'on trouve dans l'Église un pouvoir autre que le pape, qui soit tout ensemble *un , universel, perpétuel ?* Ce ne seront pas les conciles, qui ne forment évidemment ni un pouvoir *perpétuel,* ni un pouvoir *un;* et qui ne forment même un pouvoir *universel* que lorsque le pape les convoque, les préside, et confirme leurs décisions.

Donc, premièrement, rien de plus absurde que de nier l'infaillibilité du pape et de soutenir en même temps l'infaillibilité de l'Église, qui ne peut être infaillible que par le pape.

Donc, secondement, contester au pape soit l'infaillibilité, soit la plénitude de la puissance ou la souveraineté vraiment *monarchique,* c'est contester à l'Église sa propre existence, c'est nier qu'elle soit *une, universelle, perpétuelle, sainte;* c'est l'anéantir entièrement : et saint François de Sales l'a très bien vu, lorsqu'il a dit avec autant de profondeur que de justesse : *Le pape et l'Église, c'est tout un* (1).

Combien donc sont aveugles ou criminels ceux qui attaquent, à quelque degré que ce soit, la *suprême monarchie* du pontife romain, comme l'appellent Bossuet et Gerson ; ceux qui soutiennent des maximes injurieuses à son pouvoir, ou qui, semant contre lui de schismatiques préventions, une secrète défiance, cherchent à le rendre moins vénérable et moins sacré aux yeux des chrétiens ! Hommes insensés et remplis au moins d'une présomption plus que téméraire, s'ils conservent encore au fond du cœur quelque attachement, quelque respect pour l'Église de Jésus-Christ ; hommes coupables et pervers au-delà de tout ce qu'on peut exprimer, s'ils aperçoivent les conséquences inévitables de leurs principes : car en ébranlant l'autorité sur laquelle le Sauveur a bâti son Église, ils renversent l'Église par ses fondemens ; et l'Église détruite, nul moyen de conserver seulement une ombre de christianisme, ainsi que nous l'allons montrer.

§ II. *Point d'Église, point de christianisme.*

Il se trouva, il y a trois cents ans, des rêveurs et des fanatiques qui, choqués de plusieurs dogmes de la foi chrétienne, et la soumettant en dernier ressort au jugement de leur raison, entreprirent de réformer, selon cette méthode, la religion de Jésus-Christ. C'é-

----

(1) Saint Ambroise disoit dans le même sens : *Où est Pierre, là est l'Église : Ubi Petrus, ibi Ecclesia. Ambr. in Ps. XL.*

toit supposer, ce qu'en effet ils assuroient formellement, que le vrai christianisme n'existoit plus, et en
outre changer complètement la notion que tous les
chrétiens s'en étoient formée jusque là : car on avoit
toujours cru, d'un côté, que le jugement de la doctrine
n'appartenoit qu'à l'Église , dont les décisions étoient
l'unique règle de foi ; et, d'un autre côté, que *la foi*
ne pouvoit jamais se corrompre, ni l'Église errer dans
son enseignement, Jésus-Christ ayant promis d'être
avec elle *enseignant* jusqu'à la consommation des
temps (1). Opposant ainsi une opinion inouïe dans le
monde à la croyance universelle des chrétiens pendant quinze siècles, il falloit nécessairement que les
novateurs soutinssent que, pendant quinze siècles,
tous les chrétiens avoient ignoré le véritable christianisme, ou, en d'autres termes, que le christianisme,
tel qu'on l'avoit entendu depuis les apôtres, n'étoit
qu'une erreur monstrueuse et destructive de la raison.
Mais ni Luther, ni Calvin, ni Zwingle, ni aucun autre réformateur, n'ayant le droit de substituer leur
autorité à celle de l'Église qu'ils rejetoient, il s'ensui-
voit qu'hommes, femmes, enfans, savans, ignorans,
chacun devoit chercher par sa raison propre, sans jamais déférer à l'autorité d'autrui, le vrai christianisme
altéré profondément dès sa naissance. Chacun dès-
lors n'ayant non plus pour s'assurer de l'avoir trouvé
que le jugement faillible de sa raison, contredit par la
raison également faillible de tous les autres, tant de

______

(1) *Matth.*, XXVIII, 20.

recherches, tant d'examens, tant de jugemens divers ne pouvoient produire qu'une incertitude universelle, et le christianisme restoit plus que jamais, pour nous servir de cette expression de Pascal, *une énigme indéchiffrable.*

Ce n'est pas tout : et le principe que les protestans furent forcés d'admettre en se séparant de l'Église, les pousse encore à des extrémités plus grandes ; il les contraint de dénaturer l'idée même de religion. Suivant la notion que le genre humain s'en forma dans tous les temps, la religion est une loi divine, prescrivant ce qu'on doit croire et ce qu'on doit pratiquer. Venant de Dieu originairement, elle ne sauroit à aucune époque être soumise, dans ses dogmes, dans son culte, ou dans ses préceptes, au jugement de l'homme, puisqu'elle cesseroit dès-lors d'être *loi*, et qu'il seroit d'ailleurs absurde de supposer à l'homme le droit de juger, pour les admettre ou les rejeter à son gré, les vérités que Dieu lui révèle, ou les commandemens qu'il lui fait. Or *le protestantisme,* comme il nous l'apprend lui-même, *est, en matière religieuse, l'acte d'indépendance de la raison humaine* (1). La religion est une *loi*, à laquelle la raison de l'homme et l'homme tout entier doit obéissance : donc le protestantisme est une solennelle protestation, non seulement contre le christianisme, mais encore contre toute religion quelconque. Peu importe ce que croit ou ne croit pas chaque protestant : quand il croit, ce n'est jamais par

____

(1) *Revue protestante*, IVe livraison, p. 151.

le motif fondamental que Dieu a révélé la vérité qui est l'objet de sa croyance, mais parce que sa raison *juge* que c'est réellement une vérité ; sans quoi sa raison ne feroit plus, en croyant, un *acte d'indépendance,* mais un acte d'obéissance, et en ce cas sa foi seroit évidemment une abjuration du protestantisme.

Ainsi, dès qu'en rejetant l'autorité de l'Église, on refuse de reconnoître un juge infaillible de la doctrine, l'idée même de religion s'évanouit. Nous le verrons encore bientôt plus clairement. Il suffit en ce moment de considérer ce que sont devenus les dogmes chrétiens dans la réforme. Les sociniens, dès son origine, s'avancèrent jusqu'au déisme, et c'est là que Genève en est aujourd'hui. Les anglicans se plaignent des progrès qu'il fait parmi eux. Des sectes s'élèvent, qui demandent *quelle puissante raison il y a pour croire à une révélation écrite,* et qui, soutenant avec hardiesse que *l'Évangile n'est pas susceptible d'être défendu par des moyens raisonnables,* prétendent *démontrer* « que les Écritures du nouveau Testament ne » sont pas les œuvres des personnes dont elles portent » le nom; qu'elles n'ont pas paru aux époques qu'elles » indiquent ; que les personnes dont elles font men- » tion n'ont jamais existé; que les faits qu'elles ra- » content n'ont jamais eu lieu (1). » En France on nie également l'inspiration d'une partie des livres saints, on déclame avec chaleur contre l'institution du sacerdoce, on réduit la religion à un sentiment

---

(1) Voyez le *Drapeau blanc* du 7 novembre 1825.

indéfinissable qui, suivant les temps et les pays, se manifeste sous différentes formes; et les protestans applaudissent, ils louent, ils adoptent hautement cette doctrine (1).

Bayle, quoique protestant, avoit prévu où l'on arriveroit par cette méthode *rationnelle* du jugement privé. « Il est plus utile qu'on ne pense, disoit-il,
» d'humilier la raison de l'homme, en lui montrant
» avec quelle force les hérésies les plus folles, comme
» sont celles des manichéens, se jouent de ses lumières,
» pour embrouiller les vérités les plus capitales. Cela
» doit apprendre aux sociniens, *qui veulent que la*
» *raison soit la règle de la foi*, qu'ils se jettent dans une
» voie d'égarement, qui n'est propre qu'à les con-
» duire de degré en degré jusqu'à nier tout, ou jus-
» qu'à douter de tout, et qu'ils s'engagent à être
» battus par les gens les plus exécrables. Que faut-il
» donc faire? *Il faut captiver son entendement sous*
» *l'obéissance de la foi*, et ne disputer jamais sur cer-
» taines choses (2). »

Donc, au jugement de Bayle, quiconque *veut que la raison soit la règle de sa foi*, c'est-à-dire tout pro-testant, puisque *le protestantisme n'est, en matière reli-gieuse, que l'acte d'indépendance de la raison humaine,* de cette raison, *souverain légitime, qui, tenant de*

---

(1) Vid. *De la religion considérée dans sa source, ses formes et ses développemens*, par M. Benjamin Constant, et le compte rendu de cet ouvrage dans la *Revue protestante*, tome II, IVe livraison.

(2) *Dictionnaire historique et critique*, art. *Pauliciens;* note *F*, sub fine.

Dieu ses pouvoirs, ne peut abdiquer, et, souveraine universelle, ne peut sortir de son empire (1), est conduit *de degré en degré jusqu'à nier tout, ou jusqu'à douter de tout.* Or dira-t-on que le christianisme consiste à nier tout, ou à douter de tout? Effrayant abîme! et quel moyen de l'éviter? un seul : *Il faut captiver son entendement sous l'obéissance de la foi;* il faut revenir, pour ne le plus quitter, au principe catholique.

Dès le commencement du dix-septième siècle, le principe contraire produisoit en France son effet nécessaire sur les esprits, et les poussoit rapidement jusqu'aux extrémités de l'erreur. Des protestans mêmes s'en alarmoient; et un ministre dont le zèle en cela mérite d'être loué, signalant les progrès de l'*influence en laquelle quantité de gens mettoient toute sorte de religion,* montroit ces nouveaux ennemis de la foi chrétienne s'enfonçant dans l'athéisme, et *conspirant de bannir de la terre toute mention du nom de Dieu* (2).

Mais peut-être qu'on est revenu de ces excès dans la réforme, et que, malgré la prophétie de Bayle, quelques dogmes au moins, protégés par la raison *souveraine universelle,* seront restés debout au milieu de tant de ruines? Écoutez un protestant : « On sait » qu'actuellement (en Allemagne) plusieurs prédica- » teurs ne nient pas, à la vérité, l'existence de Dieu,

---

(1) *Revue protestante*, IVe liv., p. 151.

(2) *Traité des religions contre ceux qui les estiment indifférentes,* par Moyse *Amyraut* : réimprimé en 1652, avec une épitre dédicatoire à M. de Turenne.

» la Providence, une vie future : » *ne nient pas ;*
seroit-ce donc là au moins la limite que le protestantisme se seroit imposée à lui-même ? qu'on en juge :
« *ne nient pas ,* à la vérité, et cependant enseignent
» publiquement qu'on ne peut proprement rien savoir
» de ces vérités fondamentales de la religion ; repré-
» sentent, non seulement dans les églises, mais aussi
» dans les écoles, comme nulles les preuves de l'exis-
» tence de Dieu tirées de la considération de l'univers ;
» et soutiennent que tout ce qu'on peut affirmer,
» c'est qu'un homme vertueux doit désirer qu'il y ait
» un Dieu, et qu'on ne peut être homme de bien sans
» croire en Dieu. On sait qu'ils en disent autant du
» christianisme, et affirment que Jésus-Christ a en-
» seigné la même doctrine, et que la Bible ne doit
» être employée que comme une introduction à la
» raison pure, puisqu'on ne peut pas plus prouver la
» révélation que l'existence de Dieu (1). »

L'impuissance de conserver un dogme quelconque,
ou d'obliger aucun homme à *croire* une vérité qui ne
seroit pas évidente pour sa raison, a forcé les protestans de réduire le christianisme nécessaire à la seule
morale. Mais ici renaissent les mêmes difficultés.
Qu'est-ce que la vraie morale ? qui le dira ? La même
raison qui juge des dogmes, juge aussi des préceptes ;

------

(1) *Considérations sur l'état présent du Christianisme*, par Jean
Trembley , p. 262. Voyez aussi les *Entretiens* du baron *de Starck.*
Ces deux ouvrages, remplis de faits du plus haut intérêt, renferment la preuve complète de tout ce que nous avançons dans ce
paragraphe.

et comment, n'étant pas obligé de croire, seroit-on obligé d'agir comme si l'on croyoit? Il faudra que chacun se fasse sa morale, comme chacun se fait ses croyances; et les devoirs à leur tour, devenus de simples opinions, n'offriront rien de plus certain ni de plus fixe que tout le reste. On sait à quel point les sociniens ont altéré la règle des mœurs. Les antinomiens et plusieurs autres sectes ont été plus loin encore. A Dieu ne plaise qu'on nous suppose l'intention d'attribuer à tous les protestans des monstres de doctrine dont le plus grand nombre d'entre eux a horreur ; mais cependant il est vrai qu'on ose enseigner dans le sein de la réforme, et c'est un protestant qui nous l'apprend, «qu'il n'y a point d'actions immorales
» par elles-mêmes, quoiqu'elles puissent être illéga
» les d'après les lois et les conventions de la société;
» qu'il n'y a point d'action subjective immorale,
» mais que tout est soumis à la nécessité de la nature,
» et qu'il ne peut y avoir d'opposition entre la sensi
» bilité et la raison (1) : » principe incontestable dès qu'on part de la *raison seule*, car la *sensibilité* est l'homme aussi; elle fait partie de sa nature : et si ce qui est pour elle un *bien* ou une *vérité* pouvoit être une *erreur* ou un *mal* pour la raison, et réciproque-

---

(1) *Considérations sur l'état présent du christianisme*, p. 239. On peut voir dans le baron de Starck tout ce qu'a fait en Allemagne la *raison protestante*, pour renverser systématiquement les principes les plus sacrés et les plus universels de la morale.

ment, il y auroit dans le même temps, à l'égard du même homme, deux vérités contradictoires.

Soit donc qu'on examine le protestantisme en lui-même, dans sa doctrine fondamentale, soit que l'on considère ses effets généraux, on est conduit à cette conclusion, que s'il subsiste encore parmi les protestans, surtout dans le peuple, quelque foible reste de christianisme, c'est uniquement l'autorité de l'exemple et de l'enseignement, les traditions de famille, et enfin l'action même de l'Église catholique, au dehors d'elle, action plus puissante qu'on ne le croit, qui conserve ces débris de la foi, malgré le principe du protestantisme, dont la conséquence directe, nécessaire, est un doute universel, et la destruction absolue de la religion révélée par Jésus-Christ.

Ainsi, de même qu'on ne peut ébranler le pouvoir pontifical, limiter la puissance souveraine qui constitue la *monarchie* du pape, sans renverser l'Église, on ne peut non plus se séparer de l'Église, refuser de reconnoître son autorité infaillible, sans renverser le christianisme de fond en comble. Mais alors qu'arrive-t-il? Tout s'écroule, religion, morale, société. La raison, à qui on a remis le sceptre du monde, incapable de relever aucune des ruines qu'elle a faites, abandonne l'avenir au hasard et chaque homme à lui-même. Plus de vérités certaines, plus de loi immuable, par conséquent plus de liens entre les individus ni entre les nations : état prodigieux, et cependant, comme on va le voir, état inévitable, sitôt qu'on en est au point où le protestantisme est parvenu.

§ III. *Point de christianisme, point de religion, au moins pour tout peuple qui fut chrétien, et par conséquent point de société.*

Il suffiroit presque d'énoncer cette proposition, tant elle suit avec évidence de ce qui a été établi précédemment. Le protestantisme se définissant lui-même *l'acte d'indépendance de la raison humaine en matière de religion,* la religion dès-lors ne peut plus être, pour quiconque admet ce principe, qu'une opinion libre, une pensée humaine, qui change ou peut changer sans cesse, et dont il ne sauroit jamais résulter aucun devoir : et lorsqu'au lieu d'une *opinion libre,* on en fait un *sentiment indéfini,* on détruit également tous les devoirs, et l'on exclut de sa notion l'idée même d'une croyance positive. Dans les deux cas, il faut comprendre une religion dépouillée du caractère de loi, une religion, je ne dis pas seulement sans dogmes arrêtés, sans culte déterminé, sans préceptes certains; mais une religion sans dogmes, sans culte, sans préceptes quelconques, puisqu'en vertu de son *indépendance,* la raison peut *ou nier tout, ou douter de tout,* et qu'elle est même, comme nous l'apprend Bayle, nécessairement *conduite de degré en degré* jusqu'à cet excès, *lorsqu'on en fait la règle de la foi.*

La philosophie de nos jours en convient expressément; elle a bien vu que la souveraineté de la raison individuelle, qu'elle appelle aussi *liberté de conscience,* n'étoit qu'un principe de destruction, qui devoit, par son effet propre, renverser peu à peu toutes les vérités et toutes les croyances (1). Cet important aveu mérite d'être recueilli.

« C'est au seizième siècle que, pour la première
» fois dans la série des événemens qui nous intéres-
» sent, on voit la liberté de conscience ouvertement
» et nettement érigée en principe ; mais, d'abord, ce
» n'est point cette liberté illimitée qu'on a réclamée
» depuis, c'est seulement la faculté de croire sur un
» certain nombre de points déterminés autrement que
» l'Église catholique. A mesure qu'en se succédant les
» sectes qui s'élèvent du sein de l'Église prétendent
» s'éloigner davantage de sa doctrine, elles reculent
» aussi théoriquement les bornes de cette faculté
» qu'elles s'attribuent par le fait. Les Écritures sa-
» crées avoient été d'abord le champ où il paroissoit
» convenu que la liberté de conscience devoit se
» renfermer ; bientôt cette limite est franchie : la
» religion, par quelques hommes, est réduite dans
» son dogme à une simple conception de la raison et
» du sentiment, et dans son culte à une pure relation
» métaphysique de l'homme à son Créateur; enfin les
» idées fondamentales de toute institution ou croyance
» religieuse, sont elles-mêmes attaquées; et c'est à
» l'abri du principe de la liberté de conscience, tou-
» jours de plus en plus étendu, que ces divers degrés

____

(1) « C'est toujours en présence d'une institution ou d'un ordre
» d'idées à détruire qu'on le voit invoqué. » *Le Producteur*, n. 9,
p. 410.

» d'incrédulité se produisent tour-à-tour et essaient de
» se faire recevoir (1). »

Ces réflexions d'une grande justesse ne sont, et
personne ne le niera, que l'expression fidèle des faits.
L'impossibilité de comprendre parfaitement aucun
dogme, même le premier de tous, l'existence de
Dieu, a forcé les esprits clairvoyans de tirer les dernières conséquences du principe du jugement privé;
et ceux-ci ont rapidement entraîné les autres. En cet
état, demandez-leur où la raison les a conduits, ce
qu'ils croient, ce qu'ils admettent, quelle est enfin
leur religion? Ils ne cachent rien à cet égard, et je
les en loue; car la sincérité facilite la discussion : ils
ne dissimulent rien; leur réponse est claire et précise :
« Notre siècle doute, et, dans le doute, *sa religion*
» *c'est la liberté;* parce que c'est le seul dogme qui
» permette à chacun de suivre ce qui lui plaît au-
» jourd'hui, de le rejeter demain. Le caractère de
» ce siècle est de ne pas avoir une religion, mais
» d'en avoir mille, mais d'en avoir presque autant
» qu'il y a de familles dans chaque nation (2). »

Ainsi la religion du siècle est d'être *libre* de n'a-
voir aucune religion. La religion du siècle est le
droit pour chacun de *suivre ce qui lui plaît :* et cela
sans limites, sans restrictions, et autant en ce qui
tient aux devoirs qu'aux croyances. La religion du
siècle est la négation de toute vérité, et par consé-

____

(1) *Le Producteur*, n. 9, p. 408.
(2) *Le Globe*, n. 137.

quent de tout précepte *obligatoire* : la religion du siècle est l'abolition de toute loi divine et humaine, de toute morale et de toute société.

En effet, « ou la morale nous apparoît comme
» obligatoire indépendamment de notre intérêt
» personnel, et alors l'idée de devoir se montre à
» nous isolée et indépendante de toute autre ; ou
» bien nos actes en apparence les plus désintéressés
» ont pour mobile notre bien-être : ceux qui ad-
» mettent cette hypothèse ne conviendront-ils pas
» que l'intérêt bien entendu des matérialistes résout
». le problème de la morale d'une manière plus géné-
» rale et plus satisfaisante que les doctrines reli-
» gieuses, *quoique la solution de ces deux écoles soit,*
» *selon nous, fort incomplète* (1)? »

Que ferons-nous donc, ainsi placés entre ces *solutions incomplètes,* entre l'*école* religieuse et l'*école* matérialiste ? et que deviendra la société au milieu de ces ténèbres universelles et de ce doute absolu ? Peut-elle subsister dans l'ignorance de ses propres fondemens, de ses propres lois, des conditions de sa vie ? N'a-t-elle pas besoin comme l'homme, et plus que l'homme, de doctrines certaines ? en conservera-t-elle au moins quelques unes ? Sauvera-t-elle quelques débris de ce grand naufrage des croyances de soixante siècles ? Non.

« Ces doctrines qui doivent présider à notre *vie*
» *morale, religieuse, politique, littéraire,* c'est à nous

---

(1) *Le Globe,* n. 46, p. 216.

» à les faire ; car nos pères ne nous en ont légué que
» de stériles et d'usées..... Il nous faut en forger de
» nouvelles. Cette nécessité de notre époque est com-
» prise, ou, pour mieux dire, sentie de tous les es-
» prits (1). »

Ainsi donc, par une suite inévitable du principe
qui rend chaque homme juge de la vérité en dernier
ressort, nous voilà condamnés à refaire la religion, à
refaire la morale, la littérature, la société, à refaire
tout, et la raison humaine et l'homme même. Certes,
c'est là une grande misère ! Mais enfin la philosophie
nous donne-t-elle quelque espérance d'en sortir un
jour? La liberté de penser, sans aucune règle que
cette liberté même, permettra-t-elle, lasse de destruc-
tions, qu'un édifice nouveau s'élève sur ces ruines
immenses? Écoutez encore :

« Si on la considère sous un point de vue abstrait,
» on trouve que c'est pour chaque individu le droit
» ou plutôt le devoir de juger, d'après sa raison per-
» sonnelle, et sans être obligé par les travaux, par
» les jugemens, par l'autorité d'autres individus, de
» la nature des choses, de leur relation avec l'huma-
» nité, des rapports des hommes entre eux, c'est-à-
» dire, enfin, de toute science, ou de tout élément de
» science. D'où il résulte, en considérant ce prin-
» cipe dans ses rapports avec l'organisation sociale,
» que l'état de choses où il existeroit dans toute son
» étendue seroit celui ou la société n'auroit point de

------

(1) *Le Globe*, n. 32.

» but déterminé, et où par conséquent l'éducation
» comme les lois n'auroient, dans leur action, au-
» cune tendance particulière ; d'où il résulte encore
» que si, dans le passé, la tâche de la liberté de
» conscience a été de détruire, elle doit être, dans
» l'avenir, d'empêcher que rien ne s'établisse (1). »

Et voilà où sont conduites, *de degré en degré*, les
nations qui, en se séparant de l'Église, ont par cela
même abandonné le principe fondamental de la foi
chrétienne et de toute foi. Un peuple non chrétien
peut avoir une religion, il peut conserver les dogmes
primitifs, comme ils se conservoient avant Jésus-
Christ, par la tradition ; il peut reconnoître l'autorité
de ces croyances communes, et s'y soumettre. Mais
le premier acte de celui qui rompt avec l'Église est de
nier cette autorité nécessaire et d'y substituer la
sienne propre, l'autorité de sa seule raison ; et dès-
lors, quelque effort qu'il fasse pour s'arrêter sur la
pente du doute, les irrésistibles conséquences du
principe qu'il a posé l'entraînent jusqu'au fond de
l'abîme.

Il est donc prouvé par l'expérience et par les aveux
formels de tous les ennemis du catholicisme, que sans
pape point d'Église ; sans Église point de christianisme ; sans christianisme point de religion et point
de société : de sorte que la vie des nations européennes a, comme nous l'avons dit, sa source, son
unique source, dans le pouvoir pontifical. Si la reli-

______

(1) *Le Producteur*, u. 9, p. 410, 411.

gion catholique, par l'influence qu'elle exerce même dans les contrées où elle a cessé d'être dominante, ne s'opposoit pas aux progrès de l'incrédulité protestante, il y a long-temps qu'on n'y trouveroit plus une seule trace de christianisme, et que ces contrées, si elles étoient habitées encore, le seroient par une race de barbares plus féroces, plus hideux que le monde n'en vit jamais; et tel seroit le sort de l'Europe entière, s'il étoit possible que le catholicisme y fût entièrement aboli. Or toute attaque contre le pouvoir du souverain pontife tend là : c'est un crime de lèse-religion pour le chrétien de bonne foi et capable de lier deux idées ensemble; pour l'homme d'État, c'est un crime de lèse-civilisation, de lèse-société. Et afin que l'on comprenne tout le danger de porter la moindre atteinte à ce pouvoir divin, et de prétendre même le définir sans une autorité suffisante qui ne pourroit être que celle de toute l'Église, nous allons examiner l'imprudent essai qu'on en fit en France, dans un moment de chaleur et de passion, en 1682. Ce mémorable exemple renferme plus d'une instruction; et il semble qu'après cent quarante ans, assez remplis de leçons de tout genre, il soit enfin permis de le juger, et possible de le faire avec calme.

CHAPITRE VII.

Des libertés gallicanes.

Malgré l'uniformité de la discipline générale, il peut exister en certains lieux quelques usages anciens, quelques coutumes particulières, ou appropriées à des besoins particuliers aussi, ou indifférentes en soi, coutumes très légitimes quand l'autorité les tolère, et plus encore quand elle les approuve, comme les rescrits des papes et les actes des conciles en offrent de nombreux exemples. Mais pour qui conçoit bien l'unité de l'Église catholique ou universelle et l'esprit de son gouvernement, c'est un mot, certes, au moins étrange que celui de *libertés :* car il suppose, d'une part, que quiconque ne jouit pas de ces libertés subit une sorte de servitude, et, d'une autre part, que le pouvoir souverain, quel qu'il soit, ne pourroit s'exercer avec une égale étendue dans toute l'Église ; ou qu'une portion de l'Église auroit eu le droit que n'a pas l'Église entière, de le limiter arbitrairement. Or de ces deux assertions, entre lesquelles il semble qu'il faudroit nécessairement se décider, si l'on prenoit le mot de *libertés* en un sens rigoureux, la première est scandaleuse et la seconde hérétique.

Cette simple observation autorise à croire, et impose même le devoir de penser avant tout examen,

ou que les *libertés* qu'on nomme *gallicanes* ne sont
pas, pour ainsi parler, d'origine ecclésiastique, ou
que le clergé français, toujours si attaché à l'unité de
l'Église et au pontife romain qui en est le centre,
entendoit par là quelque chose de très différent de ce
qu'à plusieurs époques ont voulu entendre des esprits
turbulens et emportés. En effet on dispute, depuis
plus de deux cents ans, sur ces libertés, pour savoir
en quoi elles consistent; question aussi obscure, aussi
incertaine aujourd'hui, et plus peut-être, qu'elle ne
l'étoit en 1605, lorsque les évêques, alarmés de l'abus
qu'on faisoit de ce mot vague, supplièrent le roi de
faire régler ce qu'on appelle libertés de l'Église galli-
cane (1). Ils réitérèrent plusieurs fois cette demande
les années suivantes. « Vos juges, disoient-ils, ont
» tellement obscurci les libertés, que ce qui devroit
» servir de protection se convertit en oppression de
» l'Église ; ce qui ne procède d'ailleurs que de l'obs-
» curité de la matière et de la perplexité en laquelle
» on a industrieusement retenu les esprits, pour,
» sous couleur de ce, facilement entreprendre sur
» la juridiction ecclésiastique (2). » Les états-généraux adressèrent au roi la même prière en 1614(3);

____

(1) Il est remarquable que jamais on n'ait entendu parler des *libertés* de l'Église d'Allemagne, des Églises de Hongrie , de Pologne,
d'Espagne, de Portugal , d'Irlande , etc. Après l'Église gallicane
nous ne connoissons aujourd'hui que l'Église des Pays-Bas qui ait
le bonheur d'avoir des *libertés*, grâce à la munificence d'un prince
calviniste.

(2) *Mémoires du Clergé*, tom. XIII.

(3) *Corrections et additions pour les Nouveaux opuscules de
M. l'abbé Fleury*, p. 68.

tant les abus dont se plaignoient les prélats étoient graves et notoires. Malheureusement ces sages demandes furent bientôt oubliées, et le désordre alla croissant. Une lutte, qui duroit encore à la fin du dernier siècle, s'établit entre les parlemens et l'épiscopat obligé de défendre contre eux ses droits les plus sacrés. Nulle guerre de ce genre ne fut jamais ni plus continuelle, ni plus vive ; et son influence sur nos destinées a été trop grande pour que nous ne nous arrêtions pas un moment à en considérer la cause, intimement liée d'ailleurs au sujet que nous traitons.

Les parlemens formoient d'abord un simple corps judiciaire, établi pour rendre la justice au nom du roi ; et lorsque, dans la suite, ils eurent réussi à se créer peu à peu un autre pouvoir très différent, ils continuèrent toujours d'exercer, d'une manière irréprochable, cette noble fonction. La gravité des mœurs, l'intégrité, la science, qui distinguoient si éminemment la magistrature française, lui avoient acquis, avec le respect et la confiance des peuples, une haute considération dans l'Europe entière. Elle la dut, ainsi que les vertus qui la lui méritèrent, à l'esprit profondément monarchique et chrétien qui avoit présidé à son institution. Mais cet esprit, il faut le dire, s'altéra progressivement, sous plus d'un rapport, par l'effet des changemens qui survinrent dans la société. On a vu qu'en cherchant, et avec trop de succès, à séparer la politique de la religion, en isolant dès-lors les unes des autres les nations que le christianisme tendoit à unir, en luttant contre l'ordre de civilisation qu'il avoit produit et que la puissance pontificale s'efforçoit de défendre et de conduire à sa perfection, parce que de cet ordre dépendoient la paix et le bonheur des peuples et l'existence même du chritianisme, les princes effectuèrent une véritable révolution dans la chrétienté, et, en matière de gouvernement, substituèrent, sans en avoir conçu le dessein formel, aux lois immuables de la justice le système variable des intérêts. De là une défiance générale, une ambition sans frein, et de perpétuelles entreprises du souverain contre les vassaux et des vassaux contre le souverain. La force, au fond, étoit devenue l'unique arbitre des droits, et le despotisme envahissoit de tous côtés la monarchie. Ce fut sur les débris de son ancienne constitution que les parlemens établirent leur puissance politique. Nécessaires au monarque pour donner un caractère légal aux agressions contre le pouvoir spirituel et contre les institutions de l'État, les parlemens virent augmenter leur importance et leur autorité, au point d'en abuser quelquefois contre les rois eux-mêmes, à mesure que les antiques barrières, qu'une justice égale pour tous avoit élevées autour de la souveraineté, tomboient.

On ne sauroit se faire une juste idée de ces grands corps, si l'on ne distingue en eux deux choses tout-à-fait diverses. Comme défenseurs et juges des intérêts privés, rien de plus admirable : comme instrumens de la politique du prince, ils hâtèrent la ruine de la monarchie. Dévoués à la puissance royale, fondement de leur propre puissance, ils s'efforcèrent de l'étendre sans aucunes bornes, en lui sacrifiant tous les autres droits. Ils asservirent entièrement la noblesse au trône, c'est-à-dire qu'ils la détruisirent en tant qu'institution politique ; et jusqu'à leur dernier moment, ils travaillèrent avec ardeur à l'oppression de l'Église : projet dont le succès complet auroit eu pour résultat de créer, au sein de l'Europe, un despotisme pire que le despotisme oriental.

Les troubles que fit naître le schisme d'Occident, la déplorable confusion qu'il introduisit dans l'Église, favorisèrent les entreprises des parlemens contre son autorité. Elles prirent encore un caractère plus hostile tout ensemble et plus dogmatique vers le commencement du dix-septième siècle, époque où l'esprit du protestantisme envahit la magistrature (1);

─────────

(1) « Depuis l'édit de Nantes jusqu'aux temps qui précédèrent sa
» révocation, et où on commençoit déjà à le violer ouvertement,
» les parlemens avoient été en partie composés d'huguenots. Du-
» rant cette période, il est naturel que ces corps se soient montrés
» récalcitrans et aient été animés d'un certain esprit de républica-
» nisme et d'opposition contre la cour. Quand les huguenots en fu-
» rent éliminés, ce même esprit n'en sortit point avec eux ; les par-
» lemens étoient fiers de leur influence et de l'essai qu'ils avoient
» fait quelquefois de leurs forces. Cette cause n'est pas la seule de
» la conduite ultérieure du parlement, mais elle y contribua.
» C'est donc au milieu d'eux que se réfugia l'esprit d'indépendance
» qui étoit resté dans la nation, et c'est là qu'il se retrouva en
» 1788. » *Essai sur l'esprit et l'influence de la réforme*, par Ch.
Villers; p. 167, *troisième édition.*

et c'est à cette cause qu'on doit attribuer les dispositions factieuses qu'elle montra bientôt après, au temps de la Fronde. Réprimées sous Louis XIV, le jansénisme les réveilla (1); car il eut, dès son origine, une frappante affinité avec le calvinisme, dont il renouvela, sur plusieurs points, les révoltantes doctrines. Il lui ressembloit surtout par son génie remuant, incapable de se plier à l'obéissance, et toujours prêt à la révolte. « Cette faction dangereuse, » disoit l'avocat général Talon, n'a rien oublié, de- » puis trente ans, pour diminuer l'autorité de toutes » les puissances ecclésiastiques et séculières qui ne » lui sont pas favorables (2). » La philosophie vint ensuite achever ce que la réforme et le jansénisme

---

(1) Un mémoire adressé par Fénélon à Clément XI contient des détails curieux sur les progrès que le jansénisme avoit faits, en 1705, dans les parlemens, et surtout dans celui de Paris. Parmi les magistrats attachés à la secte, Fénélon nomme le chancelier, le premier président, et le procureur-général, *plus janséniste*, dit-il, *que Jansénius même.* « Les avocats-généraux et beaucoup de présidens et de conseillers appartiennent, ajoute-il, au même parti. Il n'est donc pas étonnant que les principaux membres du parlement se soient opposés avec tant de véhémence, en présence même du roi, à l'acceptation, dans les formes solennelles, du Bref de Votre Sainteté contre la *Réponse des quarante docteurs.* Ils crioient que c'en étoit fait des libertés gallicanes, si on reconnoissoit en France l'autorité d'une constitution du Saint-Siége que la France n'eût pas sollicitée : comme si le médecin ne devoit guérir que le malade qui lui demande la santé! comme si le Vicaire de Jésus-Christ, pressé du devoir que lui impose la sollicitude de toutes les Églises, ne dût ni parler ni agir, si la France étoit si malade qu'elle repoussât même le secours du médecin! » *Memoriale Sanctissimo D. N. clam legendum. OEuvres de Fénélon*, tom. XII, p. 609, 610.

(2) *Réquisitoire du 23 janvier* 1688.

avoient commencé. Des anciennes institutions mo-
narchiques, l'Église seule subsistoit encore ; on pour-
suivit la guerre contre l'Église avec touté la fureur
protestante, modifiée par les idées philosophiques du
temps. On marchoit à grands pas vers le dernier
terme : la hiérarchie politique anéantie, le roi et le
peuple se trouvoient en présence : les parlemens,
secondés d'abord par les principes démocratiques qui
se répandoient dans la nation, prétendirent représenter le peuple, et ils s'efforcèrent d'usurper, à
ce titre, le pouvoir de législation, c'est-à-dire
qu'ils tentèrent de s'emparer de la souveraineté, ou
de substituer, à leur profit, un despotisme oligar-
chique au despotisme d'un seul. Mais le mouvement
de destruction ne pouvoit s'arrêter là. On avoit miné
pendant plusieurs siècles les bases de la société ; elle
s'abîma tout entière dans le gouffre que les rois et
les parlemens avoient eux-mêmes creusé.

Telles furent les destinées de ces grands corps,
qui, en nivelant la nation et en affranchissant le
monarque de toute loi divine extérieurement obligatoire, marchoient peu à peu à la conquête du pouvoir même qu'ils paroissoient servir : et de là il est
aisé de comprendre quelle étoit leur position à l'égard
de l'Église. Combattre l'autorité de son chef, pour
séparer toujours davantage l'État de la religion (ce
qu'ils appeloient défendre les droits du roi); étendre
leur propre juridiction aux dépens de la juridiction
spirituelle, voilà le double but qu'ils se proposoient.
Ils donnèrent à ces entreprises le nom de *libertés de*

l'Église gallicane, et deux hommes suspects de protestantisme, Pithou et Pierre Dupuy, en compo-
sèrent un immense recueil (1), qu'un arrêt du conseil
supprima le 20 décembre 1638, et que dix-neuf
prélats, assemblés à Paris, condamnèrent l'année
suivante, avec une indignation que tout le clergé
français partagea. « Jamais, disoient-ils, la foi
» chrétienne, l'Église catholique, la discipline ecclé-
» siastique, le salut du roi et du royaume n'ont été
» attaqués de doctrines plus pernicieuses que celles
» qui, sous des titres spécieux, sont exposées en ces
» livres. » Puis, après avoir qualifié de *fausses et hérétiques servitudes* ces libertés prétendues, ils ajoutent :
« Nous assurons que ces deux volumes ont été jugés
» par notre commun avis pernicieux presque partout,
» hérétiques en beaucoup d'endroits, schismatiques,
» impies, contraires à la parole de Dieu en plusieurs
» lieux, tendant à la destruction de la hiérarchie et de
» la discipline ecclésiastique. des sacremens et
» ordonnances sacrées, très injurieux au Saint-Siége
» apostolique, à notre roi très auguste, à l'ordre et
» état ecclésiastique, et même à toute l'Église galli-
» cane, et pleins de très dangereux scandales (2). »

L'assemblée du clergé condamna de nouveau,
en 1651, l'ouvrage de Dupuy, *comme injurieux à la
liberté de l'Église.* « Elle arrêta de se plaindre du

____

(1) Les *Preuves des libertés de l'Église gallicane*, de Dupuy, ne
sont que le complément du *Traité* de Pithou.

(2) *Procès-verbaux des assemblées du clergé :* pièces justificatives,
tom. III, n. 1..

» débit d'un livre *dont tout le monde connoissoit le*
» *venin et les dangereuses maximes.* M. de Bosquet,
» évêque de Lodève, fut invité à le réfuter, et les
» assemblées de 1655 et de 1665 le pressèrent de
» publier cette réfutation (1). » M. de Marca ne
voyoit dans ce recueil fameux qu'un tissu de *sentimens*
impies et de *profanes nouveautés de paroles* (2); et
jamais dit Bossuet, *les évêques n'approuvèrent ce que*
leurs prédécesseurs ont tant de fois condamné (3).

Ce n'est pas qu'ils ne reconnussent certaines *li-*
bertés de l'Église gallicane : mais qu'entendoient-ils
par ce mot; des *priviléges concédés,* comme s'expri-
moient, en 1639, les dix-neuf évêques, dans leur
lettre déjà citée : et l'auteur même de la *Défense de*
la Déclaration de 1682 fait remarquer que « les pré-
» lats français ont pris la précaution d'avertir qu'ils
» regardent comme ayant force de loi les seuls sta-
» tuts et coutumes qui se trouvent établis du con-
» sentement du Saint-Siége et des évêques (4). » Et
c'est, nous apprend encore Bossuet, que les évêques
et les magistrats étoient fort éloignés d'entendre de la
même manière les libertés de l'Église gallicane (5),

---

(1) *Corrections et additions aux Nouveaux opuscules de M. l'abbé*
Fleury, p. 65.

(2) *De concord. sacerd. et imperii;* in præfat., p. II, *edit.*
1706.

(3) *Defens. Declar.,* lib. XI, cap. XX.

(4) *Ibid.*

(5) « Dans mon sermon sur l'unité de l'Église, prononcé à l'ou-
» verture de l'assemblée de 1682, je fus indispensablement obligé
» de parler des libertés de l'Église gallicane, et je me proposai

toujours employées contre elle (1) : « en·quoi, ob-
» servoit l'abbé Fleury, l'injustice de Desmoulins
» est insupportable. Quand il s'agit de censurer le
» pape, il ne parle que des anciens canons; quand
» il est question des droits du roi, aucun usage n'est
» nouveau, ni abusif : et lui et tous les jurisconsultes
» qui ont suivi ses maximes, inclinent à celles des
» hérétiques modernes, et auroient volontiers soumis
» la puissance même spirituelle à la temporelle du
» prince....

» Si quelque étranger zélé pour les droits de
» l'Église, et peu disposé à flatter les puissances tem-
» porelles, vouloit faire un traité des servitudes de
» l'Église gallicane, il ne manqueroit pas de matières
» ni de preuves....

» La grande servitude de l'Église gallicane, c'est
» l'étendue excessive de la juridiction séculière...
» Les appellations comme d'abus ont achevé de
» ruiner la juridiction ecclésiastique (2). »

Il suit de là, premièrement, que ce que la magistrature appeloit des *libertés* de l'Église, l'Église l'appeloit des *servitudes*, et même d'*hérétiques servitudes ;*
et l'expression ne paroît pas trop forte quand on se·

» deux choses : l'une de le faire sans aucune diminution de la véri-
» table grandeur du Saint-Siége; l'autre de les expliquer de la ma-
» nière que les entendent nos évêques, et non pas de la manière que
» les entendent nos magistrats. » *Lettre au cardinal d'Estrées.* —
OEuvres de Bossuet, tom. IX, p. 275, édit. de 1778.

(1) *Oraison funèbre de Letellier.*

(2) *Discours sur les libertés de l'Église gallicane ; Nouveaux opuscules de l'abbé Fleury.*

rappelle les efforts des cours séculières, pendant le dernier siècle, pour soumettre à leur autorité l'administration même des sacremens :

Secondement, que tenter de remettre en vigueur ces *libertés*, ce seroit tenter de détruire l'Église, et par conséquent le christianisme, et par conséquent la société.

Si l'on cherche maintenant quels étoient ces *privilèges concédés*, ces *statuts* et ces *coutumes établis du consentement du Saint-Siége*, dont parle Bossuet, il se trouve qu'on n'a pu jamais les définir avec précision. On ne peut dire, comme quelques uns, que c'étoit le privilége qu'avoit conservé l'Église de France de se gouverner par le droit commun; car ces deux choses, *privilége* et *droit commun*, s'excluent mutuellement. Sera-ce, comme d'autres l'ont soutenu, le droit de se gouverner par les canons des premiers conciles? Pas davantage, car la discipline de l'Église de France différoit totalement, sur une multitude de points, de la discipline fixée par ces conciles. Ce ne pouvoit donc être que des usages particuliers à quelques diocèses, ainsi qu'il en existe dans toutes les parties du monde catholique; des prérogatives accordées par les papes à certains siéges : et, sous ce rapport, le mot de *libertés* n'a plus de sens, depuis que l'état entier de l'Église de France a été renouvelé par un acte immédiat de la puissance souveraine du pontife romain (1).

---

(1) Par sa *bulle pour la nouvelle circonscription des diocèses*, datée du 3 des calendes de décembre 1802, le pape déclare *déroger*

Les maximes théologiques établies dans la déclaration de 1682 ne sauroient être, en aucune manière,
des libertés de l'église gallicane. L'Église ne connoît
point de *libertés de doctrine ;* et nul catholique ne regardera comme de simples opinions d'école, des propositions formellement *réprouvées* par le Siége apostolique et par le plus grand nombre des Églises particulières. Il est d'ailleurs très évident que la puissance
du pape, instituée par Dieu même, demeure toujours
essentiellement, qu'on la reconnoisse ou non, ce que
Dieu a voulu qu'elle fût ; qu'aucune autre puissance
ne peut ni l'étendre ni la restreindre, et qu'ainsi, de
deux choses l'une, ou la déclaration pose avec exactitude les limites de la puissance pontificale, et alors
l'Église gallicane n'est pas plus libre que les autres
Églises ; ou elle prescrit à cette puissance divine des
bornes arbitraires, et alors l'Église gallicane, si elle
mettoit, ce qu'elle ne fit jamais, ses maximes en pratique, tomberoit par cela même dans le schisme, qui
n'est pas non plus, que nous sachions, une *liberté.*

Considérée sous un autre point de vue, et avant
même d'examiner la doctrine qu'elle renferme, la déclaration de 1682 ne peut, pour employer l'expression
la plus douce, qu'exciter un grand étonnement. Car

---

*par son autorité apostolique aux statuts, coutumes même immé-
moriales, priviléges, indults, concessions,* etc., des siéges supprimés.
Aucun des siéges nouveaux ne sauroit donc avoir, selon la doctrine de
Bossuet et des autres évêques dont nous avons rapporté les paroles ;
de *priviléges légitimes* que ceux qui lui auroient été *concédés,* depuis 1802 , par le souverain pontife.

que fait cette déclaration ? Elle apprend au monde entier, qu'en ce qui tient au pouvoir du pape, l'Église gallicane ne pense ni comme le pape, ni comme les autres Églises unies au pape. Or en supposant, ce que nous sommes assurément fort loin d'accorder, que le sentiment particulier de l'Église gallicane pût rendre un seul moment douteux ce qu'enseignent de concert le pape et les autres Églises, qu'en résulteroit-il ? que le pouvoir étant incertain dans l'Église de Jésus-Christ, l'Église elle-même seroit incertaine. Il faudroit, chose monstrueuse, admettre qu'il existe une société, disons plus, une société divine, dans laquelle on ne sauroit pas, après dix-huit siècles, en qui réside la souveraineté. Si ce n'est pas là détruire la notion même de société, la notion de l'Église *une, universelle, perpétuelle,* qu'on explique comment une souveraineté *douteuse* peut constituer un gouvernement *certain* ou une société *certaine ;* comment l'Église peut être *certainement* une, universelle, perpétuelle, si l'on ignore quel est le pouvoir *suprême* dans l'Église, et par conséquent s'il est un, universel, perpétuel ?

Et quel droit avoit une assemblée de trente-cinq prélats convoqués par le roi, quel droit auroit eu même toute l'Église gallicane réunie en concile national, de décider seule des questions qui intéressent fondamentalement l'Église entière, et de fixer sa propre doctrine, ce n'est pas assez dire, de se créer une doctrine particulière, sur des points d'où dépend toute l'économie du gouvernement spirituel, et à l'égard desquels nulle doctrine ne sauroit être vraie, selon les principes des gallicans mêmes, que celle professée par le pape et la majorité des évêques?

De si étranges égaremens ne peuvent s'expliquer que par l'état où se trouvoit alors la France. Les parlemens poursuivoient avec activité leur projet d'asservir l'Église en la séparant du pontife romain, ou en l'asservissant lui-même, dans l'exercice de sa puissance, à l'autorité temporelle. « Le roi dans la pratique est plus chef de l'Église que le pape en France. » Liberté à l'égard du pape, servitude à l'égard du roi. Autorité du roi sur l'Église, dévolue aux juges laïques. Les laïques dominent les évêques (1). » Ainsi parloit Fénelon.

« Qui ne voit, s'écrioit-il avec douleur, combien » de maux menacent l'Église catholique, en butte à » la jalousie, aux soupçons, aux disputes? Les évêques » n'ont désormais aucun secours à espérer, ni presque » plus rien à craindre du Siége apostolique; leur sort » dépend entièrement de la seule volonté des rois. » La juridiction spirituelle est comme anéantie : » excepté les seuls péchés déclarés secrètement au » confesseur, il n'est rien dont les magistrats ne » jugent au nom du roi, sans égard aux jugemens » de l'Église. Ce recours fréquent et perpétuel au » Siége apostolique, par lequel les évêques s'appro- » chant de Pierre avoient coutume de le consulter » sur les questions qui intéressoient ou la foi ou les » mœurs, est tellement tombé en désuétude, qu'à

____

(1) *Vie de Fénelon*, par M. de Bausset. *Pièces justificatives* du livre VII.

» peine reste-t-il quelque vestige de cette admirable
» discipline. Et quant à la chose même, les rois gou-
» vernent et règlent tout selon leur bon plaisir. On
» ne s'adresse au Saint-Siége que rarement, et seule-
» ment pour la forme ; son nom, en apparence tou-
» jours vénéré, n'est plus que l'ombre d'un grand
» nom. On ne connoît plus par les effets la puissance
» de ce Siége, que lorsqu'on sollicite de lui quelque
» dispense des canons. Qu'arrive-t-il de là ? que les
» laïques mêmes accusent et tournent en dérision
» cette sublime puissance, à laquelle ils n'ont recours
» que pour en obtenir quelque faveur particulière ;
» et c'est ainsi que cette aimable et maternelle auto-
» rité est devenue l'objet d'une envie maligne (1). »

(1) Quantum vero Ecclesiæ catholicæ impendeat incommodum
nemo non videt, dum æmulatio, suspicio et contentio grassans caput atque membra, totum Ecclesiæ corpus divexat. Nunc episcopi
nihil sibi præsidii sperandum, nihil pene metuendum vident ex
Sede apostolica. Eorum quippe sors ex solo regum nutu omnino
pendet. Spiritualis jurisdictio prostrata jacet ; nihil est, si sola pec-
cata clam confessario dicta exceperis, de quo laici magistratus ex
nomine regis non judicent, et Ecclesiæ judicia non vilipendant.
Frequens vero ac juris ille recursus ad Sedem apostolicam, quo sin-
guli episcopi, singulis tum fidei, tum morum quæstionibus, Petrum
adire et consulere consueverant, ita jam inolevit, ut vix supersit
mirabilis hujus disciplinæ vestigium. Quantum ad rem ipsam, reges ad nutum omnia regunt et ordinant. Sedes vero apostolica,
inani tantum forma et raro compellatur. Nomen est, quod ingens
aliquid sonat, et suspicitur ut magni nominis umbra. Neque certe
quid possit hæc Sedes, jam usu norunt, nisi dum efflagitant a canonum disciplina dispensari. Unde ipsi laici culpant, et ludibrio ver-
tunt hanc præcelsam auctoritatem, quam non adeunt, nisi ut suo
commodo inserviat. Hinc contigit ut materna et amabilis hæc auctoritas invidiam concitaverit.

De Summi Pontif. Auctorit., cap. XLV ; *OEuvres de Fénelon,*
tom. II, p. 407 et 408, *édit. de Versailles.*

Le tableau que Fénelon fait du haut clergé à la même époque, achève d'éclaircir ce qui se passa en 1682. « La plupart des prélats, dit-il, se précipitent
» d'un mouvement aveugle du côté où le roi incline :
» et l'on ne doit pas s'en étonner ; ils ne connoissent
» que le roi seul, de qui ils tiennent leur dignité, leur
» autorité, leurs richesses, tandis que, dans l'état pré-
» sent des choses, ils pensent n'avoir rien à espérer
» ni rien à craindre du Siége apostolique. Ils voient
» toute la discipline entre les mains du roi, et on les
» entend répéter souvent que, même en matière de
» dogme, soit pour établir, soit pour condamner, il
» faut consulter le vent de la cour. Il reste cependant
» quelques pieux évêques qui affermiroient dans le
» droit sentier la plupart des autres, si la foule n'étoit
» entraînée hors de cette voie par des chefs corrom-
» pus dans leurs sentimens (1). »

En cet état de choses, un différend s'élève entre Rome et le roi, à l'occasion d'une affaire où le pape

---

(1) Plerique alii incerti et fluctuantes, quolibet rex se inclinave-rit, cæco impetu ruunt. Neque id mirum est , siquidem regem so-lum norunt, cujus beneficio dignitatem , auctoritatem , opesque nacti sunt. Neque, ut res se nunc habent, quidquam incommodi metuendum, aut præsidii sperandum ex apostolica Sede existimant. Totam disciplinæ summam penes regem esse vident, neque ipsa dogmata aut adstrui, aut reprobari posse dictitant, nisi aspiret au-licæ protestatis aura.

Supersunt tamen pii antistites, qui cæteros plerosque in recto tramite confirmarent, nisi multitudo a ducibus male affectis in pe-jorem partem raperetur. *Memoriale Sanctissimo D. N. clam le-gendum.* — *OEuvres de Fénelon*, tom. XII, p. 604 et 605 , *édit. de Versailles.*

11.

défendoit, de l'aveu d'Arnauld, les droits manifestes et les véritables libertés de l'Église. Les parlemens échauffent la querelle, animent le monarque. Il prend la résolution de marquer, par un acte solennel, son ressentiment contre le souverain pontife, et il charge le clergé de sa vengeance. De serviles prélats *se précipitent d'un mouvement aveugle du côté où le roi incline* (1). En deux mots voilà l'histoire de la célèbre déclaration de 1682.

Bossuet, qu'on ne soupçonnera point d'avoir partagé ces viles passions, mais qui n'étoit pas non plus tout-à-fait exempt d'une certaine foiblesse de cour, Bossuet essaya de modérer la chaleur de ses confrères. Il les voyoit près de s'emporter aux plus effrayans excès, et il se jeta comme médiateur entre eux et l'Église, oubliant ce qu'en toute autre rencontre, et plus maître de lui-même, il auroit aperçu le premier, que l'Église n'accepte point de semblable médiation ; que, n'ayant rien à céder, elle ne traite jamais, et qu'à quelque degré qu'on altère sa doctrine, si elle attend avec patience le repentir, le moment vient où la charité appelle elle-même la justice et la presse de prononcer sa sentence irrévocable.

Afin de laisser aux esprits le temps de se calmer, Bossuet essaya de traîner en longueur ; il proposa d'examiner la tradition sur le sujet soumis aux délibérations de l'assemblée. On ne l'écouta point. Le roi

---

(1) *Le pape*, disoient-ils, *nous a poussés, il s'en repentira. Nouveaux opuscules de M. l'abbé Fleury*, p. 142 et 143.

vouloit une décision prompte ; ses ministres s'opposoient vivement à toute espèce de délai, et les prélats, de leur côté, ne montroient pas moins de zèle à complaire au monarque (1). Dès-lors Bossuet ne songea plus qu'à éloigner le schisme imminent dont la France étoit menacée, en adoucissant, au moins par les formes de l'expression, les maximes qu'il ne pouvoit empêcher qu'on proclamât. Trompé par le louable désir d'éviter un mal présent, ce grand homme ne prévit pas qu'il en préparoit de plus dangereux dans l'avenir. Quelque chose cependant le tourmentoit et de vagues inquiétudes s'élevoient en son âme, ainsi que l'attestent plusieurs passages de son *Sermon sur l'Unité*. En effet tout l'art des paroles ne pouvoit changer le fond de la doctrine que le clergé avoit l'ordre d'adopter solennellement. Cette doctrine imposée par le roi n'étoit nécessairement que les principes mêmes sur lesquels le pouvoir temporel s'appuyoit pour autoriser la guerre que, depuis tant d'années, il faisoit à l'Église et à son chef. « On pensa, dit Voltaire, » qu'enfin le temps était venu d'établir en France une » Église catholique, apostolique, qui ne serait point » romaine (2). » Quand on se rappelle en effet et la surprise mêlée d'effroi qu'excita, hors de France, dans toute la catholicité, la doctrine de la Déclaration, et le prix que n'ont cessé d'y attacher tous les sectaires, on ne sauroit un seul moment demeurer en doute sur sa véritable nature.

____

(1) Voyez les *Nouveaux opuscules de M. l'abbé Fleury*.
(2) *Siècle de Louis XIV*, chap. XXXV.

Bien que divisée en quatre articles, la Déclaration se réduit à deux propositions. On a montré comment les princes, dont le pouvoir pontifical gênoit les passions, avoient peu à peu miné les bases de la société chrétienne en séparant de l'ordre religieux l'ordre politique soustrait dès-lors à l'influence de la loi divine. Les prélats consacrèrent cette séparation totale, en déclarant dogmatiquement que la souveraineté temporelle, suivant l'institution divine, est complètement indépendante de la puissance spirituelle.

On a montré, en second lieu, que, pour asservir plus aisément l'Église, qui n'a de force que par son chef, l'autorité civile avoit constamment cherché, en attaquant le pouvoir *monarchique* du pape, à rompre ou au moins à relâcher les liens qui l'unissent à l'épiscopat. Les prélats consacrèrent encore cet attentat à la constitution divine de l'Église, et leur propre servitude, en déclarant dogmatiquement que le concile est supérieur au pape.

Nous disons ce qu'ils firent, et non ce qu'ils crurent faire; car il y a des temps de vertige ou les hommes vont comme des aveugles et prononcent des paroles dont ils ne comprennent pas le sens. La Providence permet, pour des fins qu'elle connoît, ces tristes exemples de notre foiblesse; et si l'on considère combien la plaie de l'orgueil est profonde en nous, on trouvera qu'ils seroient encore assez utiles quand ils ne serviroient qu'à nous apprendre le peu que nous sommes.

Éclairés par l'expérience de plus d'un siècle, après

une révolution qui a mis à nu les fondemens de la société, nous allons entreprendre l'examen des deux propositions auxquelles se réduit la déclaration de 1682. Nous ne craindrons point de mettre dans cette discussion une franchise entière, car l'amour de la vérité est aussi l'amour de la paix. L'erreur divise, il n'en sort que des discussions éternelles : la vérité unit, parcequ'elle est de Dieu, ou plutôt Dieu même.

§ I. *Examen de cette proposition : La souveraineté temporelle suivant l'institution divine est complètement indépendante de la puissance spirituelle.*

Que Dieu soit l'auteur de la société, on ne pourroit le nier sans nier en même temps que Dieu soit l'auteur de l'homme, et qu'il l'ait fait pour vivre en société; car l'auteur des êtres est nécessairement l'auteur de l'ordre conservateur des êtres (1). Mais pour que la société existe, deux choses sont indispensables : une loi qui unisse ses membres entre eux, et un pouvoir qui maintienne l'observation de cette loi. Donc il y a une loi divine, fondement de toute société, loi immuable, imprescriptible, *contre laquelle tout ce qui se fait est nul de soi* (1); loi universelle, perpétuelle, comme la société même. Donc aussi le pouvoir, sans lequel la société n'existeroit pas, est originairement

______

(1) Deus mortem non fecit... Creavit enim ut essent omnia, et sanabiles fecit nationes orbis terrarum... Justitia enim perpetua est et immortalis. *Sapient.* I, 13-15.

(2) Bossuet.

divin, et sa fonction est de conserver l'ordre, ou de faire régner la loi divine. Donc il est essentiellement, suivant l'expression de l'apôtre, le *ministre de Dieu pour le bien* (1). On ne sauroit s'en former une autre notion : car qui pourroit concevoir un pouvoir établi de Dieu pour combattre Dieu, pour substituer sa propre volonté à la volonté ou à la loi de Dieu, et reconnoître un *droit divin* dans le renversement de tout droit? Aussi l'Écriture (2) ne dit-elle pas que tout souverain est de Dieu, mais que *toute souveraineté, toute puissance est de Dieu,* parce que la puissance en elle-même est bonne et nécessaire, que sans elle point de société, sans elle un désordre irrémédiable. Ainsi la puissance, *ordonnée* pour une fin (3) qui est la conservation de la société par le règne de la justice ou de la loi divine, implique toujours l'idée de droit et d'un droit divin; et c'est ce qui la distingue de la force, qui, toute matérielle et dès-lors incapable de constituer un droit, ne peut par conséquent être une vraie puissance, une vraie souveraineté.

Sortez de là, vous ne pouvez éviter un abîme qu'en vous jetant dans un autre abîme. Prétendrez-vous que le pouvoir vient originairement du peuple? Donc la loi aussi, et il n'y a de juste que ce que veut le peuple. Supposerez-vous que *la source de la souveraineté découle du souverain?* Tout ce qu'on disoit de Dieu, vous voilà contraint de le dire d'un homme. Il

---

(1) Dei enim minister est tibi in bonum. *Rom.*, XIII, 4.
(2) Non est enim potestas nisi à Deo. *Ibid.*, I.
(3) Quæ autem sunt, à Deo ordinata sunt. *Ibid.*

est lui-même le principe de son droit, et ce droit n'a point de limites. Sa volonté, c'est l'ordre essentiel, la justice, la loi. Tout lui est permis, et il ne l'est jamais de lui résister en rien. Quoi qu'il commande, on doit obéir; la plainte même, seroit une impiété : enfin, que sais-je? il n'est point de crime, ni d'oppression, ni de tyrannie que ne légitime cette hypothèse monstrueuse.

Mais qu'importent les systèmes de quelques rêveurs, confondus par les croyances et la raison de tous les âges? Instruits par la tradition de la nature du pouvoir et de son origine, les peuples ne virent jamais dans la souveraineté qu'une puissance dérivée de Dieu (1), établie pour maintenir l'ordre, et assujettie, dans son exercice, à la loi donnée primitivement au genre humain : et lorsque cette loi de justice éternelle a été fondamentalement violée, lorsque l'ordre a paru attaqué dans son essence, ils ont cessé de reconnoître le droit dans ce funeste usage de la force; et toutes les fois que la souveraineté s'est ainsi affranchie de l'obéissance à Dieu, ils se sont crus dégagés eux-mêmes de l'obéissance envers elle. Il ne s'agit pas de savoir si les peuples, qui ont aussi leurs passions, ne furent point, en beaucoup de circonstances, égarés par elles. Laissant à part la discussion des faits parti-culiers, nous constatons un fait universel, perpétuel, et par conséquent une loi indestructible de l'ordre moral. Or il est de fait qu'en tout temps, en tous lieux, le pouvoir injuste, oppressif, qui, gouvernant

----

(1) *Le roi est l'image vivante de Dieu*, dit un ancien poète grec. *Inter Gnomic.*

par ses seuls caprices, a foulé aux pieds la loi de Dieu,
n'a plus été dès-lors regardé comme pouvoir, et que,
le supposant déchu, en vertu même de l'institution
divine, la société s'est cru le droit, pour assurer son
existence, de lui substituer un vrai et légitime pouvoir, ou un pouvoir conservateur : et quand ce sentiment des devoirs des souverains, ce sentiment du
juste et de l'injuste, s'est éteint dans un peuple,
comme il arriva chez les Romains sous les empereurs,
ce fut toujours pour ce peuple un signe de mort et
l'annonce de la dissolution prochaine et totale de la
société.

Or la loi divine, qui, comprenant tous les devoirs
immuables de l'homme et constituant par là même
tous les droits, doit régler l'exercice de la souveraineté, n'est autre chose que la religion. Il y a donc
une loi *spirituelle*, une loi religieuse, à laquelle Dieu
même a soumis la souveraineté ; loi qui oblige non
seulement le souverain comme homme, mais aussi
comme souverain. Avant Jésus-Christ, cette loi, purement traditionnelle, n'avoit d'autre interprète que
le sentiment général, ni d'autre garantie publique
que la résistance immédiate du peuple, lorsqu'elle
étoit violée fondamentalement ; et c'est là une des
causes, et la principale, du peu de stabilité de la société chez les anciens, et des troubles qui l'agitoient
presque sans interruption.

Tout ce qui est divin, tout ce qui exprime les rapports naturels des êtres, étant inaltérable en soi, le
christianisme n'abolit point l'ordre primitif, il le per-

fectionna ; et la parole du Christ : *Je ne suis point venu détruire la loi, mais l'accomplir* (1), est rigoureusement vraie dans tous les sens. L'antique religion, en se développant, demeura toujours la base nécessaire de la société, le fondement du droit et du pouvoir ; mais son action se manifesta sous une forme nouvelle et plus parfaite, dès que le christianisme eut acquis, pour ainsi parler, une existence publique. Jésus-Christ avoit fondé une société spirituelle, gardienne infaillible de la doctrine, et investie, dans l'ordre du salut, d'une puissance indépendante de gouvernement. Dès-lors toutes les grandes questions de justice sociale, tous les doutes sur la loi divine, sur la souveraineté et sur ses devoirs, autrefois décidés par le peuple, durent l'être par l'Église, et ne purent l'être que par elle chez les nations chrétiennes, puisque l'Église, seule dépositaire de la loi divine, étoit chargée par Jésus-Christ même de la conserver, de la défendre, et de l'interpréter infailliblement. La plus longue durée des empires chrétiens, et leurs révolutions moins fréquentes, sont uniquement dues à cette admirable institution, qui mit le pouvoir des rois à l'abri des erreurs et des passions de la multitude, ainsi que Bossuet lui-même le reconnoît. « On montre plus » clair que le jour, dit-il, que s'il falloit comparer les » deux sentimens, celui qui soumet le temporel des » souverains aux papes, et celui qui le soumet au » peuple ; ce dernier parti, où la fureur, où le caprice,

____

(1) Non veni solvere (legem) , sed adimplere. *Matth.*, V, 17.

» où l'ignorance et l'emportement dominent le plus,
» seroit aussi sans hésiter le plus à craindre. L'expé-
» rience a fait voir la vérité de ce sentiment, et notre
» âge seul a montré, parmi ceux qui ont abandonné
» les souverains aux cruelles bizarreries de la multi-
» tude, plus d'exemples et plus tragiques contre la
» personne et la puissance des rois, qu'on n'en trouve
» durant six à sept cents ans parmi les peuples qui en
» ce point ont reconnu le pouvoir de Rome (1). »

Il ne faut pas, au reste, s'imaginer que l'Église ait
jamais prétendu posséder un autre pouvoir que celui
que nous venons d'expliquer, ni qu'elle se soit attribué
un droit réel, comme on le lui a tant de fois imputé
faussement, sur le *temporel* des rois. On avoit besoin
d'un prétexte pour combattre son autorité véritable,
on a choisi celui-là, et c'est Fénelon qui nous l'apprend. « Il n'y a point d'argument, dit-il, par lequel
» les critiques excitent une haine plus violente contre
» l'autorité du Siége apostolique, que celui qu'ils tirent
» de la bulle *Unam sanctam* de Boniface VIII. Ils di-
» sent que Boniface a défini dans cette bulle, que le
» pape, en qualité de monarque universel, peut ôter
» et donner à son gré tous les royaumes de la terre.
» Mais Boniface, à qui l'on faisoit cette imputation à
» cause de ses démêlés avec Philippe-le-Bel, s'en jus-
» tifia ainsi dans un discours prononcé en 1302 de-
» vant le consistoire : *Il y a quarante ans que nous*

____

(1) *Défense de l'Histoire des Variations*, n. XXXV.

» sommes versés dans le droit, et que nous savons qu'il
» existe deux puissances ordonnées de Dieu. Qui donc
» pourroit croire qu'une si grande sottise, une si grande
» folie, soit jamais entrée dans notre esprit? Les cardi-
» naux aussi, dans une lettre écrite d'Anagni aux
» ducs, comtes et nobles du royaume de France, jus-
» tifièrent le pape en ces termes : *Nous voulons que*
» *vous teniez pour certain que le souverain pontife notre*
» *seigneur n'a jamais écrit audit roi qu'il dût lui être*
» *soumis temporellement à raison de son royaume, ni le*
» *tenir de lui* (1). »

Gerson, d'ailleurs si peu enclin à exagérer les
droits de la puissance pontificale, explique nettement
sa nature et son étendue par rapport à la souveraineté
temporelle. « On ne doit pas dire (ce sont ses paroles)
» que les rois et les princes tiennent du pape et de

---

(1) Nullum est argumentum quò critici in supremam Sedis apostolicæ auctoritatem vehementiorem invidiam concitent, quam
illud petitum ex bullâ Bonifacii VIII , *Unam sanctam.* Aiunt pontificem in eâ bullâ definivisse omnia mundi regna ad arbitrium papæ,
veluti monarcha orbis totius , auferri et distribui posse. Sed Boni-
facius , cui per dissensionem cum Philippo-Pulchro , Francorum
rege , id imputatum est , ità se purgari voluit in oratione habitâ in
consistorio , anno 1302 : « Quadraginta anni sunt quòd sumus ex-
» perti in jure, et scimus quòd duæ sunt potestates ordinatæ à Deo.
» Quis ergò debet credere vel potest, quod tanta fatuitas, tanta in-
» sipientia sit vel fuerit in capite nostro ? » Cardinales autem per
epistolam Anaguiæ scriptam ad duces, comites et nobiles regni
Franciæ , sic pontificem purgabant : « Volumus vos pro certo tenere
» quod prædictus dominus noster summus pontifex, nunquàm
» scripsit regi prædicto , quod de regno suo sibi subesse tempora-
» liter, illudque ab eo tenere deberet. » *De Summi Pontif. Auctoritate*, cap. XXVII. *OEuvres de Fénelon*, tom. II , p. 333, *édit. de
Versailles.*

» l'Église leurs terres ou leurs héritages, de sorte que
» le pape ait sur eux une autorité civile et juridique,
» comme quelques uns accusent faussement Boniface
» de l'avoir pensé. Cependant tous les hommes,
» princes et autres, sont soumis au pape en tant qu'ils
» voudroient abuser de leurs juridictions, de leur tem-
» porel et de leur souverain domaine contre la loi
» divine et naturelle; et cette puissance supérieure
» du pape peut être appelée *directive et ordinative,*
» plutôt que civile ou juridique (1). »

Fénelon adopte cette doctrine et l'applique aux questions qui peuvent naître sur la souveraineté; questions qui intéressent à un si haut degré le salut des peuples (2). Il montre encore, que c'étoit, chez toutes

---

(1) Nec dicere oportet omnes reges vel principes hæreditatem eorum vel terram tenere à papa et de Ecclesia, ut papa habeat superioritatem civilem, similem et juridicam super omnes, quemadmodùm aliqui imponunt Bonifacio octavo. Omnes tamen homines, principes et alii, subjectionem habent ad papam in quantùm eorum jurisdictionibus, temporalitate et dominio abuti vellent contra legem divinam et naturalem, et potest superioritatis illa nominari potestas directiva et ordinativa, potiùs quam civilis vel juridica. *Serm. de pace et unione Græc.,* Consid. V, tom. II, pag. 147.

(2) Nunquàm enim Ecclesia contendit reges esse à se directè eligendos, sed tantùm hoc munus ad eam pertinet modo directivo, eo quòd pia mater electores doceat quinam sint eligendi aut reprobandi principes. Sic pariter institutos reges indirectè judicat et destituit, dùm filios consulentes docet, quinam sint destituendi vel confirmandi in toto imperii fastigio. Reverà nihil est quod ad salutem efficaciùs conducat, aut magis efficiat saluti, quàm recta vel prava principum institutio aut destitutio. Quamobrem necesse est ut christianæ gentes, in instituendis aut destituendis principibus, evangelicis præceptis quàm maximè obtemperare studeant; atque adeò pastorum hoc est officium ac præcipuè summi pontificis, ut gentes in tam arduo negotio dirigant et ordinent. Id præstant pas-

les nations catholiques, un principe reçu et profondément gravé dans les âmes, que le pouvoir suprême ne pouvoit être confié qu'à un prince catholique, et, qu'en vertu de la loi même sur laquelle reposoit la société, le peuple n'étoit tenu d'obéir au prince qu'autant que le prince lui-même obéissoit à la religion catholique (1). « Ainsi, ajoute Fénelon, l'Église ne » destituoit, ni n'instituoit les princes laïques; elle » répondoit seulement aux peuples qui la consultoient » sur ce qui touchoit la conscience, à raison du con- » trat et du serment. Or ce n'est pas là une puissance » civile et juridique, mais la puissance *directive et or- » dinative* qu'approuve Gerson (2). »

Il rapporte ensuite les exemples du quatrième concile de Latran et du premier concile de Lyon, où

---

tores, ut ait Gersonius, *non per potestatem civilem et juridicam, sed per directivam et ordinativam.* Sic regni Francici proceres Zachariam consuluerunt in destituendo Childerico, et instituendo Pepino rege. *De Summi Pontif., Auctor,* cap. XXVII. — *OEuvres de Fénelon,* tom. II, p. 336 et 337, *édit. de Versailles.*

(1) Posteà verò sensim catholicarum gentium hæc fuit sententia animis altè impressa, scilicet supremam potestatem committi non posse nisi principi catholico, eamque esse legem sive conditionem tanto contractui appositam populos inter et principem, ut populi principi fideles parerent, modò princeps ipse catholicæ religioni obsequeretur. Quâ lege positâ, passim putabant omnes solutum esse vinculum sacramenti fidelitatis à totâ gente præstito, simul atque princeps eâ lege violatâ catholicæ religioni contumaci animo resisteret. *Ibid.,* cap. XXIX, p. 383.

(2) Itaque Ecclesia neque destituebat, neque instituebat laicos principes, sed tantùm consulentibus gentibus respondebat quid ratione contractûs et sacramenti conscientiam attineret. Hæc *non juridica et civilis, sed directiva* tantùm *et ordinativa potestas,* quam approbat Gersonius. *Ibid.,* p. 384.

l'on voit cette puissance exercée solennellement par l'Église. Sur ces paroles du pape qui déclare Frédéric II déchu de l'empire : *Nous absolvons tous ceux qui sont liés à lui par le serment de fidélité*, Fénélon observe que c'est comme si le pape disoit : « Nous le » déclarons indigne, à cause de ses crimes et de son » impiété, de gouverner des peuples catholiques. Le » pape use en cela de la puissance que Jésus-Christ lui » a donnée : *Tout ce que vous lierez sur la terre*, etc.; » c'est-à-dire qu'il déclare les peuples déliés de leur » serment de fidélité envers Frédéric *lié par ses pé-* » *chés* (1). »

---

(1) Innocentius ait, *Sententiando privamus*, in hoc scilicet quòd *absolvimus omnes qui ei juramento fidelitatis tenentur adstricti.* Idem est prorsus ac si diceret : Declaramus eum, ob facinora et impietatem, indignum esse qui gentibus catholicis præsit : declaramus contractum ab imperatore palàm violatum jam populos imperii non adstringere.

In hoc Innocentius exercet potestatem à Christo datam : *Quodcumque ligaveris super terram*, etc.; videlicet ut Fredericum *ligatum peccatis*, et populos juramento fidelitatis solutos declaret.

Asseverat id à se fieri cum fratribus et sacro concilio, deliberatione præhabitâ diligenti. Itaque deliberavit et annuit concilium; hoc asseverat pontifex, neque diffitetur concilium. *Ipsa sententia in concilio lata est : sacro præsente concilio* inscripta est; neque reclamavit concilium : imò sententia actis inserta est. *De Summi Pontif. Auctor.*, cap. XXXIX. *OEuvres de Fénelon*, tome II, p. 387.

Le pouvoir exercé en ces occasions, par le pape, est de même nature et semblable en tout à celui que chaque évêque exerce dans son diocèse, chaque curé dans sa paroisse. Tout chef de famille possède, dans sa famille, la *plénitude de l'autorité domestique*, comme le roi possède, dans son royaume, la *plénitude de l'autorité temporelle*; et ses serviteurs sont liés envers lui de la même manière que les sujets le sont envers le roi, et en vertu du même droit fondamental. Or que ce chef de famille viole, en matière

Et remarquez que l'Église, se renfermant toujours dans les attributions du pouvoir spirituel, ne prononçoit que des peines spirituelles. Elle retranchoit de son sein, par l'excommunication, les violateurs endurcis de la *loi divine et naturelle,* comme parle Gerson; et Bossuet avoue que son autorité s'étend, à cet égard, aussi bien sur les rois que sur les autres hommes (1). Or s'il arrivoit qu'un roi persistât dans sa rebellion contre l'Église, la question devenoit alors politique, ou plutôt sociale; il s'agissoit de défendre

---

grave, la loi divine à l'égard de ses serviteurs, ou, plus encore, exige qu'ils la violent, et emploie son pouvoir pour les forcer à la violer, que leur dira le curé, quand ils le consulteront, suivant leur devoir de catholiques, sur l'obéissance qu'à raison de l'engagement pris, ou expressément ou tacitement, ils doivent en conscience à leur maître? Il leur dira : Dieu lui-même vous délie de cet engagement; et il prévariqueroit s'il faisoit une autre réponse, ou s'il refusoit de répondre. Ainsi du pape par rapport aux souverains et à leurs sujets. Ses droits, comme ses devoirs, plus étendus que ceux de l'évêque, que ceux du curé, ne sont cependant que des devoirs et des droits du même ordre. La juridiction du curé et de l'évêque est limitée; celle du pape est pleine et universelle : voilà toute la différence. « Tout est soumis aux clés de Pierre : rois et » peuples, pasteurs et troupeaux. » *Bossuet*, Sermon sur l'Unité.

(1) « N'allez pas vous figurer qu'Othon et les autres écrivains » de ce temps-là aient suivi un sentiment faux et outré au sujet de » l'excommunication, ou douté que l'Église eût le pouvoir d'ex- » communier. » *Défense de la Déclarat.,* liv. I, sect. I, chap. VII, p. 142, *édit. de* 1745.— « Mais l'Église laisse-t-elle impunis les crimes » de ceux qui ont fait profession de la foi chrétienne? non sans » doute, et les rois comme les autres sont soumis à son autorité. » Elle ne les prive à la vérité ni de leurs biens temporels, ni de » leurs royaumes; mais elle les exclut, au nom de J.-C., dont elle » tient la place, des biens célestes et du royaume éternel; *elle les* » *met au rang des païens;* elle les lie et les condamne à des sup- » plices éternels. » *Ibid.,* sect. II, chap. XXI, p. 216.

l'existence de la société contre les passions du souverain, qui en violoit la loi première et fondamentale.
« Il n'est pas étonnant, dit encore Fénelon, que des
» nations profondément attachées à la religion catho-
» lique secouassent le joug d'un prince excommunié :
» car elles n'étoient soumises au prince qu'en vertu de
» la même loi qui soumettoit le prince à la religion
» catholique. Or le prince excommunié par l'Église
» pour cause d'hérésie, ou de son administration cri-
» minelle et impie, n'étoit plus censé ce prince pieux
» à qui toute la nation s'étoit commise ; et elle se
» croyoit en conséquence déliée du serment de fidé-
»lité (1). »

Que tel ait été, pendant plusieurs siècles, le droit
public des peuples chrétiens, personne ne le conteste ;
et pour peu qu'on y réfléchisse, on reconnoîtra que
leur attachement à ce droit régénérateur de la société
humaine étoit justifié par des motifs qu'avoueroit,
indépendamment de la foi, une sagesse purement
politique : puisqu'ébranler la religion qui avoit constitué l'État et qui en demeuroit la première loi, c'étoit
ébranler l'État même ; ce qui ne sauroit jamais être le

---

(1) Undè nihil est mirum si gentes catholicæ religioni quàm
maximé addictæ principis excommunicati jugum excuterent. Eà
enim lege sese principi subditas forè pollicitæ erant, ut princeps
ipse catholicæ religioni subditus esset. Princeps verò qui ob hære-
sim, vel ob facinorosam et impiam regni administrationem, ab
Ecclesià excommunicatur, jam non censetur pius ille princeps cui
tota gens sese committere voluerat : undè solutum sacramenti vinculum arbitrabantur. *De Summi Pontif., Auctor.*, cap. XXXIX.
OEuvres de Fénelon, tom. II, p. 383.

droit de la souveraineté, instituée uniquement pour la conservation de l'État (1). Aussi, sans la barrière qu'opposèrent les papes à l'ambition effrénée et aux vices monstrueux de quelques princes, tels que les Henri et les Frédéric, un hideux despotisme eût replongé l'Europe, de l'aveu des protestans les plus éclairés, dans une barbarie pire que celle d'où l'avoit tirée la religion chrétienne. Saint Grégoire VII, aussi grand par le génie que par les vertus (2), sauva la civilisation, sauva le christianisme, en rétablissant la discipline et en arrêtant les empereurs qui protégeoient la simonie, favorisoient ouvertement le concubinage des clercs, et ne tendoient à rien moins qu'à se rendre maîtres dans l'Église. Si la polygamie ne souilla pas les mœurs des nations européennes, on le dut à la vigilance et à la fermeté des pontifes romains. Protecteurs du foible et des opprimés, ils prévenoient ou réprimoient, par un saint usage de leur autorité, les excès du pouvoir temporel; et si l'on veut voir, dans un seul exemple, quelle étoit l'utilité morale et politi-

---

(1) *Principum ipsorum principes sunt leges*, disoit en ce sens élevé, et le seul vrai, saint Chrysostôme. *In Genes. serm. IV*, Oper. tom. IV, p. 662.

(2) « Ferme et constant comme un héros, prudent comme un » sénateur, zélé comme un prophéte, austère dans ses mœurs, » Grégoire se servit avec courage des circonstances des temps; il » fonda la hiérarchie et la liberté de l'empire ; il donna un lien aux » ecclésiastiques épars et désunis, il souleva de la poussiére des » milliers d'hommes qui n'avoient d'autre force que la parole, et il » allégea le joug que les Francs avoient imposé aux provinces tu-» desques. » *Jean de Müller* cité dans *le Catholique* de Mayence, n. 41, 1823.

que de ces excommunications si odieuses aux flatteurs des princes, il suffit d'ouvrir les actes du dernier concile général, et d'y lire les anathèmes qu'il ordonne de prononcer *contre les usurpateurs des biens des pauvres*, de quelque dignité qu'ils soient, *même impériale ou royale* (1), et contre ceux, non moins criminels, qui abusent de leur puissance pour attenter à la liberté du mariage (2). Qui ne connoît la *trève de Dieu*, et qui n'a béni cette loi touchante? Elle n'avoit pourtant d'autre garantie de son observation que la crainte qu'inspiroient les censures ecclésiastiques. Long-temps l'humanité ne respira qu'à l'abri du pouvoir spirituel.

Et qu'enseigne l'Église sur ce pouvoir qu'elle a reçu de Jésus-Christ?

Elle dit aux peuples : Il y a deux puissances, divines toutes deux par leur origine : *car toute puissance est de Dieu;* mais, à raison même de leur nature et de leur fin, il existe entre elles une subordination nécessaire; et *autant l'âme est au-dessus du corps, autant le sacerdoce est au-dessus de l'empire* (3). L'obéissance est due à chacune dans son ordre :

---

(1) *Concil. Trident.*, sess. XXII, cap. XI.

(2) *Ibid.*, sess. XXIV, cap. IX.

(3) Quantò ergò anima corpore præstantior, tantò est sacerdotium regno excellentiùs. *Constit. apost.*, lib. II, cap. XXXIV. — Saint Grégoire de Nazianze disoit aussi, dans le même sens, aux princes : « Vos quoque imperio ac throno meo lex Christi subjecit : » imperium nos quoque gerimus, addo etiam præstantiùs et perfec- » tiùs : æquum est enim carnem spiritui fasces submittere, et ter- » rena cœlestibus cedere. » *Orat.*, XVII, n. 15.

*Rendez à César ce qui est à César, et à Dieu ce qui est
à Dieu* (1). Que s'il s'élève des doutes sur l'usage que
César fait de son autorité et sur son autorité même,
vous n'êtes pas juges ; adressez-vous à la *plus haute
puissance* (2), et obéissez à ce qu'elle ordonnera.
Voilà ce que l'Église dit aux peuples.

Elle dit aux rois : « Il est écrit que nous devons
» être soumis à toute puissance. Ainsi nous sommes
» soumis aux puissances humaines, en ce qui est de
» leur ressort, tant qu'elles ne s'élèvent pas contre
» Dieu. Mais si toute puissance est de Dieu, bien plus
» donc la puissance préposée aux choses divines.
» Obéissez à Dieu en nous, et nous lui obéirons en
» vous. Que si vous refusez d'obéir à Dieu, vous ne
» pouvez user du privilége de celui dont vous méprisez
» les commandemens (3). »

Ainsi l'Église possède sur tous ses membres, et sur
les souverains comme sur les sujets, une *puissance
coercitive* (4), un *pouvoir de coaction pour les forcer à*

---

(1) *Marc.*, XIV, 17.

(2) Omnis anima potestatibus *sublimioribus* subdita sit. *Rom.*,
XIII, 1.

(3) *Lettre du pape saint Symmaque à l'empereur Anastase.*
« Fortassis dicturus es, scriptum esse : omni potestati nos subditos
» esse debere. Nos quidem potestates humanas suo loco excipimus,
» donec contra Deum suas non erigunt voluntates. Cæterùm si om-
» nis potestas à Deo est, magis ergò quæ rebus est præstituta di-
» vinis ; defer Deo in nobis, et nos deferemus Deo in te : cæterùm
» si Deo non deferas, non potes ejus uti privilegio cujus jura con-
» temnis. » *Ap. Labbe*, tom. IV, col. 1298 ; *Paris*, 1671.

(4) Potestas ecclesiastica jurisdictionis est potestas coercitiva
quæ valet exerceri in alterum etiam invitum, ad dirigendos
subditos in finem beatitudinis æternæ. *Gerson., de Potest. Eccl.*,
Consid. 4.

une soumission extérieure ; suivant les propres paroles
de la faculté de théologie de Paris, qui déclare *hérétique* la doctrine contraire (1) : et c'est en ce sens que
Clément XI dit que le pontife romain a été établi par
Jésus-Christ, le *suprême défenseur du droit et de la
justice sur la terre* (2). On voit, dès le sixième siècle,
saint Grégoire-le-Grand user de ce pouvoir à l'égard
des rois mêmes, et pour quelle fin? pour la même fin que
se proposoit, mille ans plus tard, le concile de Trente,
pour assurer la conservation du patrimoine des pauvres (3). L'histoire, depuis lors, ne cesse de montrer
cette juridiction coactive exercée par les papes, exercée
par les conciles, non, à la vérité, sans résistance de la

---

(1) Dans la censure de quelques propositions de Marc-Antoine
de Dominis, *Propositio II.* Qui de republicâ ecclesiasticâ sicut
purè de humanis philosophantur , mihi videntur non parùm à recto
tramite aberrare, non modò quia in eâ re requirunt veram jurisdictionem, hoc est vim coactivam et subjectionem externam , ubi
tamen omnis gloria ejus ab intùs. *Hæc propositio, quâ parte veram jurisdictionem, id est vim coactivam et subjectionem externam
Ecclesiæ denegat, est hæretica et totius ordinis hierarchici perturbativa atque confusionem babylonicam in Ecclesiâ generans.*
Collect. judicior·, *etc.*, tom. I, part. II, p. 105.

(2) Romanus pontifex, quem Salvator et Dominus noster æqui bo-
nique supremum assertorem in terris constituit, ut juxtà propheti-
cum verbum noxia evellat et destruat, utiliaque plantet. *Bulle du* 10
des calendes de mars 1714 : in *Collect. judicior.,* etc., *insert.,*
tom. III , part. II , p. 601.

(3) *Si quis regum, sacerdotum , judicum , personarumque sæ-
cularium , hunc constitutionis nostræ paginam agnoscens, contra
eam venire tentaverit, potestatis, honorisque sui dignitate careat.*
Ces paroles, rapportées par saint Grégoire lui-même , se trouvoient
dans un privilége accordé par ce saint pontife à l'hôpital d'Autun.
Gregor. Epist. ad abbat. Senator. Les bénédictins de Saint-Maur
ont prouvé l'authenticité de cette lettre.

part des princes, mais sans que ni les princes ni leurs flatteurs osassent, jusqu'à la réforme, contester le droit fondamental de l'Église (1). Et c'est qu'en effet l'on ne peut le contester, à moins d'accuser l'Église entière d'erreur et d'usurpation, c'est-à-dire, à moins de renoncer à la foi catholique. Leibnitz lui-même en fait la remarque : « Les argumens de Bellarmin, dit-
» il, qui, de la supposition que les papes ont la ju-
» ridiction sur le spirituel, infère qu'ils ont une
» juridiction au moins indirecte sur le temporel, n'ont
» pas paru méprisables, à Hobbes même. Effectivement
» *il est certain* que celui qui a reçu une pleine puis-
» sance de Dieu, pour procurer le salut des âmes, a
» le pouvoir de réprimer la tyrannie et l'ambition des
» grands, qui font périr un si grand nombre d'âmes.
» On peut douter, je l'avoue, si le pape a reçu de Dieu
» une telle puissance (2) ; *mais personne ne doute, du
» moins parmi les catholiques romains*, que cette puis-
» sance ne réside dans l'Église universelle, à laquelle
» toutes les consciences sont soumises (3). »

Le protestantisme, en attaquant l'autorité de l'Église, n'abolit pas, comme on pourroit le croire, le

----

(1) Un magistrat français en a fait lui-même la remarque. « Po-
» testati romanæ Sedis in reges hæreticâ labe infectos, regumque
» sceptra, subscripsisse quotquot antè Calvinum theologica tracta-
» vere ; contrariam sententiam novam esse, Luthero et Calvino
» auctoribus natam. » *Histoire de France, depuis la mort de Henri IV jusqu'en* 1629, par Gabriel Gramond, président au parlement de Toulouse ; *ad annum* 1615, p. 205.

(2) Leibnitz parle ici selon les idées protestantes ou gallicanes.

(3) *Pensées de Leibnitz*, tom. II, pag. 406, 407.

droit général qui toujours avoit soumis, sous différentes formes, la souveraineté temporelle à la loi divine.
Les premiers réformateurs le rappellent, au contraire,
perpétuellement dans leurs écrits ; et c'est par ce droit
que leurs doctrines les forçoient de dénaturer, qu'ils
essayèrent partout de justifier leurs rebellions. Écoutons un protestant, l'historien de l'Écosse, Robertson:
« Knox et Willox se présentèrent comme députés
» de leur ordre (du clergé presbytérien), et pronon-
» cèrent sans hésiter, que, tant par les préceptes que
» par les exemples tirés de l'Écriture, il étoit permis
» aux sujets, non seulement de résister à des princes
» tyrans, mais même de les déposséder d'une autorité
» qui devenoit dans leurs mains un instrument de
» destruction, pendant que le Tout-Puissant ne la
» leur avoit confiée que pour protéger les peuples(1).»

En 1596, Jacques IV ayant donné quelque inquiétude aux sectaires, ils se hâtèrent de prendre contre
lui des mesures telles que l'histoire de l'Église n'en
offre aucun exemple. « Aussitôt, dit le même écri-
» vain, que le clergé fut informé de ce nouvel acte de
» clémence de la part du roi, les commissaires nommés
» par la dernière assemblée se rendirent à Édimbourg;
» et avec cette précipitation, effet ordinaire de la ter-
» reur et du zèle, ils prirent toutes les résolutions
» qu'ils jugèrent nécessaires pour la sûreté du royau-
» me. Ils écrivirent des lettres circulaires à tous les

______

(1) *Histoire d'Écosse*, etc., *par Guillaume Robertson*, t. I, p. 276
de la traduction française, *édit. de 1772.*

» presbytériats d'Écosse, ils les avertirent du danger
» dont on étoit menacé, *ils les exhortèrent à soulever*
» *le peuple et à l'animer à la défense de ses justes droits;*
» ils leur ordonnèrent de publier dans toutes les chai-
» res l'*excommunication lancée contre les lords papistes*,
» leur enjoignant d'envelopper dans la même censure,
» par une sentence sommaire et sans observer les for-
» malités ordinaires de la justice, *tous ceux qui seroient*
» *soupçonnés de favoriser le papisme.* Et comme le
» danger leur parut trop pressant pour attendre un
» établissement permanent de tribunaux ecclésiasti-
» ques, ils firent choix des personnages les plus dis-
» tingués dans le clergé du royaume, et ils les nom-
» mèrent pour résider habituellement à Édimbourg,
» avec charge de s'assembler tous les jours avec les
» ministres de cette capitale. Ils donnèrent à cette
» assemblée le nom de *conseil permanent de l'Église;*
» ils attribuèrent à ce corps l'*autorité suprême*, et, se
» servant de la formule usitée dans l'ancienne Rome,
» ils les chargèrent de pourvoir à ce que l'Église ne
» reçût aucun détriment (1). »

Ce fut d'après les mêmes principes que les Provinces-Unies se détachèrent de la domination de l'Espagne, que les guerres civiles désolèrent la France,
qu'un roi de la Grande-Bretagne périt sur l'échafaud, qu'un autre fut privé de la couronne, et qu'encore aujourd'hui cette couronne est attachée à la profession de la religion protestante. Partout où l'on

____

(1) *Histoire d'Écosse*, etc., *par Guillaume Robertson*, tom. III,
p. 316 et 317.

cessoit de reconnoître la puissance spirituelle de l'É-
glise, le peuple redevenoit juge de toutes les questions
qui touchoient la souveraineté. Et lorsque, par le progrès naturel des maximes protestantes, le christianisme n'a plus été la première des lois sociales, l'accomplissement des devoirs de la souveraineté envers
les sujets, ou la fidélité à la *loi de justice*, interprétée
selon les passions et les opinions du moment, n'en a
pas moins été considérée toujours comme le fondement
de son droit; et c'est de ce principe que partent constamment les ennemis de l'ordre ancien pour justifier
les révolutions modernes : *car toute erreur est fondée
sur quelque vérité dont on abuse* (1).

Que si maintenant on examine, dans sa généralité,
cette proposition : *Les rois et les souverains ne sont
soumis à aucune puissance ecclésiastique, par l'ordre de
Dieu, dans les choses temporelles* (2); comme il est
clair qu'il n'existe parmi les chrétiens d'autre puissance *spirituelle* que la puissance *ecclésiastique*, il s'ensuit, en premier lieu, que les rois et les souverains
ne sont soumis, en tant que souverains, à aucune
puissance spirituelle. Et comme il est clair encore,
d'un côté, que les rois et les souverains ne peuvent,
non plus que les autres hommes, connoître certainement, et d'une manière obligatoire, la *loi divine* qu'en
se soumettant à l'enseignement de la puissance spiri-
rituelle ; et, d'un autre côté, que cette loi renferme

----

(1) Bossuët.
(2) Art. 1ᵉʳ de la déclaration de 1682.

tous les principes de la justice et de l'ordre social, toutes les règles du devoir , il s'ensuit, en second lieu, que les rois et les souverains sont, en tant que souverains, dispensés de la loi divine, *par l'ordre même de Dieu ;* qu'ils sont seuls juges du juste et de l'injuste, *dans les choses temporelles,* c'est-à-dire en tout ce qui est du ressort de la souveraineté, et n'ont d'autres devoirs que ceux qu'ils s'imposent eux-mêmes.

Nous nous hâtons de justifier l'exactitude de ces conséquences par l'aveu formel d'un des défenseurs le plus ardent de cette doctrine. « Les princes , dit » Pierre Dupuy, font bien quelquefois des choses hon- » teuses, qu'on ne peut blâmer quand elles sont utiles » à leurs États ; car la honte étant couverte par le » profit, on la nomme sagesse (1). »

Voilà donc le *système de l'intérêt,* qui remplaça le *règne du droit,* ou l'athéisme politique, consacré dogmatiquement par le premier article de la déclaration de 1682 ; et quiconque y adhère, adhère à cette proposition : *Le souverain doit, par ordre de Dieu, être athée en tant que souverain.*

Entendez maintenant un évêque : « Nous refusons » non seulement au pape, mais à l'*Église universelle*, » aux conciles œcuméniques (2), le pouvoir de dépos-

---

(1) *Apologie pour la publication des preuves des libertés de l'Église gallicane,* par Pierre Dupuy. *France cathol.,* XVᵉ livraison, p. 144.

(2) *An verò fecerunt inter se majores vestri concilium, et damnaverunt præter se totum orbem christianum?* disoit saint Augustin aux donatistes. *Epist.,* LXXXVII ; *Oper.* tom. II, col. 210.

» séder un souverain, sous quelque prétexte que ce
» soit, *fût-il tyran, hérétique, persécuteur, impie* (1). »
Cela est conséquent, je l'avoue : c'est toujours le cri
des Juifs : *Non habemus regem, nisi Cæsarem* (2) ! Mais
les païens mêmes auroient rougi de dire qu'on doit,
par ordre de Dieu, obéissance à un prince ennemi de
Dieu, et *persécuteur* de ceux qui lui demeurent fidèles : et il ne sert de rien d'ajouter que cette obéissance
est due seulement *dans l'ordre civil et politique,* car un
prince ne peut, comme prince, être *tyran, impie, persécuteur,* que dans l'ordre politique et civil. De pareilles maximes, quelque autorité qu'on leur prête, ne
trompent point la conscience des peuples ; mais elles
endorment celles des rois d'un sommeil funeste : et
l'on sait ce qu'il arrive alors.

Remarquez cependant cette expression prodigieuse :
*Nous refusons non seulement au pape, mais à l'Église
universelle, aux conciles œcuméniques, le pouvoir,* etc.
Et qui êtes-vous donc pour *refuser,* ou pour *accorder*
quoi que ce soit à l'Église universelle ? Tout ce qu'elle
a, ne le tient-elle pas de Dieu seul ? Vous croiriez-
vous permis de lui ravir quelques uns de ses dons ?
ou avez-vous un autre moyen de les connoître que
son témoignage ? Mais il falloit nécessairement en venir jusqu'à cet excès, puisqu'enfin l'*Église universelle*
n'a cessé de s'attribuer, et par ses actes, et par ses dé-

---

(1) *Les vrais principes de l'Église gallicane ;* par M. D. Frayssi-
nous, évêque d'Hermopolis , *etc.,* pag. 71, troisième édition, *Paris,*
1826.

(2) *Joan.* XIX , 15.

cisions, long-temps reconnus des princes mêmes, le droit que vous lui *refusez, et que personne, du moins parmi les catholiques, ne doute qu'elle ne possède,* dit Leibnitz. Ce droit, qu'est-ce autre chose que la *force coactive* qui lui appartient de telle sorte qu'on ne peut, selon la faculté de théologie de Paris, la lui *refuser* sans être *hérétique?* Nierez-vous ou que le mariage soit une chose *temporelle,* ou que les souverains soient *soumis,* en ce qui regarde le mariage, à la puissance de l'Église? nierez-vous ou que le serment ait une liaison intime avec le *temporel* de la souveraineté, ou que tous les sermens soient *soumis* au pouvoir de l'Église *qui lie et délie?* Alors montrez-nous ces exceptions dans la tradition et dans l'Évangile. Enfin si l'Église s'est trompée, ou a trompé tous les chrétiens, pendant tant de siècles, sur la nature et sur l'étendue de son autorité, apprenez-nous comment nous connoîtrons avec certitude l'autorité réelle de l'Église? A ces questions vous n'aurez jamais à répondre que ce mot : *Nous refusons;* et c'est-à-dire que, sur le point fondamental du pouvoir essentiel de l'Église, vous *protestez* non seulement contre le pape, mais contre l'Église universelle et les conciles œcuméniques ; et c'est-à-dire que vous déclarez votre autorité supérieure à cette infaillible autorité. Donc quiconque adhère au premier article de la déclaration de 1682 , adhère à cette proposition : *L'Église gallicane est au-dessus non seulement du pape, mais de l'Église universelle et des conciles œcuméniques.*

Nous n'accusons pas les intentions des auteurs de

ces maximes : mais des intentions, quelque droites
qu'elles soient, n'empêchent pas les conséquences de
sortir de leur principe ; et lorsque la déclaration parut,
on sentit universellement, excepté en France, qu'elle
renversoit toutes les bases du gouvernement spirituel
et de la puissance divine de l'Église. Ce fut un de ees
momens de vertige où les hommes ne savent ni ce
qu'ils disent, ni ce qu'ils font, ni ce qu'ils veulent; car
la fausse doctrine que l'on s'efforçoit de consacrer
étoit au fond également fatale et aux peuples et aux
rois.

Elle établissoit, à l'égard des peuples, un despotisme illimité, en affranchissant les souverains de
toute règle et de toute loi *extérieurement* obligatoire,
et en déclarant que ni la tyrannie, ni l'impiété, ni la
persécution, à quelque excès qu'elles pussent être por-
tées, ne préjudicioient, selon l'ordre établi de Dieu, à
la souveraineté, et n'altéroient ce que ses droits avoient
originairement de sacré et d'inviolable : que les sujets,
quelque injustice qu'ils éprouvassent de la part du
prince, n'avoient ni le droit de lui résister, ni le droit
de recourir à aucune autre puissance, et que Dieu
même leur commandoit une obéissance éternelle sous
une éternelle oppression. Jamais on n'avoit encore
osé rien dire de semblable aux hommes, jamais on
n'avoit *protesté* avec cette hardiesse dogmatique,
contre le sentiment du juste et de l'injuste, tel qu'il se
conserva toujours dans la conscience du genre humain, et contre la loi divine, telle que l'Église l'enten-
dit perpétuellement et la fit exécuter en vertu de l'auto-

rité qui lui est propre, sitôt qu'il exista une société chrétienne dans son chef et dans ses membres.

Mais comme, en *refusant* de reconnoître l'autorité de l'Église, on n'étouffe point le sentiment du juste et de l'injuste dans le cœur des peuples, et que seulement on détruit le moyen de prévenir ses écarts; dès qu'on soustrait les rois au pouvoir de l'Église, on les soumet au pouvoir du peuple, et les trônes tombent ou s'élèvent au gré de ses passions. La *monarchie spirituelle* du pape est le fondement et la garantie des *monarchies temporelles* des rois (1) : voilà pourquoi

------

(1) Bien des gens s'imaginent, en ce siècle de la sagesse, que l'antique exercice de l'autorité pontificale n'étoit fondé *que sur une soumission aveugle et superstitieuse* : et cette idée n'a elle-même d'autre fondement que l'ignorance la plus complète de la politique européenne, à l'époque où le christianisme régnoit dans la société. Lord Herbert nous a conservé un document très remarquable de cette ancienne politique chrétienne, aujourd'hui si méprisée et si peu connue : c'est un discours qui fut prononcé dans le conseil de Henri VIII, lorsque ce prince, désespérant de faire prononcer par le pape la nullité de son premier mariage, résolut de rompre avec Rome et de s'arroger la suprématie ecclésiastique dans son royaume. Qu'on se souvienne, en lisant ce discours, des événemens qui suivirent l'apostasie de Henri VIII, et peut-être trouvera-t-on qu'il y avoit pourtant quelque prévoyance et quelque bon sens dans ces *âges de ténèbres et de barbarie.*

« Sire, la décision que doit prendre Votre Majesté, savoir si, dans
» l'affaire de votre divorce et de votre second mariage, ainsi que
» dans toutes les affaires ecclésiastiques, en vos domaines, vous
» userez de votre autorité propre ou de l'autorité des papes; cette
» décision exige une grande et ferme résolution : car non seulement
» il n'en est point de plus importante en soi, mais, dans les consé-
» quences, il s'agit de votre royaume et de votre postérité. Pour
» moi, comme Anglois et comme sujet de Votre Majesté, je dois la
» servir de tout mon pouvoir. Mais quand je considère l'ancienne
» pratique de ce royaume, je ne puis que croire toute innovation

l'Europe penche chaque jour davantage à l'état populaire; et les princes, après s'être trouvés seuls en pré-

---

» dangereuse. Car si une puissance suprême, de laquelle dérivent
» les magistratures inférieures, est nécessaire en tout état tempo-
» rel, combien plus dans la religion, à cause et de la nature de
» l'Église, qui requiert indispensablement un chef, et du grand
» nombre d'autres chefs que celui-ci doit conduire! Notre devoir
» est donc, par-dessus toutes choses, de travailler à maintenir, dans
» toutes les parties de l'Église, l'unité qui est le sacré lien de son
» gouvernement et de tous les autres gouvernemens. Mais quelle
» atteinte, Sire, ne porterions-nous pas à cet admirable ensemble,
» si nous en retranchions ce royaume, qui en est la plus éminente
» partie! et qui pourroit jamais garder quelque attachement pour
» un corps privé de sa tête ? Certainement, Sire, une autorité re-
» connue depuis tant de siècles ne doit pas être témérairement re-
» jetée; car le pape n'est-il pas dans le monde chrétien le père
» commun et l'arbitre des différends qui s'y élèvent? N'est-ce pas
» lui qui soutient la majesté de la religion et qui en assure l'em-
» pire? Sa puissance, qu'il a reçue de Dieu, et qui s'étend jusqu'a-
» près la mort, ne tient-elle pas les hommes en crainte de châti-
» mens, non temporels seulement, mais éternels ? Et seroit-il pru-
» dent de renoncer à ce puissant moyen de contenir les peuples
» dans le devoir, et de se fier uniquement au glaive de la justice et
» au bras séculier ? De plus, qui mitigera la rigueur des lois dans
» les cas qui admettent des exceptions, si l'on cesse de reconnoître
» le pape? Qui osera conférer les ordres ou administrer les sacre-
» mens de l'Église ? Qui sera dépositaire des sermens et des traités
» des princes ? ou qui fulminera contre leurs parjures infracteurs ?
» Pour moi, dans l'état présent des choses, je ne vois pas comment
» on pourroit conserver sans lui, ou la paix générale entre les
» princes, ou une juste modération dans les affaires humaines. Sa
» cour est comme le tribunal suprême auquel ressortissent toutes
» les autres cours de justice du monde chrétien : l'abolir, ce seroit
» renverser cette équité et cette conscience qui doivent être la rè-
» gle et l'interprète de toutes les lois et de toutes les constitutions.
» Je souhaite à Votre Majesté, comme mon roi et comme mon sou-
» verain, toute grandeur et toute félicité; mais pour le dire en fi-
» nissant, je ne pense pas qu'il convienne de donner lieu à vos su-
» jets d'examiner en vertu de quel droit vous innovez dans le gou-
» vernement ecclésiastique, ou de chercher jusqu'à quel point ils

sence de la multitude, peuvent comprendre que « ce
» dernier parti, où la fureur, où le caprice, où l'igno-
» rance et l'emportement dominent le plus, est aussi
» sans hésiter le plus à craindre (1). » Ces derniers
temps n'ont été pour eux que trop fertiles en instructions sévères : *Et nunc, reges, intelligite* (2). Les nations
ont aussi reçu de terribles avertissemens. Si la raison,
si l'expérience ont quelque empire sur cette terre, et
les rois et les peuples doivent être las de se disputer un
pouvoir sans règle et sans frein, un pouvoir impossible
à établir, impossible à maintenir tel qu'ils le conçoivent, et qui finit infailliblement par conduire tôt ou
tard les rois à l'échafaud, les peuples à l'anarchie et à
toutes les calamités.

Nous venons de faire voir comment le premier article de la déclaration de 1682 renverse le principe
fondamental de toute société humaine, livre l'État au
despotisme et aux révolutions, détruit ses rapports
avec l'Église, avec la religion, avec Dieu même,
ébranle l'autorité de la tradition et par conséquent la
base de la foi catholique, et enfin ôte tout moyen de
connoître avec certitude l'étendue du pouvoir spirituel. Nous allons maintenant montrer que les trois

---

» sont liés par ces innovations : car, outre qu'il en pourroit résulter
» des divisions, et peut-être la ruine de l'une et de l'autre autorité,
» le scandale et l'offense seroient tels au dehors, que les princes
» condamneroient et réprouveroient vos démarches, et qu'à l'oc-
» casion ils seroient disposés à s'unir contre vous. » *Lord Herbert's
History*, p. 362.

(1) Bossuet.
(2) *Ps.*, II, 10.

derniers articles, qui se réduisent à la supériorité du concile sur le pape, renversent également le principe fondamental de l'Église, l'Église elle-même, et sont, dans leur essence, opposés à ce qu'enseigne la foi sur son gouvernement.

§ II. *Examen de cette proposition : Le concile est supérieur au pape* (1).

Toute puissance dont les décrets ne sont pas *irréformables* a au-dessus d'elle une autre puissance qui peut les réformer. Donc puisque les décrets du pape, selon le quatrième article, ne sont pas irréformables, il y a au-dessus du pape une autre puissance qui peut les réformer ; et cette puissance supérieure au pape, d'après la Déclaration, est le concile, ainsi que l'exprime très clairement le deuxième article (2).

Mais de deux puissances du même ordre, l'une *supérieure*, l'autre *inférieure*, la première est sans contredit la puissance *suprême*, ou la puissance vérita-

___

(1) Notre plan ne nous permettant pas de développer toute la suite de la tradition sur le sujet traité dans ce paragraphe, nous renvoyons les lecteurs aux ouvrages suivans, où ils la trouveront complétement exposée : *De Infallibilitate et Auctoritate Rom. Pontificis*, 3 vol. in-4°, par le cardinal Orsi ; *De Summi Pontificis Auctoritate*, par Fénelon, tom. II de ses *OEuvres*, édition de Versailles ; *Motive per cui il P. F. A. D. ha creduto di non potere aderire alle quattro proposizioni gallicane*, par le P. Anfossi, maître du sacré palais, 2 vol. in-8°, 1813.

(2) *Avec ce seul article*, disoit Bonaparte, *je puis me passer du pape*.

blement souveraine : donc, d'après la Déclaration, la souveraineté réside dans le concile ; seul il possède la puissance suprême.

Et comme le concile se compose de plusieurs, et non pas d'un seul ; quoiqu'il puisse être présidé par un seul, distingué de tous les autres par l'éminence de son rang, de ses fonctions et de son autorité, néanmoins la souveraineté qui réside dans le concile est une souveraineté collective, pareille à celle qui auroit pu appartenir au sénat de Rome ou au conseil de Venise (1) : donc, d'après la Déclaration, l'Église n'est pas une *monarchie*, mais une *république*.

Et comme le concile, qui ne peut se convoquer luimême et qui ne s'assemble qu'à des intervalles quelquefois de plusieurs siècles, n'est pas par son institution une puissance permanente et perpétuelle dans l'Église, donc, d'après la Déclaration, il n'existe point dans l'Église de puissance *suprême*, ou de souveraineté permanente et perpétuelle.

Reprenons ces conséquences.

1° *Le concile possède seul la puissance suprême ou la souveraineté.* C'est ce que Bossuet, d'accord avec la Déclaration, exprime d'une autre manière en ces termes : « La puissance qu'il faut reconnoître dans le » Saint-Siége est si haute et si éminente, si chère et si » vénérable à tous les fidèles, qu'il n'y a rien *au-* » *dessus* que toute l'Église catholique ensemble (2), »

____

(1) Un auteur gallican, Burigny, a comparé effectivement le gouvernement de l'Église à celui de la république de Venise.
(2) *Sermon sur l'Unité*, IIe partie.

ou, suivant le deuxième article, le concile qui représente *toute l'Église catholique ensemble.*

« Il ne s'agit pas, dit M. l'évêque d'Hermopolis, de
» juger la constitution de l'Église d'après de vaines
» théories, mais d'après la volonté même de son divin
» fondateur. Or, d'après l'institution de Jésus-Christ,
» l'*autorité suprême* dans la société spirituelle ne ré-
» side ni dans les fidèles, ni dans les princes chrétiens,
» ni dans les simples prêtres, *mais dans l'épiscopat,*
» dont le pape est le chef, comme il l'est de toute
» l'Église (1). »

Un autre écrivain, dans un ouvrage récent, dédié à
monseigneur l'évêque d'Aire et de Dax, parle ainsi :
« Parmi toutes les Églises de la chrétienté, l'Église
» gallicane s'est toujours distinguée dans cette au-
» thentique déclaration : qu'à raison de sa primauté,
» le pontife de Rome avoit dans l'Église une auto-
» rité prééminente ; qu'il pouvoit et devoit pour-
» voir, d'office et d'autorité, à la propagation et à la
» conservation de la foi catholique, comme aussi à
» l'exécution des canons et des coutumes qui re-
» gardent la discipline générale : mais aussi l'Église
» gallicane a toujours ajouté et déclaré que le sou-
» verain pontife ne pouvoit ainsi exercer son au-
» torité que dans la *dépendance* (2) du corps épis-
» copal (3). »

____

(1) *Les vrais principes de l'Église gallicane,* p. 92, *troisième édit.*
(2) L'auteur souligne lui-même le mot *dépendance.*
(3) *Précis des maximes du droit ecclésiastique en rapport avec les maximes de l'Église gallicane,* par J.-B. Saint-Marc, prêtre licencié en droit canon, p. 19 et 20.

Dire que l'Église catholique ou le concile qui la représente est *au-dessus* du pape, ou que *l'autorité suprême réside dans l'épiscopat*, ou que *le pape ne peut exercer son autorité que dans la dépendance du corps épiscopal*, c'est affirmer que la puissance suprême réside dans le concile ou l'épiscopat, et non dans le pape.

Il est clair, comme le reconnoît M. l'évêque d'Hermopolis, qu'il *s'agit ici* du fondement même de la constitution de l'Église, c'est-à-dire de la question dogmatique la plus importante; puisque de sa solution dépend la solution de toutes les autres : et il est clair encore qu'elle doit être décidée, comme le dit aussi M. l'évêque d'Hermopolis, *non d'après de vaines théories; mais d'après la volonté même du divin fondateur de l'Église, d'après l'institution de Jésus-Christ.*

Or comment connoîtrons-nous avec certitude l'*institution de Jésus-Christ*, et *sa volonté* touchant la *constitution de son Église ?* Sans doute par les définitions dés conciles généraux, dont les gallicans avouent l'infaillibilité. Tout ce que les conciles généraux ont défini sur la question présente est donc *vérité de foi ;* et toute proposition contraire à ce qu'ils ont défini, une *hérésie* (1).

On ne sauroit contester ceci sans cesser d'être ca-

____

(1) Postquam autem aliqua essent auctoritate universalis Ecclesiæ determinata ; si quis illi determinationi pertinaciter repugnaret, hæreticus censeretur : quæ quidem auctoritas principaliter residet in summo pontifice. *S. Thom.* 2ª 2ᵃᵉ *quæst. XI, ad* 3.

tholique. Il ne reste donc qu'à chercher, dans les actes des conciles, ce qu'ils ont défini sur le pouvoir du pape ou sur la constitution de l'Église. Écoutons d'abord celui de Florence. « *Nous définissons* que le
» Saint-Siége et le pontife romain possèdent la pri-
» mauté sur tout l'univers, et que le même pontife
» romain est le successeur du bienheureux Pierre ,
» prince des apôtres, le vrai Vicaire de Jésus-Christ,
» le chef de toute l'Église, le Père et le Docteur de
» tous les chrétiens, et qu'il a reçu de Jésus-Christ,
» dans la personne de saint Pierre, une *pleine puis-*
» *sance* pour paître, régir et gouverner l'Église de
» Jésus-Christ, ainsi qu'il est marqué dans les actes
» des conciles œcuméniques et dans les sacrés
» canons (1). »

Près de deux siècles auparavant, le deuxième concile général de Lyon, avant d'admettre les Grecs dans la communion de l'Église, fit souscrire et jurer par leurs ambassadeurs, autorisés des évêques, la profession de foi suivante :

« La sainte Église romaine possède une primauté
» et une *souveraineté pleine et suprême sur toute l'Église*

---

(1) Definimus sanctam apostolicam Sedem et romanum pontificem in universum orbem tenere primatum , et ipsum pontificem romanum successorem esse beati Petri, principis apostolorum , et verum Christi Vicarium, totiusque Ecclesiæ caput et omnium christianorum Patrem ac Doctorem existere ; et ipsi in beato Petro pascendi , regendi et gubernandi universalem Ecclesiam à Domino nostro Jesu Christo plenam potestatem traditam esse , quemadmodum etiam in gestis œcumenicorum conciliorum et in sacris canonibus continetur. *Collect. conc. P, Labb.*, tom. XIII, col. 515.

» *catholique ;* souveraineté qu'elle a reçue de Jésus-
» Christ même, *avec la plénitude de la puissance,* dans
» la personne de saint Pierre, dont le pontife romain
» est le successeur. Étant tenue plus que les autres de
» défendre la vérité de la foi, les questions qui naissent
» sur la foi doivent être décidées par son autorité.
» Tout le monde peut appeler à elle et recourir à son
» jugement dans les causes qui dépendent du for ec-
» clésiastique. Toutes les Églises lui sont soumises, et
» tous les évêques lui doivent respect et obéissance ;
» car la plénitude de la puissance lui appartient de
» telle sorte, qu'elle admet à une partie de sa solli-
» citude les autres Églises, dont plusieurs, et surtout
» les patriarcales, ont été honorées de divers privi-
» léges par l'Église romaine, *sans néanmoins que sa*
» *prérogative puisse être violée, soit dans les conciles gé-*
» *néraux, soit dans les autres* (1). »

------

(1) Ipsa quoque sancta romana Ecclesia summum et plenum primatum et principatum super universam Ecclesiam catholicam ob-
tinet : quem se ab ipso Domino in beato Petro, apostolorum principe,
sive vertice, cujus romanus pontifex est successor, cum potestatis
plenitudine recepisse veraciter et humiliter recognoscit. Et sicut præ
cæteris tenetur fidei veritatem defendere : sic et si quæ de fide sub-
ortæ fuerint quæstiones, suo debent judicio definiri. Ad quam potest gravatus quilibet super negotiis ad ecclesiasticum forum spec-
tantibus ad ipsius judicium recurri : et eidem omnes Ecclesiæ sunt
subjectæ ; ipsarum prælati obedientiam et reverentiam sibi dant. Ad
hanc autem sic potestatis plenitudo consistit, quod Ecclesias cæteras
ad sollicitudinis partem admittit : quarum multas, et partriarchales
præcipuè, diversis privilegiis eadem romana Ecclesia honoravit,
suâ tamen observatâ prærogativâ, tum in generalibus conciliis, tum
in aliquibus aliis semper salvâ. *Concil. Lugd. II ;* tom. XI *Conc.*
Part. I, col. 966.

Que, *par l'institution de Jésus-Christ*, le pontife romain possède une *pleine puissance de gouvernement*, une *suprême souveraineté sur toute l'Église catholique*, c'est donc une *vérité de foi* (1).

Donc soutenir que *le concile est au-dessus du pape*, ou que *la puissance suprême réside dans l'épiscopat*, ou que *le souverain pontife ne peut exercer son autorité que dans la dépendance du corps épiscopal*, c'est soutenir des propositions *hérétiques* : et l'on ne doit pas s'étonner qu'Alexandre VIII, par son décret du 7 décembre 1696, ait défendu d'enseigner et de soutenir, soit en public, soit en particulier, une pareille doctrine, sous peine d'excommunication encourue *ipso facto* (2).

2° *L'Église n'est pas une monarchie* : telle est la seconde conséquence de la supériorité du concile sur le pape, établie par la Déclaration. « A nos yeux, » dit M. l'évêque d'Hermopolis, l'Église n'est ni une » monarchie pure, ni une démocratie; c'est une » monarchie tempérée par l'aristocratie (3) : » mais *tempérée*, comme on vient de le voir, de telle manière que *la puissance suprême réside dans l'épiscopat*,

---

(1) « Nos anciens docteurs (c'est Bossuet qui le dit) ont tous re- » connu d'une même voix dans la chaire de saint Pierre la *pléni- » tude de la puissance apostolique*. C'est un point décidé et résolu.» *Sermon sur l'Unité*, IIᵉ partie.

(2) L'assertion condamnée par Alexandre VIII est conçue en ces termes : *Futilis et toties convulsa est assertio de pontificis romani suprà concilium œcumenicum auctoritate, atque in fidei quæstionibus decernendis infallibilitate.*

(3) *Les vrais principes de l'Église gallicane*, p. 93, *troisième édit.*

c'est-à-dire dans cette *aristocratie*. Et, en effet, il est impossible que l'Église soit autre chose qu'une aristocratie, si plusieurs y possèdent l'autorité *suprême*, si la souveraineté réside dans le corps épiscopal. Or, sans rappeler ici les témoignages déjà cités de Gerson, d'Almain, de Fénelon, de Bossuet (1), et les aveux des protestans mêmes (2), nous observerons seulement que la faculté de théologie de Paris a condamné comme *hérétique* cette proposition : *La forme monarchique n'a pas été instituée dans l'Église immédiatement par Jésus-Christ* (3).

L'erreur qui, en mettant la souveraineté dans le concile, fait de l'Église une *république aristocratique,* et renverse ainsi sa constitution divine *instituée immédiatement par Jésus-Christ ;* cette erreur, opposée à une vérité *de foi,* détruit encore le dogme de l'unité de l'Église, puisqu'elle n'est *une* évidemment que par l'unité de son chef, de la puissance suprême qui a précédé toutes les autres et de qui toutes les

----

(1) Voyez le chapitre VI, § I.

(2) On a vu précédemment ce que dit Mélanchton. Puffendorf s'exprime à cet égard d'une manière non moins remarquable : « Que le concile soit au-dessus du pape, c'est une proposition qui » doit entraîner sans peine l'assentiment de ceux qui s'en tiennent » à la raison et à l'Écriture (les protestans); mais que ceux qui re- » gardent le siége de Rome comme le centre de toutes les églises, » et le pape comme évêque œcuménique, adoptent aussi le même » sentiment, c'est ce qui ne doit pas sembler médiocrement ab- » surde : car la proposition qui met le concile au-dessus du pape, » établit une *véritable aristocratie ;* et cependant *l'Église romaine* » *est une monarchie.* » *Puffendorf de Habitu relig. Christ. ad vitam civilem,* § 38.

(3) *Collect. judic.,* tom. I, part. II, pag. 105.

autres émanent, comme l'enseigne toute la tradition. Saint Cyprien pose pour fondement de cette unité sainte la promesse que Jésus-Christ fait à Pierre de bâtir sur lui son Église, le pouvoir des clés qu'il lui confère universellement et sans restriction, l'ordre qu'il lui donne de *paître* et de gouverner les pasteurs comme les brebis. Ainsi *tout sort de l'unité, qui commence elle-même dans un seul : il n'y a qu'un chef, une origine, une Église mère* (1). Donc point d'unité sans un centre où tous les rayons viennent aboutir. Mais le centre d'autorité ne peut être manifestement que la puissance suprême qui domine toutes les autres, et au-dessus de laquelle il n'y a rien; le centre de vérité ne peut être que l'autorité qui ne sauroit errer, et dont les jugemens sont irréformables.

Ainsi, premièrement, si le concile est supérieur au pape; si la souveraineté, la puissance suprême réside dans l'épiscopat, il n'est pas vrai que l'Église romaine soit le *centre de l'unité;* il n'est pas vrai qu'elle ait été *choisie de Dieu pour unir ses enfans dans la même foi* (2), puisque l'épiscopat doit, au contraire, en ré-

---

(1) Loquitur Dominus ad Petrum : *Ego tibi dico*, etc.; super unum ædificat Ecclesiam suam... Ut unitatem manifestaret, unitatis ejusdem originem, ab uno incipientem, suâ auctoritate disposuit... Exordium ab unitate proficiscitur... Unum tamen caput est, et origo una, una mater fecunditatis successibus copiosa. *De unit. Oper.*, p. 76, 77, 78. — Negare non potes in urbe Româ Petro primo cathedram episcopalem esse collatam; in quâ unâ cathedrâ unitas ab omnibus servaretur. *S. Oplat. Milev. de Schism. Donat.*

(2) *Bossuet;* Sermon sur l'Unité, IIIe part., Vide et *S. Thom. adv. Gentes*, lib. IV, cap. LXXVI.

formant ses décrets, *l'unir elle-même aux enfans de Dieu,* et la ramener, avec toute la force de la puissance suprême, à la véritable foi, lorsqu'elle s'en écarte.

La Déclaration, sous ce nouveau rapport, contient donc, sans toutefois l'exprimer formellement, une proposition *hérétique;* savoir : *L'Église romaine n'est pas le centre de l'unité.*

Mais, secondement, toute unité disparoît ; comme nous allons le prouver en examinant la troisième conséquence de la Déclaration, établie précédemment.

 3° *Il n'existe point dans l'Église de puissance suprême ou de souveraineté permanente et perpétuelle.*

L'épiscopat dispersé ne forme pas plus qu'un sénat dispersé un corps souverain capable d'exercer la puissance suprême collective; et en effet quelle puissance exerce l'épiscopat dispersé, et quelles lois a-t-il jamais faites? Il ne peut même parler; car qui seroit son organe? Bien moins encore peut-il délibérer, juger : qui proposeroit le sujet des délibérations? A qui les proposeroit-il? Comment chaque évêque pourroit-il *délibérer avec lui-même?* Qui recueilleroit les voix? qui constateroit la majorité? qui prononceroit le jugement? Donc si la puissance suprême réside dans l'épiscopat, l'épiscopat *en tant que puissance suprême* n'existe lui-même que lorsqu'il est assemblé en concile (1) : d'où, pour l'observer

---

(1) Nous savons que les gallicans rejettent cette conséquence. « L'Église, pour décider, n'a pas, disent-ils, besoin d'être assem-

en passant, il résulte que la puissance *supérieure* du
concile seroit dépendante de la puissance *inférieure*

» blée : dispersée, mais réunie dans la condamnation des nouvelles
» opinions, elle mérite de la part de ses enfans une soumission sans
» réserve ; elle est toujours la colonne de la vérité. Penser qu'elle
» ne jouit du privilége de l'infaillibilité que dans les conciles géné-
» raux, c'est trop borner la promesse qui l'étend à tous les temps ;
» *c'est une erreur dans la foi* » (*Précis des maximes du droit canonique*, etc., *par J.-B. Saint-Marc*, p. 102). Recueillons ce dernier
aveu ; et souvenons-nous bien que quiconque *pense que l'Église ne
jouit du privilége de l'infaillibilité que dans les conciles généraux,
erre dans la foi.* Remarquons ensuite ce que les gallicans oublient
tout-à-fait, qu'il y a deux genres d'infaillibilité entièrement dis-
tincts : l'infaillibilité que les théologiens nomment *passive*, et celle
qu'ils appellent *active*. Il est impossible, d'après les promesses de
Jésus-Christ, que la vraie foi cesse jamais d'être professée dans
l'Église, sans aucun mélange d'erreur, par la majorité des pasteurs
et des fidèles : voilà l'infaillibilité *passive*. Il est impossible que
l'autorité suprême dans l'Église erre jamais dans ses décisions sur la
foi : voilà l'infaillibilité *active* ; et celle-ci est le fondement de l'autre, puisqu'une foi qui n'erre jamais suppose de toute nécessité
un enseignement fondé sur une autorité qui ne sauroit errer.
L'infaillibilité *passive* est également admise par les catholiques
et par les gallicans. La difficulté entre eux consiste à savoir
en qui réside l'infaillibilité *active*, permanente et perpétuelle ;
car on convient encore que le concile vraiment œcuménique est infaillible quand il est assemblé : mais comme il ne l'est pas toujours,
il faut nécessairement qu'il y ait dans l'Église une autre autorité
actuellement infaillible ; sans quoi l'infaillibilité de l'Église ne seroit
pas permanente et perpétuelle. Or quelle est cette autorité? Le
pontife romain, disent les catholiques : l'Église dispersée, disent les
gallicans. Mais, 1° dire que l'Église est la plus haute autorité qui
soit *dans l'Église*, ou l'autorité infaillible, c'est dire des mots qui
n'ont aucun sens. Comment l'Église peut-elle enseigner et gouverner
l'Église? 2° C'est confondre l'Église, en tant qu'elle est le sujet de
l'infaillibilité *passive*, avec la puissance suprême qui, instituée
pour enseigner et gouverner l'Église, possède seule l'infaillibilité
active. Toute l'Église n'enseigne pas toute l'Église ; tous les pasteurs
n'enseignent pas tous les pasteurs. De plus, point de jugement sans
un tribunal : que seroit-ce qu'un jugement rendu *par des juges dis-*

du pape, puisque le concile, de l'aveu de Bossuet et de l'école de Paris, ne peut être légitimement

---

persés? Cela choque le bon sens. Tout acte de *juridiction*, et le jugement qui décide infailliblement de la foi est l'acte de ce genre le plus élevé, ne sauroit être conçu sans un pouvoir actuellement constitué, qui promulgue ses commandemens et prononce ses sentences, comme le concile. Aussi, lorsqu'on en vient à la réalité, s'aperçoit-on bien vite que l'*infaillibilité dispersée* des gallicans n'est qu'une chimère, un mot imaginé pour se mettre à l'abri du reproche d'*errer dans la foi.* Ecoutons en effet l'auteur déjà cité. « Pour » que le silence des évêques répandus dans la chrétienté emporte » avec lui l'approbation d'une bulle du pape, plusieurs conditions » sont requises » (*ibid.,* p. 25). Comprenez, s'il vous est possible, comment le *silence* peut être un jugement, un *acte d'autorité et de juridiction.* « La première : qu'il se soit écoulé depuis la bulle » expédiée, ou la constitution rendue, assez de temps pour qu'on » puisse raisonnablement présumer qu'elle est parvenue à la con- » noissance des évêques. Le silence d'une chose inconnue ne prouve » rien » (*ibid.*). Mais qui jugera s'il s'est écoulé *assez de temps* pour qu'on puisse *raisonnablement présumer* que la bulle est parvenue à la connoissance des évêques? chaque fidèle nécessairement; à lui d'étudier les mathématiques et la géographie pour *présumer raisonnablement :* après quoi messieurs les gallicans l'obligent de faire un *acte de foi absolue et divine* sur une *présomption raisonnable.* « La seconde, que le décret apostolique regarde la » foi ou les mœurs ; et qu'il soit adressé à tous les fidèles pour » être regardé et observé comme règle de foi, par ceux qui » sont constitués en autorité » (*ibid.*). Est-ce qu'il y auroit plusieurs *règles de foi :* une pour tous les chrétiens, et une autre *pour ceux qui sont constitués en autorité?* « Du silence donc des évêques à » l'égard des décrets de Rome qui ne regardent que des causes par- » ticulières, ou même un sentiment privé de quelque évêque, et qui » ne sont point adressés à tous les fidèles; du silence des décrets » pontificaux de cette nature, on ne peut point déduire aucune ap- » probation » (*ibid.,* p. 26.). Voilà certes de quoi exercer l'examen des fidèles, avant qu'ils sachent s'ils sont ou non tenus d'obéir à un décret du pape. Est-ce tout cependant? ô que non ! messieurs les gallicans ont songé à bien autre chose. « La troisième condition est : » que la question controversée ait été mûrement examinée et dis- » cutée par ces mêmes évêques qui auront été intéressés dans la convoqué que par le pape, qui le dissout en se retirant. Toujours est-il que la souveraineté, la puissance su-

---

» controverse, et que le décret rendu sur cette affaire ait été ex-
» pressément reçu et approuvé par eux » (*ibid.*). L'auteur a omis de
nous dire comment les fidèles s'assureront de tout cela, et comment
on peut être certain que des évêques *ont mûrement examiné et discuté*. Et puis, parmi ces évêques *intéressés dans la controverse*, ne
peut-il pas s'en trouver qui soutiennent la doctrine condamnée par
le pape ? Si donc un seul d'entre eux *ne reçoit et n'approuve pas
expressément la bulle du pape*, cette bulle ne finit rien et n'oblige
personne. Donc toutes les fois qu'*un seul évêque* soutiendra une
erreur contre la foi, cette erreur ne pourra être définitivement
condamnée que par l'Eglise *assemblée en concile général*. « La qua-
» trième condition est : que les évêques soient tenus *d'office* de ré-
» clamer contre une erreur manifeste et connue. *Qu'on dise har-
» diment la vérité*, dit saint Augustin, *alors que les circonstances
» exigent qu'on la dise*. Car si les circonstances ou la cause n'exi-
» gent pas qu'on se prononce, ou si l'erreur est encore obscure,
» douteuse, enveloppée, ou s'il est question des opinions de l'Église,
» ou si enfin la paix ou la tranquillité de l'Eglise ou de l'État de-
» mande le silence, ce silence ne peut être pris pour une approba-
» tion » (*ibid.*). Ainsi, pour être obligé d'acquiescer à une bulle
dogmatique du pontife romain, il faut que chaque fidèle juge si
l'erreur condamnée est *manifeste*, si elle est *connue*, si *les circonstances ou la cause exigent qu'on se prononce*, si l'erreur n'est pas
encore *obscure, douteuse, enveloppée*; s'il *n'est point question
d'une opinion de l'Église*; si enfin *la paix ou la tranquillité de
l'Église ou de l'État [ne demande point le silence*. Jusqu'à ce que
tous ces points soient bien éclaircis pour lui, les gallicans le dispen-
sent d'obéir au *Vicaire de Jésus-Christ, au chef de toute l'Église*,
au Père et au Docteur de tous les chrétiens, comme l'appelle le
concile œcuménique de Florence. Mais enfin supposons qu'il résolve
toutes ces questions dans un sens favorable à la bulle du pape ; alors
il sera tenu de faire sur cette bulle un article de foi divine : et en
vertu de quoi ? En vertu du jugement qu'il aura dû porter précédemment : donc ou ce jugement est infaillible, ou l'on peut faire
sur un jugement faillible un acte de foi divine ; que les gallicans
choisissent. L'auteur ne s'arrête pas là, il trouve encore une autre
condition; après quoi il conclut ainsi : « Dans ces circonstances, *ou
» autres semblables*, on doit reconnoître que la controverse ne peut

prême ne pouvant *de fait* résider que dans le concile, toutes les fois que le concile n'est pas assemblé il n'existe de fait dans l'Église ni souveraineté ni puissance suprêmes. Or point d'unité, comme on l'a vu, sans un centre d'unité; point d'autre centre d'unité possible que la puissance suprême : donc point d'unité dans l'Église, hors le temps où le concile est assemblé; proposition encore formellement *hérétique*.

De plus, car les erreurs s'enchaînent, ce qui constitue essentiellement la société, ce qui lui donne l'existence, c'est la souveraineté, la puissance suprême : donc s'il n'existe point dans l'Église, par l'institution divine, de puissance suprême ou de souveraineté permanente et perpétuelle, l'Église elle-même n'est ni ne peut être permanente et perpétuelle; et Jésus-Christ, qui a promis qu'elle subsisteroit *tous les jours jusqu'à la consommation des siècles,* est un imposteur. Ici l'hérésie va jusqu'au blasphème.

M. l'évêque d'Hermopolis, effrayé peut-être des conséquences hérétiques, impies, qu'entraîneroit nécessairement la supériorité du concile sur le pape, ne

---

» point être terminée par le silence de plusieurs évêques, et qu'un
» concile général ou œcuménique est le seul tribunal qui puisse y
» mettre fin » (*ibid.,* p. 27).

Pour conclure à notre tour, nous pensons qu'aucune personne de bonne foi ne contestera que nulle controverse ne peut de fait être terminée, suivant les principes des gallicans, que par le concile général ou œcuménique; qu'ainsi, suivant les mêmes principes, l'infaillibilité *active*, perpétuellement nécessaire à l'Eglise, ne réside que dans les conciles généraux; par conséquent, qu'*ils bornent trop la promesse qui l'étend à tous les temps : ce qui est une erreur dans la foi.*

laisse pas à la vérité d'établir cette doctrine ; mais cherche ensuite à la modifier, en proposant une opinion qui lui est exclusivement propre. « Faisons, dit-
» il, une troisième supposition. Un concile général
» est très régulièrement assemblé sous un pape très
» légitime; un différend s'élève entre les évêques pré-
» sens et le pape : de quel côté est la plus grande
» autorité? Du côté du pape, diront les ultramon-
» tains; du côté des évêques, diront les gallicans. Ne
» pourroit-on pas dire plutôt que, dans ce cas uni-
» que, ce sont ici deux autorités qui se balancent;
» que la décision demeure en suspens jusqu'au mo-
» ment de leur accord ; que c'est une suite de la na-
» ture des gouvernemens mixtes ; et que dans les
» États où la puissance législative est partagée entre
» un roi et des corps politiques, la loi ne résulte que
» de leur concert (1)? »

Avec son idée de *gouvernement mixte*, qui ne seroit plus dès-lors la *police véritablement monarchique et royale* instituée par Jésus - Christ suivant Gerson, M. l'évêque d'Hermopolis suppose qu'il peut exister dans l'Église deux puissances *égales*, n'ayant chacune aucune autre puissance au-dessous d'elles, ce qui détruit la notion même de l'unité de l'Église. De plus, jusqu'à ce que ces deux puissances, momentanément divisées, s'accordent, il n'existera point dans l'Église de puissance suprême ou de véritable souveraineté, ce qui détruit la notion même de l'Église. Exprimée

---

(1) *Les vrais principes de l'Eglise gallicane*, p. 89, *troisième édit.*

en ces termes : *Il est possible que l'Église ayant à sa tête un pape très légitime, avec un concile très régulièrement assemblé, soit néanmoins dépourvue, pendant quelque temps, de l'autorité suprême qui donne la dernière force à ses décisions;* cette proposition est *hérétique.*

Ainsi, quand M. l'évêque d'Hermopolis, offrant à l'Eglise et aux gallicans sa médiation, leur adresse ces pacifiques paroles : « Ne pourroit-on pas dire que, » dans ce cas unique, ce sont deux autorités qui se » balancent, et que la décision demeure en suspens » jusqu'au moment de leur accord? » c'est comme s'il disoit : Dans la diversité de sentimens qui sépare les partisans de la Déclaration, du pape et de l'immense majorité des Églises unies au pape, sur le moyen de reconnoître avec certitude les *vérités de foi* ou d'*éviter toute hérésie*, ne pourroit-on pas, pour *concilier* ces sentimens divers, et pour satisfaire tout le monde, dire qu'il y a des temps où l'Eglise avec un pape très légitime, et un concile très régulièrement assemblé, manque de l'autorité nécessaire *pour décider ce qui est de foi;* ne pourroit-on pas, en un mot, convenir d'une *hérésie?*

Ne pouvant justifier la doctrine écrite de M. l'évêque d'Hermopolis, nous sommes heureux de pouvoir au moins justifier sa pensée réelle. Lorsque nous publiâmes nos *Observations sur la promesse d'enseigner les quatre articles* (1), exigée par M. Laîné, il voulut

____

(1) A l'époque où cet écrit parut, nous crûmes devoir déférer aux conseils de plusieurs personnes respectables, qui jugeoient dange-

bien permettre qu'elles lui fussent communiquées ; et à cette occasion il nous dit ces propres mots, que nous n'oublierons jamais : *A Rome je serois ultramontain.* Comme cela ne signifioit sûrement pas que ce qui étoit vérité à Rome cessât de l'être à Paris, on ne peut que *regretter,* pour M. l'évêque d'Hermopolis, *qu'il ne soit pas à Rome.*

Nous avons, ce nous semble, prouvé, avec la dernière évidence, que soutenir la supériorité du concile sur le pape, c'est attribuer la puissance suprême ou la souveraineté au concile, et que dès-lors on est invinciblement forcé de nier des vérités de foi, et de se précipiter dans des hérésies manifestes ; comme aussi l'on ne peut reconnoître dans le pontife romain la *plénitude de puissance* ou la souveraineté monarchique qu'il a reçue de Jésus-Christ même, suivant les décisions des conciles œcuméniques, sans avouer qu'il possède toutes les prérogatives que lui refuse la déclaration de 1682. Cette *souveraineté pleine et suprême,* pour user des paroles du deuxième concile-général de Lyon, comprend en effet deux choses : l'autorité qui décide

---

reuse la discussion du premier article ; c'est pourquoi nous nous bornâmes à établir que les papes n'ont aucun pouvoir *sur le temporel des rois :* ce qui est vrai en ce sens que les papes ne peuvent disposer des royaumes à leur volonté, et que le roi, comme nous l'avons dit, possède dans son royaume la *plénitude de l'autorité temporelle.* Mais cette autorité n'est pas sans règle, elle n'est pas indépendante d'une loi supérieure, sans quoi elle seroit dépourvue de droit ; et c'est ce qu'il est devenu nécessaire d'expliquer, bien plus pour l'intérêt des rois que pour l'intérêt de l'Eglise, qui a des promesses que n'ont pas les rois.

infailliblement les questions de foi (1), et conserve ainsi l'unité de doctrine, et la puissance propre de gouvernement qui s'étend à tout le reste.

L'infaillibilité que les catholiques reconnoissent dans le pape consiste en ce que le pape *ne peut, en aucune manière, définir rien d'hérétique dans ce qu'il ordonne à toute l'Église de croire* (2). « Or il est » plus clair que le jour, dit Fénelon, que le Saint- » Siége ne seroit point le fondement éternel, le chef » et le centre de la communion catholique, *s'il pou-* » *voit définir quelque chose d'hérétique dans ce qu'il* » *ordonne à toute l'Église de croire* (3). »

S'il est un fait certain, c'est que jamais les papes ne souffrirent qu'on tînt douteuse un seul moment l'au-

---

(1) Le père Serry a prouvé l'infaillibilité pontificale dans un ouvrage intitulé : *Dissertatio duplex de romano pontifice in ferendo de fide moribusque judicio falli et fallere nescio*, etc. « Il y mon- » tre, dit un écrivain protestant, que les conciles généraux n'ont » jamais osé refuser au pape l'infaillibilité et la préséance d'autorité » dans les jugemens sur les choses qui concernent la foi et les » mœurs, quoique toutefois sous des conditions insignifiantes, » comme par exemple que le pape eût prié auparavant et consulté » son clergé : sentiment très remarquable dans un théologien qui » passoit pour très savant et très libre, et qui de plus vivoit sous la » protection de Venise. » *Algemeine geschichte*, etc. *Histoire de l'Église catholique depuis la publication de la bulle* Unigenitus, *jusqu'à la suppression de la Société de Jésus, en* 1773 ; par H. Ph. Konrad Henke, abbé de Michaelstein, et professeur de théologie à Helmstadt ; tom. V de l'*Hist. générale*, p. 51. *Brunswick*, 1802.

(2) Non posse ullo modo definire aliquid hæreticum, à totâ Ecclesiâ credendum ; hæc est communissima opinio ferè omnium catholicorum. *Bellarmin. de Summo Pontif.*, lib. IV, cap. II; n. 8.

(3) *De Summi Pontif. Auctorit.* cap. III. *OEuvres de Fénelon*, tom. II, p. 260.

14.

torité de leurs décisions adressées à l'Église entière.
« Juge de toute l'Église, le Siége de Pierre n'est lui-
» même soumis au jugement de personne (1). » Ainsi
parle le grand saint Gélase; et, de siècle en siècle, la
même maxime, inviolablement maintenue, a retenti
dans l'univers catholique. Toujours les pontifes romains ont dit : « Il est manifeste que les jugemens du
» Siége apostolique *sont irréformables*, et qu'il n'est
» permis à qui que ce soit de se rendre juge de ses
» sentences, *parce qu'il n'y a point d'autorité au-des-
» sus de la sienne ;* et c'est pour cela que les canons
» ont voulu que, de toutes les parties du monde, on
» appelât à ce Siége éminent, duquel il n'est permis
» à personne d'appeler (2). »

Telle est la doctrine invariable et la constante tradition de ce premier siége sur lequel Bossuet s'exprime en ces termes, dans sa *Défense* même : « Je dé-
» clare que, sur ce qui concerne la dignité du saint
» Siége apostolique, je m'en tiens à la tradition et à
» la doctrine des pontifes romains (3). »

Or c'est un point de la foi catholique, que quiconque n'est pas dans la communion du saint Siége est
hors de la communion de l'Église. « Qui oseroit se
» croire dans l'Église après avoir abandonné la

---

(1) *Epistola IV Gelasii;* tom. IV *Conc.,* col. 1169.

(2) Patet profectò Sedis apostolicæ, *cujus auctoritate major non
est,* judicium *à nemine fore retractandum,* neque cuiquam de ejus
liceat judicare judicio : si quidem ad illam de quàlibet mundi parte
canones appellari voluerunt, ab illà autem nemo sit appellans per-
missus. *Nicol. I*; tom. VIII. *Conc.* col. 319.

(3) *Defens. cleri gallic.,* part. III, lib. X, cap. VI.

» chaire de Pierre, sur laquelle l'Église est fon-
» dée (1) ? » Celui qui n'adhère pas à cette chaire
*n'appartient point à Jésus - Christ, mais à l'ante-
christ* (2), selon saint Jérôme. *Décidez, écrit-il à
saint Damase, et je ne craindrai pas de dire qu'il y a
trois hypostases* (3). Pourquoi? parce que le successeur du prince des apôtres *est, dit saint Augustin, la
pierre que les portes de l'enfer ne peuvent vaincre* (4).
*Ce qu'il dit, ce n'est pas lui qui le dit; mais Dieu même,
qui a mis la doctrine de vérité dans la chaire d'unité* (5).
*Ceux donc qui sont séparés de cette pierre, sans aucun
doute sont hors de l'Église; car Jésus-Christ a dit: Sur
cette pierre je bâtirai mon Église* (6).

Veut-on entendre à la fois tout l'Orient et tout l'Occident : « Au temps de saint Hormisdas et de l'empe-
» reur Justin, dit Bossuet, les Églises orientales sou-
» scrivirent, par ordre du pape, un formulaire, qu'il

---

(1) Qui cathedram Petri, super quam fundata est Ecclesia, dese-
rit, in Ecclesià se esse confidit ? *S. Cypr. de Unit. Eccles.*

(2) Beatitudini tuæ, id est cathedræ Petri communione consocier...
Quicumque tecum non colligit, spargit, hoc est, Qui Christi non
est, antichristi est. *S. Hieron. Ep. X, ad Damas. n. 2.* — Ego
interim clamito : Si quis cathedræ Petri jungitur, meus est. *Id.,
Ep. XI.*

(3) Decernite, si placet, et non timeo tres hypostases dicere.
Ibid.

(4) Numerate sacerdotes vel ab ipsà sede Petri, et qui, cui succes-
serit videte : Ipse est petra quam non vincunt superbæ inferorum
portæ. *S. Aug. contr. Donatist.*

(5) Non enim sua sunt quæ dicunt, sed Dei, qui in cathedrâ unitatis doctrinam posuit veritatis. *Id., Ep. CLXIV. Edit.* 1579.

(6) Et qui in petrâ non sunt, procul dubio in Ecclesià non depu-
tantur, quia super hanc petram, inquit, ædificabo Ecclesiam meam.
Id. de Unitate Eccles., cap. XIX.

» leur envoya , contre Acace , défenseur d'Euty-
» chès..... Cette profession, dictée par le pape Hor-
» misdas, fut reçue de tous les évêques d'Orient ; et
» des premiers d'entre eux , les patriarches de Con-
» stantinople : ce qui fut pour les évêques d'Occident,
» principalement pour ceux des Gaules, le sujet d'une
» grande joie dans le Seigneur; de sorte qu'il est cer-
» tain que ce formulaire a été approuvé de toute l'É-
» glise catholique..... Et comme tous les évêques
» avoient fait cette profession au saint pape Hormis-
» das, et à saint Agapet, et à Nicolas I, ainsi nous
» lisons qu'elle fut faite, dans les mêmes termes, au
» pape Adrien II, successeur de Nicolas, dans le VIIIe
» concile œcuménique. Cette profession donc répan-
» due partout, propagée dans tous les siècles, consa-
» crée par un concile œcuménique, quel chrétien
» pourroit la rejeter (1)? »

Que tout chrétien, tout catholique apprenne donc,
en lisant cet acte solennel, quelle est la doctrine qu'il
doit *professer* sur l'autorité du Saint-Siége. « Le pre-
» mier fondement du salut est de garder la *règle de la*
» *droite foi*, et de ne s'écarter en rien de la tradition
» des Pères ; car on ne peut déroger à la parole de
» notre Seigneur Jésus-Christ, qui a dit : *Tu es Pierre,*
» *et sur cette pierre je bâtirai mon Église.* La vérité
» de cette parole est prouvée par le fait même, puis-
» que la religion a toujours été conservée pure et sans

______

(1) *Defens. cleri gallic.*, part. III , lib. X , cap. VII ; tom. II ,
pag. 194 et 195. *Amstelod*, 1745.

» aucune tache dans le Siége apostolique. C'est pour-
» quoi suivant en tout le Siége apostolique, et sou-
» scrivant à tous ses décrets, j'espère mériter toujours
» de demeurer dans une même communion avec vous,
» qui est celle du Siége apostolique, *dans lequel réside*
» *l'entière et vraie solidité de la religion chrétienne;* pro-
» mettant de ne point réciter dans les sacrés mystères
» les noms de ceux qui se sont séparés de la commu-
» nion de l'Église catholique, c'est-à-dire *qui n'ont*
» *pas en tout les mêmes sentimens que le Siége aposto—*
» *lique* (1). »

Observez que c'est ici une *règle de foi* fondée sur
les paroles mêmes de Jésus-Christ, consacrée par
un concile œcuménique, par l'approbation de toute
l'Église, et que cette *règle* n'est autre chose que l'enseignement perpétuel du Siége apostolique. Refuser
d'obéir à un seul de ses décrets, avoir sur aucun
point des sentimens contraires aux siens, c'est cesser
d'être catholique (2). Et puisqu'il n'est pas un seul

---

(1) Prima salus est, rectæ fidei regulam custodire., et à Patrum
traditione nullatenùs deviare ; quia non potest Domini nostri Jesu-
Christi prætermitti sententia dicentis : *Tu es Petrus, et super hanc*
petram ædificabo Eccclesiam meam. Hæc quæ dicta sunt, rerum
probantur effectibus ; quia in Sede apostolicâ immaculata est semper
servata religio. Undè sequentes in omnibus apostolicam Sedem, et
prædicantes ejus omnia constituta, spero ut in unâ communione
vobiscum, quam Sedes apostolica prædicat, esse merear, *in qua est*
integra et vera christianæ religionis soliditas : promittens etiam
sequestratos à communione Ecclesiæ catholicæ, id est, *non in om-*
nibus consentientes Sedi apostolicæ, eorum nomina inter sacra
non recitanda est mysteria. *Conc.* tom. IV, col. 1486 et 1487.

(2) Luther lui-même reconnut pendant long-temps qu'*il n'étoit*
permis de résister en aucune façon à l'Église romaine, mère des

moment où tout chrétien ne puisse et ne doive, selon Bossuet, adhérer à cette profession de foi, il n'est pas un seul moment où tout chrétien ne puisse et ne doive croire que *l'entière et vraie solidité de la religion chrétienne réside dans le Siége apostolique,* et que, par conséquent, il est impossible que le Siége apostolique erre un seul moment.

Qui ne voit en effet que, puisqu'il est nécessaire, sous peine de ne plus appartenir ni à l'Église ni à Jésus-Christ, d'être constamment en *communion de foi* avec le Saint-Siége, le Saint-Siége ne peut jamais s'écarter de la vraie foi? L'indéfectibilité soutenue par Bossuet, qui, en distinguant le Siége de celui qui y est assis, suppose la possibilité que le pontife romain

---

Églises, épouse de Jésus-Christ, fille de Dieu, terreur de l'enfer, et que jamais elle ne s'étoit écartée de la vraie foi par aucun décret. Mais, pour justifier sa révolte, il imagina de distinguer l'Eglise romaine de la cour de Rome ; distinction qui est aussi, comme on le sait, très familière aux gallicans. Voici le passage de Luther :
« Quare et ego horum theologorum laicorum exemplo pulcherrimo,
» longissime, latissime, profundissime distinguo inter romanam
» Ecclesiam, et romanam curiam. Illam scio purissimum esse
» thalamum Christi, matrem Ecclesiarum... sponsam Christi,
» filiam Dei, terrorem inferni, victoriam carnis, et quid dicam?
» cujus sunt omnia juxta Paulum, *ad Cor. III,* ipsa autem Christi,
» Christus autem Dei. Hæc autem ex fructibus suis cognoscitur....
» Res sanè eant, et vita passum. At nomen Domini æternum cur
» patiamur ita conspurcari? *Nullo modo ergò romanæ Ecclesiæ*
» *resistere licet.* At romanæ curiæ longe majori pietate resiste-
» rent reges, et quicumque possent, quàm ipsis Turcis. Hæc verbo-
» siùs fortè et liberiùs.... Et ego gratias ago Christo, quòd hanc
» unam Ecclesiam in terris, ita servat, ut nunquam à verà fide
» ullo suo decreto recesserit. » *Luther. in præfat. Epist. Pauli ad Galatas ; edit. Basil. Adam Petri,* 1520.

enseigne momentanément l'erreur, est donc incompatible avec les décisions des conciles œcuméniques, avec la doctrine de toute l'Église, et conduit, comme Fénelon le prouve, à des conséquences *absurdes et impies* (1). « A Dieu ne plaise, dit-il, qu'on nie ja-
» mais que toutes les Églises catholiques puissent ces-
» ser d'adhérer, par la communion de la foi, *tous les*
» *jours jusqu'à la consommation des siècles,* au Siége
» apostolique, comme chef, centre, racine et fonde-
» ment de cette communion, sans devenir schisma-
» tiques et hérétiques. Quiconque croit ainsi, bien
» qu'il refuse d'admettre de nom l'infaillibilité ponti-
» ficale, il croit cependant tout ce que nous disons
» de l'indéfectibilité dans l'enseignement de la foi.
» Que s'il nie qu'il le croie, il ne s'entend pas lui-
» même : car vouloir que tous les catholiques adhè-
» rent au Saint-Siége par la communion de la foi,
» *tous les jours jusqu'à la consommation des siècles,* et
» vouloir qu'on croie que ce Siége ne peut jamais
» errer dans l'enseignement de la foi, est une seule et
» même chose ; à moins qu'on ne veuille dire qu'on
» doit adhérer au centre et au chef, en ce qui touche

. (1) « Cette opinion de M. l'évêque de Meaux répugne, dit-il, très
» évidemment et aux paroles de la promesse faite par Jésus-Christ,
» et à toute la tradition... C'est pourquoi on peut dire justement de
» cette chimère (*de hoc commento*) ce que saint Augustin disoit à
» Julien : Ce que vous dites est étrange, ce que vous dites est
» nouveau, ce que vous dites est faux : ce que vous dites d'étrange,
» nous l'entendons avec surprise ; ce que vous dites de nouveau,
» nous le repoussons ; ce que vous dites de faux, nous le réfutons. »
De Summi Pontif. Auctorit., cap. VIII. Œ*uvres de Fénelon,*
tom. II, p. 281, *édit. de Versailles.*

» la foi, quand il s'écarteroit de la foi par une défini-
» tion hérétique : ce qui est évidemment absurde et
» impie (1). » Aussi le saint Siége a-t-il condamné
comme *hérétique* cette proposition de Pierre d'Osma :
L'Église romaine peut errer (2).

La Déclaration s'appuie sur ce qu'a décidé, suivant
elle , le concile de Constance, dans ses sessions IVᵉ
et Vᵉ; mais on n'est pas d'accord sur l'œcuménicité
du concile pendant ces sessions; mais on n'est pas
d'accord sur le sens même de ses décrets, et Bossuet
y attache une autorité si foible, qu'en défendant l'interprétation qu'il en fait, tout ce qu'il demande, dit-il,
c'est d'être *exempt de censure* (3).

Quoi qu'il en soit, de ces décrets de Constance , ils
ne peuvent donc en aucune façon préjudicier à ce

______

(1) Absit ut nostris cisalpini negent omnes catholicæ commnnnio-
nis Ecclesias *omnibus diebus* , ne uno quidem excepto, *usquè ad
consummationem sœculi,* fidei communione ipsi Sedi apostolicæ
tanquam capiti, centro , radici , et fundamento esse adhæsuras, sin
minùs schismaticas et hæreticas fore. Dùm verò hæc credunt,
etiamsi pontificiam infallibilitatem æquivoco nomine propositam
abnuant, credunt tamen quidquid significatur hoc temperamento
indefectibilitatis in fide docendâ. Quòd si id se credere negent, certè
non satis sibi ipsis se ipsos explicant, neque suam mentem satis norunt. Enimverò velle ut omnes catholici huic Sedi per fidei commu-
nionem adhæreant, *omnibus diebus usquè ad consummationem sœculi,* et velle ut credatur hanc Sedem in fide docendâ nunquam de-
fecturam esse , prorsùs est unum et idem , nisi quis velit dicere
adhærendum esse huic centro et capiti, circa fidem , etiamsi *aliquid hæreticum* contra fidem absolutè definiat : quod absurdum et
impium esse nemo non videt. *Ibid.,* cap. XLVI, tom. II, p. 409.
(2) Ecclesia urbis Romæ errare potest, *Petri Osm. proposit. à
Sixto IV damnata.*
(3) *Gallia orthodoxa,* cap. X.

qu'ont décidé d'autres conciles universellement reconnus pour œcuméniques (1), à des *professions de foi* approuvées par l'Église entière : car ou le concile de
Constance étoit œcuménique aussi dans ses sessions IV[e] et V[c]; et alors sa doctrine, dont on dispute,
doit être entendue dans un sens parfaitement conforme aux définitions des conciles précédens, sans
quoi aucun concile ne seroit infaillible : ou le concile
de Constance n'étoit pas œcuménique dans ses sessions IV[e] et V[e], et alors les décrets rendus pendant
ces sessions ne prouvent rien.

Qu'on ne croie pas au reste que l'Église de France
ait eu jusqu'au dix-septième siècle une doctrine différente de celle que professa toujours l'Église catholique sur l'infaillibilité pontificale. Voici comment
s'exprimoit encore, en 1625, l'assemblée du clergé :
« Les évêques seront exhortés d'honorer le Siége
» apostolique et l'Église romaine, fondée sur la pro-
» messe infaillible de Dieu, sur le sang des apôtres et
» des martyrs, la mère des églises, et laquelle, pour
» parler avec saint Athanase, est comme la tête sacrée
» par laquelle les autres églises, qui ne sont que ses
» membres, se relèvent, se maintiennent et se con-
» servent. Ils respecteront aussi notre saint père le

---

(1) Clément V promulgua, en 1311, dans le concile œcuménique
de Vienne, la Clémentine unique *De summâ Trinitate*, etc., où
on lit ces paroles remarquables : « Igitur ad tàm præclarum testi-
» monium ac sanctorum Patrum et doctorum communem sententiam
» apostolicæ considerationis, *ad quam duntaxat hœc declarare
» pertinef*, aciem convertentes, *sacro approbante concilio*, decla-
» ramus, » etc.

» pape, chef visible de l'Église universelle, vicaire de
» Dieu en terre, évêque des évêques et patriarches,
» auquel l'apostolat et l'épiscopat ont eu commence-
» ment, et sur lequel Jésus-Christ a fondé son Église,
» en lui baillant les clés du ciel *avec l'infaillibilité de*
» *la foi, que l'on a vue miraculeusement demeurer im-*
» *muable dans ses successeurs jusqu'aujourd'hui.* Et
» qu'ayant obligé tous les fidèles orthodoxes à leur
» rendre toutes sortes d'obéissances, et de vivre en
» déférence à leurs saints décrets et ordonnances,
» les évêques seront exhortés à faire la même chose,
» et de réprimer, autant qu'il leur sera possible, les
» esprits libertins qui veulent révoquer en doute et
» mettre en compromis cette sainte et sacrée autorité,
» confirmée par tant de lois divines et positives; et
» pour montrer le chemin aux autres, ils y déféreront
» les premiers (1). »

C'est ce qu'ils avoient fait toujours et ce qu'ils firent
encore trente ans après, lors de la condamnation des
cinq propositions de Jansénius par Innocent X. « Dès
» les premiers temps, écrivoient-ils à ce sujet au pon-
» tife romain., l'Église catholique, appuyée sur la
» communion et l'autorité seule de Pierre, souscrivit
» sans hésiter à la condamnation de l'hérésie péla-
» gienne, prononcée par Innocent dans son décret
» adressé aux évêques d'Afrique, et qui fut suivie
» d'une autre lettre du pape Zozime, adressée à tous

---

(1) *Avis de l'assemblée générale du clergé de France à .messei-*
gneurs les archevêques et évêques de ce royaume.

» les évêques de l'univers. Elle savoit, non seulement
» par la promesse de notre Seigneur Jésus-Christ faite
» à Pierre, mais encore par les actes des anciens pon-
» tifes et par les anathèmes dont le pape Damase avoit
» frappé récemment Apollinaire et Macédonius avant
» qu'aucun concile œcuménique les eût condamnés ;
» elle savoit que les jugemens portés par les souve-
» rains pontifes, en réponse aux consultations des
» évêques, *pour établir une règle de foi,* jouissent éga-
» lement (soit que les évêques aient cru devoir expri-
» mer leur sentiment dans leur consultation, soit
» qu'ils aient omis de le faire) d'une *divine et souve-*
» *raine autorité dans l'Église universelle :* autorité à
» laquelle tous les chrétiens sont obligés de soumettre
» leur esprit même. Nous donc aussi, pénétrés des
» mêmes sentimens et de la même foi, nous aurons
» soin que la constitution donnée, *d'après l'inspira-*
» *tion divine,* par Votre Sainteté,... soit promulguée
» dans nos églises et diocèses, et nous en presserons
» l'exécution (1). »

Dans une autre lettre, adressée, l'année suivante,
aux évêques et archevêques du royaume, on lit ces
paroles : « Il n'est besoin ni de raisons, ni d'aucunes
» recherches ; il ne faut que lire la constitution pon-
» tificale, qui seule suffit par elle-même pour décider
» toute la question (2). »

---

(1) *Litter. episc. gallic. eccles. ad Innocent. pap. X;* anno
1653. *Vid.* d'Argentré, *Collect. judic.,* etc., tom. III, art. II,
p. 276.

(2) *Antist. Paris. Agent. Litter. ad cæter. episc. gall.,* anno 1654.
Ibid., p. 279.

Au temps de Richelieu, la doctrine de l'Église de France n'avoit pas encore changé. Il dicta lui-même à Richer la rétractation où ce docteur déclare qu'il « se soumet au jugement de l'Église catholique ro- » maine, et du saint Siége apostolique, qu'il recon- » noît pour la mère et la maîtresse de toutes les églises, » et pour *juge infaillible de vérité* (1). »

« L'opinion qui attache l'infaillibilité au pontife » romain est, dit M. de Marca, la seule qui soit en- » seignée en Espagne, en Italie et dans toutes les au- » tres provinces de la chrétienté : de sorte que ce » qu'on appelle le sentiment des docteurs de Paris, » doit être rangé parmi les opinions qui ne sont que » tolérées... Toutes les universités, excepté cepen- » dant l'ancienne Sorbonne, s'accordent à reconnoî- » tre dans les pontifes romains l'autorité de décider » les questions de foi par un jugement infaillible. » Bien plus, nous voyons encore aujourd'hui ensei- » gner en Sorbonne même cette doctrine de l'infailli- » bilité du souverain pontife : car le 12 décembre » 1660 on soutint publiquement en Sorbonne cette » thèse, savoir, que Jésus-Christ a établi le pontife » romain juge des controverses qui naissent dans » l'Église, et a promis qu'il n'erreroit jamais dans les

---

(1) Sic protestor et declaro me semper voluisse, atque etiam nunc velle , et me ipsum, et libellum præfatum, quascumque ejus propositiones earumque interpretationem , omnemque meam doctrinam , Ecclesiæ catholicæ romanæ, et sanctæ Sedis apostolicæ judicio subjicere : quam matrem et magistram omnium ecclesiarum, et *infallibilem veritatis judicem* agnosco. *E. Richeri libellus de ecclesiast. et polit. Potest.*, etc., p. 98. *Coloniæ*, 1683.

» définitions de foi (1). Cette même doctrine fut sou-
» tenue, le 7 décembre, dans le collége de Na-
» varre (2). » Le même prélat ajoute qu'en France,
» la plus grande partie des docteurs, soit en théolo-
» gie, soit en droit, adhèrent à l'opinion commune
» dont les fondemens sont excessivement difficiles à
» ébranler, et se moquent de l'opinion de l'ancienne
» Sorbonne (3). »

Toutefois, par les causes indiquées au commencement de ce chapitre, les maximes des parlemens se
répandirent peu à peu dans une certaine classe de
théologiens, que Fénelon appelle les *critiques*. « Il
» n'est, dit-il, aucun égarement, aucun excès qui ne
» leur sourie, et qu'ils n'osent défendre. Ils sont, à
» mes yeux, plus à craindre que les sectes des héré-
» tiques ; parce que, couverts du nom de catholiques
» comme d'un masque, ils pénètrent impunément
» dans l'enceinte de l'Église. Combien de fois ne les
» ai-je pas entendus dire que la grandeur de Rome
» païenne, devenue le siége de l'empire, étoit la cause
» qui avoit porté les pontifes romains à s'arroger la
» primauté dans la république chrétienne, et que le
» vulgaire crédule s'étoit, par un respect supersti-
» tieux, laissé persuader que cet envahissement étoit
» une institution de Jésus-Christ! Qu'un autre espère

---

(1) Romanus pontifex controversarium ecclesiasticarum est con-
stitutus judex à Christo, qui ejus definitionibus indeficientem fidem
promisit.

(2) *Petri de Marca Manuscr.*, tom. II, num. XXXI.

(3) *Ibid.* num. XXXIV (*circa finem*).

» ramener ces hommes à de meilleurs sentimens ;
» pour moi, certes je ne l'espère pas (1). »

Telles furent les idées qui préparèrent la déclaration de 1682, laquelle, en renversant la constitution divine de l'Église, détruit non seulement son unité (2), et, par une conséquence inévitable, son infaillibilité permanente et perpétuelle, mais encore sa juridiction souveraine, sa puissance de gouvernement. Ici nous n'avons qu'à citer les défenseurs des quatre articles.

« De là vient que le clergé ne peut s'assembler sans
» la permission du roi, qui est aussi le maître de
» changer le temps de ces assemblées, et d'en fixer
» la durée comme bon lui semble, et que les évêques,
» quoiqu'ils fussent mandés par le pape, ne peuvent
» sortir du royaume sans congé; car les évêques, par
» le crédit que donne leur dignité, tiennent dans
» l'État un grand rang. *Voilà les conséquences de la*
» *première maxime,* que la puissance propre à l'Église
» ne s'étend point sur le temporel (3). »

---

(1) Nihil est abnorme ac devium , quod illis non arrideat. Nihil est arduum , quod tueri non audeant. Hos sanè plusquam hæreticorum sectas Ecclesiæ metuo ; siquidem catholico nomine personati , intra septa Ecclesiæ impunè grassantur. Hos sæpenumerò audivi dicentes, Romam gentilis imperii caput in causâ fuisse, cur romani pontifices christianæ reipublicæ primatum affectaverint, et credulum vulgus superstitioso cultu accepisse, quasi Christi institutum , ambitiosam hanc tanti fastigii invasionem. Hos ad meliorem frugem revocare quivis alius speret, certè non ego. *De Summi Pontif. Auct.,* cap..... *OEuvres de Fénelon,* tom. II, p. 253.

(2) Ad summi pontificis auctoritatem pertinet finaliter determinare ea quæ sunt fidei , ut ab omnibus inconcussâ fide teneantur ; quæ unitas servari non potest, nisi quæstio fidei determinetur per eum qui toti Ecclesiæ præest. *S. Thom.* 2ª 2æ *quæst. I,* art. **X.**

(3) *Précis des maximes du droit ecclésiastique en rapport avec*

Les conséquences de la première maxime sont donc, premièrement, de rendre le roi *maître* absolu du clergé, *qui ne peut s'assembler sans sa permission; des conciles provinciaux et des conciles nationaux*, qu'il convoque (1) et qu'il dissout *comme bon lui semble;* secondement, de mettre l'Église entière dans la dépendance des princes. Car les gallicans soutenant, d'une part, que la souveraineté ou la puissance suprême réside dans le concile général ; et avouant, d'une autre part, que c'est au pape qu'il appartient de convoquer le concile général : si les évêques, *mandés par le pape,* ne peuvent sortir du royaume *sans le congé du prince,* il est évident que nul concile général ne peut s'assembler *sans le congé du prince* (2); et que par conséquent l'Église dépend complètement des princes, qui peuvent suspendre à leur volonté l'exercice de sa puissance suprême.

Ce n'est pas tout : en vertu des mêmes maximes on s'affranchit d'abord de l'autorité du pape en ce qui tient à la discipline, comme on s'en est affranchi en matière de foi. « Nous ne croyons donc pas que les » nouvelles constitutions des papes, faites depuis trois » cents ans (3), obligent, sinon en tant que notre

----

les maximes de l'Église gallicane, par J.-B. Saint-Marc, prêtre licencié en droit canon, p. 58. *Mont-de-Marsan*, 1824.

(1) « Les conciles nationaux ont cela de propre... qu'on n'en peut » faire la convocation que par son ordre. » *Ibid.*, p. 78.

(2) C'est aussi une des *maximes* de l'Eglise anglicane. « Generalia concilia sine jussu et voluntate principum congregari non » possunt.» *Art. XXI de auctorit. concil. general. Concil. Magnæ Britanniæ et Hibern.* vol. IV, p. 447. *Lond.*, 1737.

(3) Pourquoi *depuis trois cents ans?* Ou elles obligent toujours,

» usage les a approuvées (1). » Ainsi c'est *notre usage* qui donne ou qui ôte l'autorité aux constitutions des papes ; nous n'obéissons qu'à nous-mêmes : il n'y a point pour nous de premier pasteur ; et quand Jésus-Christ a dit à Pierre, *Pasce oves meas*, il a excepté l'Église gallicane !

Mais au moins reconnoîtra-t-on à l'Église entière assemblée en concile le pouvoir qu'on refuse au pape ? y aura-t-il une autorité à qui l'Église gallicane doive obéissance ? Écoutez la réponse :

« Comme l'Église est reçue dans l'État, elle est
» censée avoir consenti à ce qu'aucun nouveau décret
» positif, comme les décrets sur la discipline, ou tous
» autres qui ne sont pas nécessaires à la conservation
» du dépôt de la foi, n'ait force de loi qu'autant qu'il
» est sanctionné par l'autorité civile, quand bien
» même *ce décret auroit été rendu par un concile gé-*
» *néral* (2). »

« Tous les nouveaux décrets sur la discipline, tou-
» tes les règles nouvelles pour la réforme des abus,
» ou pour confirmer les anciens canons, doivent être
» publiés par les déclarations impériales ou royales ;
» et il faut en France que tous les conciles, soit pro-
» vinciaux, soit nationaux, *ou généraux*, soient con-
» firmés par le monarque en tout ce qui regarde la

----

ou elles n'ont obligé jamais. L'autorité propre et divine des pontifes romains a-t-elle changé *depuis trois cents ans ?*

(1) *Précis*, etc., p. 60.

(2) *Ibid.*, p. 72. Les mots soulignés le sont par l'auteur lui-même.

» discipline (1)... Il est certain qu'en France le roi
» pouvoit, de l'avis de son conseil, rendre des édits
» pour ordonner que certains canons fussent obser-
» vés; qu'il pourroit y ajouter des clauses et des mo-
» difications nécessaires, pour en rendre l'exécution
» plus facile, *pour en expliquer le vrai sens,* ou pour
» les approprier au bien véritable de son empire (2). »

A quels excès pourtant on en peut venir, lorsqu'une
fois entré dans la voie de l'erreur on n'a plus aucune règle! Rien n'étonne, rien n'arrête : ce que
Jésus-Christ lui-même a donné à son vicaire, on le
lui ravit; ce qu'on ravit au pontife, on le donne au
prince : c'est lui qui désormais abolit ou remet en
vigueur les canons, c'est lui qui les *modifie,* qui *en
fixe le vrai sens,* c'est lui qui est le chef de l'Église (3)!

----

(1) *Précis*, etc., p. 66.

(2) *Ibid.*, p. 67 et 68.

(3) En vertu du premier article, son pouvoir s'étend jusque sur
les choses de foi; puisque aucune bulle, même dogmatique, ne peut
être publiée sans qu'auparavant elle ait été examinée et vérifiée par
l'autorité civile. Ce n'est pas, disent les gallicans, la doctrine que
l'on soumet à cet examen; il a seulement pour but de s'assurer que
la bulle ne renferme rien de contraire aux droits du prince et aux
lois de l'État. Mais l'État et le prince n'en sont pas moins les maîtres d'empêcher, sous ce prétexte, la publication d'un décret de
foi. Et si le prince s'arrogeoit comme un de ses droits la suprématie ecclésiastique, si les lois de l'État étoient schismatiques, comme
en Angleterre sous Henri VIII, toute bulle dogmatique, tout acte
émané du pouvoir pontifical seroit contraire aux lois de l'État et
aux droits du prince, tels qu'il les conçoit. Donc ou le *Placet*, inconnu d'ailleurs de toute l'antiquité, est une véritable usurpation
de la puissance spirituelle, ou la puissance spirituelle peut être
légitimement soumise, même en ce qui touche la foi, à la puissance
civile.   (i)

15.

Et cette Église qui a précédé, qui a formé tous les
États chrétiens, *est censée avoir consenti*, pour être
reçue dans l'État, à soumettre entièrement sa discipline à l'autorité de l'État, à élever les princes temporels au-dessus de ses pontifes et de ses conciles, à
renoncer à son indépendance, à abdiquer sa puissance divine, à détruire ce que Dieu même a établi!
Est-il assez clair maintenant que, lorsqu'on déclaroit
le concile supérieur au pape, c'étoit pour se mettre
soi-même au-dessus du concile, pour asservir aux rois
de la terre l'épouse du Roi des cieux?

En veut-on une autre preuve trop frappante et
trop mémorable; voici comme s'exprimoit, dans un
discours prononcé devant les députés de la France,
le 10 mai 1824, M. l'évêque d'Hermopolis :

« Il y aura des abus tant qu'il y aura des hommes;
» tel est l'apanage de notre foible nature. Nos annales
» nous rappellent sans cesse les querelles soit des
» pouvoirs civils entre eux, soit des pouvoirs ecclé-
» siastiques entre eux, soit des premiers avec les
» seconds : tous ces divers pouvoirs sont si rappro-
» chés, si mêlés ensemble; ils sont quelquefois si sus-
» ceptibles, si inquiets, si rivaux, que pour eux la
» paix perpétuelle est impossible. Le législateur doit
» planer sur tous ces démêlés, les considérer avec
» calme, dissimuler, reprendre, corriger, réprimer,
» suivant les temps et les circonstances (1). »

Que les *pouvoirs ecclésiastiques* soient *si suscepti-*

______

(1) *Moniteur* du 12 mai 1825.

bles, si inquiets, il étoit réservé à un évêque de nous l'apprendre ; et dans quel moment ! on le sait. Enfin des *querelles* s'élèvent entre ces pouvoirs et les *pouvoirs civils*, entre l'Église et l'État, attendu que *pour eux la paix perpétuelle est impossible.* Cependant, qui terminera ces démêlés ? Le *législateur*, c'est-à-dire l'Etat. Il est la dernière autorité à qui tout doit se soumettre. Ainsi, par exemple, lorsqu'en France le roi et les Chambres auront *plané et considéré avec calme*, l'Église n'aura plus qu'à se laisser *reprendre, corriger* et *réprimer.* Telles sont les maximes gallicanes, telles *sont la sagesse et la mesure que commande l'amour du bien à tout homme public* (1).

M. l'évêque d'Hermopolis établit dans le même discours, comme il l'avoit déjà fait ailleurs (2), une très fausse doctrine, lorsqu'il dit : « Veut-on savoir » avec précision *jusqu'où s'étend la puissance ecclésia-* » *stique,* on n'a qu'à se transporter à ces premiers » âges, où, abandonnée à elle-même, persécutée, » loin d'être protégée par les empereurs romains, » l'Église n'existoit que par ses propres forces, et ne » déployoit que les seuls pouvoirs qu'elle avoit reçus » de Jésus-Christ. » Que l'Église, société divine, ait reçu de Jésus-Christ, au moment où il la fonda, tous les pouvoirs qui lui sont essentiels, rien au monde de plus vrai ; mais qu'elle ait, dès son origine et pendant les persécutions des empereurs, exercé ces pou-

_____

(1) *Moniteur* du 12 mai 1825.

(2) Le passage du discours n'est, mot pour mot, qu'une citation des *Vrais principes de l'Église gallicane*, p. 5.

voirs *dans toute leur étendue,* rien au monde de plus faux, et rien même de plus impossible , puisqu'il est évident que, la société publique n'étant pas encore chrétienne, l'Eglise ne pouvoit, en aucune façon, exercer le pouvoir qui lui est propre , dans ses rapports avec la société publique : et il est étrange qu'au dix-neuvième siècle un évêque aille chercher les monumens de la puissance législative de l'Église dans les catacombes.

Nul pouvoir *ne se déploie* d'abord dans toute son étendue, et même *nul pouvoir n'est jamais déployé de fait dans toute son étendue,* parce qu'en demeurant toujours le même il se déploie selon les besoins perpétuellement variables de la société , selon les temps et les conjonctures; et ainsi il est absurde de prétendre en fixer *avec précision* les bornes, d'après, je ne dis pas un certain nombre d'actes particuliers, mais d'après tous les actes particuliers : car ce qu'il n'avoit pas fait encore, il peut le faire plus tard très légitimement; et le concordat de 1801 en offre, pour ce qui tient au pouvoir pontifical, un remarquable exemple.

Et maintenant , pour résumer ce qu'on a prouvé dans ce chapitre, il est manifeste que quiconque adhère à la déclaration de 1682 adhère aux propositions suivantes :

1. Le concile est supérieur au pape : donc

2. La puissance suprême ou la souveraineté réside dans le concile, et non pas dans le pape : donc

3. L'Église n'est pas une monarchie, mais une république aristocratique : donc

4. Quand les conciles œcuméniques ont dit que la *plénitude de la puissance,* la *souveraineté pleine et suprême* appartient au pape, en vertu de l'institution même de Jésus-Christ, les conciles œcuméniques ont erré : donc

5. Il n'existe point dans l'Église, par l'institution divine, de puissance suprême ou de souveraineté permanente et perpétuelle : donc

6. Ou il n'existe point dans l'Église d'unité permanente et perpétuelle, ou la puissance suprême n'est pas le centre d'unité : donc

7. L'Église elle-même n'est pas, par l'institution divine, permanente et perpétuelle ; ou elle peut exister comme Église, quoique dépourvue *habituellement* de la souveraineté ou de la puissance suprême qui seule la constitue Église ou société. Et puisque l'infaillibilité n'appartient qu'à la puissance suprême : donc

8. Le pontife romain n'est point infaillible ou *il peut définir comme de foi des hérésies, et ordonner à toute l'Église de les croire* : donc

9. Il n'est pas vrai que, pour être dans l'Église, il faille nécessairement être en *communion de foi* avec le pontife romain ; et les conciles œcuméniques qui ont défini le contraire , ont erré : à moins qu'on ne préfère dire que

10. Il y a des cas où Dieu lui-même ordonne

d'adhérer à l'hérésie, sous peine d'être séparé de l'Église.

11. Il n'y a dans l'Église de puissance suprême ou d'autorité infaillible que celle du concile, et les princes ont le droit d'empêcher que le concile s'assemble.

12. Le pouvoir de l'Église sur sa discipline ou sa puissance de législation et de gouvernement est soumise aux princes de telle sorte, qu'aucun décret des conciles œcuméniques sur la discipline n'a de force qu'autant qu'il est *confirmé* par le prince.

En voyant tout ce que renferment de principes hérétiques et schismatiques les quatre articles de 1682, qui s'étonnera que Bossuet lui-même les appelât des *propositions odieuses* (1)? Elles doivent l'être bien plus encore à tous les catholiques, aujourd'hui qu'on en voit clairement les funestes conséquences; et Bossuet lui-même n'a pu essayer de les défendre, sans attaquer, suivant l'expression de deux grands pontifes, la *doctrine professée sur l'autorité du Saint-Siége par toute l'Église catholique, la France seule exceptée* (2).

____

(1) Il disoit à l'archevêque de Reims, fils de Letellier : « Vous » aurez la gloire d'avoir terminé l'affaire de la régale ; mais cette » gloire sera obscurcie par ces *propositions odieuses*. » Nouv. opusc. de l'abbé Fleury.

(2) Benoît XIV, dans une bulle adressée, le 2 juillet 1748, à l'archevêque de Compostelle, nous apprend, au sujet de la *Défense*, qu'elle fût sur le point d'être condamnée par Clément XII. « Il est » difficile, dit ce grand pape, de trouver un autre ouvrage *aussi* » *contraire à la doctrine professée sur l'autorité du Saint-Siége* » *par toute l'Église catholique, la France seule exceptée*; et notre prédécesseur immédiat, Clément XII, ne s'abstint de la con-

Il faut donc opter nécessairement entre la *doctrine de toute l'Église catholique*, et la doctrine de la Déclaration.

Rejetée, dès qu'elle parut, de toutes les Églises unies au pape, flétrie en Espagne par des censures expresses (1), flétrie également en Hongrie, *comme absurde et détestable*, par un concile national, qui en défendit la lecture *jusqu'à ce que le Siége apostolique*, *à qui seul appartient le privilége immuable et divin de terminer les controverses de la foi*, *eût prononcé son jugement infaillible* (2), elle fut *condamnée*, *cassée et déclarée nulle* par Innocent XI (3), Innocent XII et Alexandre VIII (4), dont Pie VI rappelle les décrets dans la bulle *Auctorem fidei*. En France même, la Sorbonne refusa de l'enregistrer; et ce fut le parlement qui, s'étant fait apporter les registres de cette compagnie, y fit transcrire les quatre articles. Loin d'obtenir jamais un assentiment général, la force et la violence étoient presque leur seul appui. « Il ne faut » pas se dissimuler, dit un de nos plus habiles théolo- » giens, que dans cette masse imposante de témoi- » damner formellement que par la double considération et des » égards dus à l'auteur qui avoit si bien mérité de la religion, et de » la crainte trop fondée d'exciter de nouveaux troubles. » *Voyez* cette *bulle* dans les *OEuvres de Bossuet*, tom. XIX; *préface*, p. 29, *édit. in-4°.*

(1) Le 10 juillet 1683.

(2) Donec super eis prodierit infallibile apostolicæ Sedis oraculum, ad quam solùm divino immutabili privilegio spectat de controversiis fidei judicare. *Décret du 24 octobre 1682.*

(3) Dans ses lettres en forme de bref du 11 avril 1682.

(4) Dans sa bulle du 4 août 1690.

» gnages qu'ont rassemblés Bellarmin et autres, il ne
» soit difficile de ne pas reconnoître l'autorité cer-
» taine et infaillible du Siége apostolique ou de l'Église
» romaine ; mais il est encore beaucoup plus difficile
» de les concilier avec la déclaration du clergé de
» France, de laquelle on ne nous permet pas de nous
» écarter (1). »

Les hérétiques se réjouirent de voir l'Église gallicane, *placée entre les ultramontains et les protestans,
recevoir les coups des deux partis* (**2**). On rougit pour
les auteurs de la Déclaration, en lisant les observations
que leur adressèrent à ce sujet les calvinistes de
France. « On voit en premier lieu, disoient-ils aux
» prélats, que les différends de religion n'ont eu au-
» cune part au dessein de votre assemblée. Vous
» vous êtes assemblés extraordinairement pour vous
» opposer à ce que vous appelez les *entreprises de la
» cour de Rome*, et particulièrement pour vous plain-
» dre de plusieurs décrets du pape. Nous avons votre
» déclaration expresse que le pape n'a aucun pouvoir
» sur le temporel des princes, et ne peut délier les
» sujets du serment de fidélité ; que le concile est au-
» dessus du pape ; que le pape peut se tromper, ou
» que son jugement peut être réformé, même dans les
» choses de foi (3). »

---

(1) *Tournely ; De Ecclesiâ*, tom. II , pag. 134 : *édit. de Paris*,
1739.

(2) *Gibbon ; Hist. de la Décad.*, etc., tom. IX , pag. 310,
note 2.

(3) *Réponse apologétique à messieurs du clergé de France sur les*

Parlant ensuite des motifs de leur séparation de l'Église romaine, ils ajoutent : « La cinquième rai-
» son, et l'une des plus remarquables, est l'*autorité du pape*, qui prétend être infaïllible et au-dessus des
» conciles, des princes, des rois, de sorte qu'il peut
» délier les sujets du serment de fidélité ; les exemples
» en sont fréquens dans les différens siècles.

» Quand nous nous plaignons sur ce point, vous
» répondez que ce sont des choses que les ministres
» allèguent pour rendre odieuse la puissance du pape ;
» qu'il est inutile d'en parler. Avec tout cela on voit
» maintenant, Messeigneurs, que c'est vous-mêmes
» qui les alléguez, sans aucune crainte de rendre les
» papes odieux. Vous avez cru nécessaire non seu-
» lement d'en parler, mais de vous déclarer formel-
» lement contre tout cela. Vous direz peut-être que
» c'est en partie pour nous édifier : et il est vrai que
» c'est une espèce d'édification pour nous, de voir
» qu'au moins en cela vous justifiez nos plaintes et
» notre réforme. Mais ce qui rend notre édification
» imparfaite, c'est que ni tous vos peuples de deçà
» et d'au-delà des monts, ni les communautés reli-
» gieuses, ni tous vos docteurs, ni peut-être tous
» ceux de votre corps, ne souscrivent unanimement
» à toutes vos décisions.

---

actes de leur assemblée de 1682, *touchant la religion*, p. 4, 5. — Nous avertissons que n'ayant pas cette *Réponse apologétique* sous les yeux, mais seulement |une traduction que nous sommes obligé de remettre en français, nos citations, fidèles pour le sens, peuvent n'être pas exactes pour les mots.

» Il est constant aussi, et vos propres expressions
» le laissent entrevoir, qu'en déclarant que le pape
» peut se tromper, ou que son jugement peut être
» réformé, *si le consentement de l'Église n'intervient,*
» votre sentiment est que cependant le pape a tou-
» jours ce qu'on appelle le *provisoire,* qu'il peut tou-
» jours ordonner ce qui regarde la foi, et que son
» jugement doit être suivi et observé jusqu'à ce que
» le concile ou l'Église juge à propos de le con-
» firmer ou de le réformer. Ainsi, d'une part, vous
» laissez encore au pape ce que vous paroissez lui
» ôter, et, de l'autre, vous convenez non seulement
» que le pape peut errer dans les choses de foi, mais
» que l'Église entière peut errer avec lui sur les
» mêmes choses, au moins *provisoirement,* pendant
» quelques siècles, et que non seulement elle peut
» être dans l'erreur, mais qu'elle est obligée d'y
» rester par devoir et par soumission. C'est d'après
» ces principes qu'Alexandre VII ayant jugé que
» les cinq propositions qui ont fait tant de bruit
» parmi vous étoient dans Jansénius, et les ayant
» condamnées comme hérétiques, beaucoup de per-
» sonnes doctes de votre communion et même de
» votre ordre ont eu beau soutenir ce que vous dé-
» clarez maintenant, que le pape pouvoit se tromper,
» au moins sur le fait, vous avez voulu et vous voulez
» encore que tous fassent profession de croire les
» mêmes choses tant sur le fait que sur le droit,
» comme si le pape eût été infaillible sur l'un et sur
» l'autre.

» Donc la foi, la conscience et le salut des fidèles
» dépendent d'un jugement sujet à l'erreur, jusqu'à ce
» que ce jugement soit réformé. Donc, si les papes
» eussent été ariens ou monothélites, non seulement
» l'Église pouvoit, mais devoit être hérétique avec
» eux. Donc, Messeigneurs, le pape n'a qu'à con-
» tinuer d'être, comme il est public qu'il l'est, d'un
» sentiment contraire au vôtre, pour que toutes vos
» déclarations soient inutiles. Elles ne feront qu'é-
» veiller de nouveaux scrupules dans les consciences.
» Finalement, quoi qu'il ordonne aux peuples, vous
» serez, Messeigneurs, tenus d'obéir et de vous sou-
» mettre, au moins *provisoirement,* en attendant qu'il
» lui plaise de rassembler l'Église en plein concile, et
» qu'il plaise au concile de le réformer. Si ce n'est
» pas là votre pensée, Messeigneurs, comme il semble
» que ce ne devroit pas l'être, parceque les consé-
» quences en sont terribles; permettez-moi de vous
» le dire, vous n'êtes pas d'accord avec vous-mêmes;
» et vous voilà pareillement, sous ce rapport, dans
» une espèce de schisme ou de séparation entre vous
» et votre propre chef (1). »

Il dut être pénible pour les prélats de 1682 d'a-
voir donné à l'hérésie de semblables avantages. Au
reste l'inconséquence que leur reprochoient les calvinistes est l'unique cause qui ait empêché la consommation du schisme en France. On soutenoit en
théorie une doctrine de révolte, et dans la pratique

----

(1) *Réponse apologétique*, etc., p. 34 et suivantes.

on obéissoit. Le fond des cœurs étoit catholique. Ni le roi, ni les corps de l'État ne désiroient une rupture complète avec Rome : elle auroit trouvé d'ailleurs trop d'obstacles dans la nation. On alloit en avant sans se demander où l'on arriveroit. Le clergé posoit des principes dont il repoussoit les conséquences, et les parlemens eux-mêmes ne vouloient que les conséquences dont ils avoient besoin dans les cas particuliers qui se présentoient successivement.

Il n'en est plus ainsi maintenant. Fort peu importe la Déclaration à ceux qui en font tant de bruit : ce sont ses conséquences seules, ses conséquences tout entières qu'ils veulent. Ils aspirent au schisme; dans leurs vœux insensés et criminels ils rêvent une Église nationale, avec laquelle ils en auroient bientôt fini du christianisme. Qu'on ne s'y trompe pas, voilà leur but; et le moyen qu'ils ont choisi pour y parvenir seroit infaillible, si le clergé, fidèle à sa foi, *à la foi catholique, apostolique, romaine,* ne leur opposoit une barrière insurmontable. Oui, certes, le sacerdoce a aujourd'hui de grands devoirs, et plus que jamais il doit se presser autour de celui de qui seul il emprunte sa force. Qu'il tourne les yeux vers son chef : c'est là qu'est l'espérance. Gardien de la religion qui ne périra point, la Providence le charge encore, en ces jours de destruction, de veiller sur les débris de la société humaine. Elle lui en confie le soin, jusqu'au moment où il lui plaira de féconder de nouveau ces ruines. L'avenir du monde est dans ses mains : les ennemis de Dieu le sentent; pour lui, qu'il le sache, et qu'il remplisse avec confiance ses hautes destinées.

Mais puisque les projets de l'impiété sont connus, puisqu'elle travaille ouvertement à précipiter la France dans le schisme, sous le prétexte de défendre les *libertés gallicanes*, il convient de montrer ce que c'est qu'une Église nationale, et quelles conséquences auroit pour nous une pareille révolution, s'il étoit possible qu'on réussît à l'accomplir jamais.

CHAPITRE VIII.

Des églises nationales.

Les maximes gallicanes, proclamées précipitamment par des prélats de cour, qui, dans l'aveuglement de la passion, n'y virent qu'une insulte au pontife romain et une flatterie pour le monarque, tendoient, comme on l'a prouvé, à séparer totalement l'ordre politique de l'ordre religieux, et même à détruire l'ordre religieux en le soumettant, contre sa nature, à l'ordre politique. Elles ne sont, sous ce rapport, que l'expression théologique des doctrines du siècle, des doctrines athées, dont la philosophie, née du protestantisme, s'efforce de faire l'application rigoureuse à la société ; et sous le même rapport, il est impossible de concevoir rien de plus opposé à la croyance unanime des peuples et aux idées que les anciens se formoient de la constitution de la cité, qui reposoit à leurs yeux sur la loi divine, source primitive et base nécessaire de toutes les lois humaines (1).

Le christianisme, en perfectionnant l'institution religieuse, et par conséquent aussi l'institution sociale,

---

(1) *Plat. de Legib.*, lib. X et alib. — *Xenoph. Memorab. Socrat.*, lib. I. — *Plutarch. contra Colot.*, Oper. p. 1125. — *Cicer. de Legib.* passim.

n'en déplaça pas les fondemens ; au contraire il les affermit, et ce fut encore autour de l'autel que les hommes se rassemblèrent et s'unirent. Une nouvelle civilisation sortit du sanctuaire où s'étoit noué le lien politique, civilisation proportionnée dans son développement à celui des dogmes et des préceptes ; car tout le droit public des peuples est dans les préceptes de leur religion, et toute leur raison dans ses dogmes. Quoi qu'en puissent penser ceux dont la science n'a su jusqu'à présent que détruire, la vie de la société n'est pas de l'ordre matériel. Jamais État ne fut fondé pour satisfaire aux besoins physiques. L'accroissement des richesses, le progrès des jouissances ne créent entre les hommes aucuns liens réels, et un bazar n'est point une cité. Essayer de réduire à des relations de ce genre les rapports constitutifs d'une nation, c'est chercher les lois de la nature humaine et de la nature sociale dans ce que l'homme a de commun avec les animaux ; c'est travailler dès-lors à le rabaisser au niveau de la brute, condition indispensable pour le succès d'un pareil dessein : car tant que l'homme demeurera un être moral et intelligent, les lois de l'intelligence et de l'ordre moral se manifesteront invinciblement et domineront toutes les autres lois ; elles seront seules la société.

Et quel est en effet le pays, l'époque, où la société n'ait eu pour base des croyances communes avec les devoirs qui en résultent ? Et quand les croyances périssent, n'est-ce pas encore par les opinions qu'on se divise ou qu'on se rapproche ? N'est-ce pas toujours dans l'ordre spirituel, et là uniquement, que se trouve le principe d'union ? Mais aussi nulle cause plus puissante de séparation que la diversité des croyances, rien qui rende l'homme plus étranger à l'homme, qui crée des défiances plus profondes, des inimitiés plus implacables. Cela est vrai, surtout pour les peuples : quand la religion ne les unit pas, elle creuse entre eux un abîme.

L'histoire du monde païen en offre un exemple perpétuel. Ces haines si animées, si persévérantes, ce patriotisme étroit et barbare, quel en étoit le premier principe, si ce n'est l'opposition des cultes idolâtriques ? « Chaque État, dit Rousseau, ayant son culte » propre, aussi bien que son gouvernement, ne dis-» tinguoit point ses dieux de ses lois.... La religion, » inscrite dans un seul pays, lui donne ses dieux, ses » patrons propres et tutélaires ; elle ses dogmes, ses » rites, son culte extérieur prescrit par des lois : hors » la seule nation qui la suit, tout est pour elle infi-» dèle, étranger, barbare ; elle n'étend les devoirs et » les droits de l'homme qu'aussi loin que ses autels. » Telles furent toutes les religions des premiers peu-» ples (1). » Les croyances vraies et communes à toutes les nations conservoient seules entre elles quelques relations d'humanité : mais ces croyances, plutôt domestiques que publiques, agirent sur les mœurs plus que sur les lois, et n'exercèrent que peu d'influence dans le gouvernement chez les anciens ; et c'est pourquoi ils n'eurent jamais de véritable droit des gens.

____

(1) *Contrat social*; liv. IV, chap. VIII.

Malgré leur civilisation moins imparfaite à quelques égards, les Orientaux furent toujours séparés du reste du monde, et les uns des autres, par l'insurmontable barrière des croyances ; et l'on ne sait que trop de quelles effroyables tragédies l'Inde a été le théâtre, toutes les fois que deux religions diverses s'y sont trouvées en présence. Essayez d'établir un lien social entre les bouddistes et les disciples de Brahma, entre les parsis et les musulmans, entre les Juifs et un autre peuple quel qu'il soit : habitans du même sol, ils formeront constamment deux peuples séparés ; désunis de foi, d'espérance et de prière, jamais le mariage ne les rapprochera : ils n'auront rien de commun, pas même le tombeau.

Qu'on donne tant qu'on voudra le nom de préjugé à ce sentiment universel, qu'on le déclare opposé à la raison : quelque chose de plus fort que cette raison philosophique l'emportera toujours sur ses vaines spéculations ; et peut-être, au lieu de combattre cet invincible sentiment, vaudroit-il mieux y reconnoître une loi de la nature morale, pour en tirer, comme des autres lois, des conséquences utiles à l'humanité. Il ne faut pas commencer par nier l'homme, si l'on veut le servir. Mais le caractère des esprits de ce temps est de s'élever au-dessus de l'expérience, de rêver des êtres abstraits et des lois abstraites, auxquelles on s'efforce ensuite de plier le monde réel. Des gens ont imaginé de démolir la maison de leur père pour la rebâtir dans les nues, et ils s'étonnent d'être entourés de ruines.

16.

Chez les peuples modernes spiritualisés par le christianisme, nourris de dogmes plus développés, de vérités plus fécondes, les croyances ont été aussi plus que jamais le fonds de la vie humaine et de la vie sociale, le lien des hommes et le lien des nations. Partout où s'est étendue son influence, il a renouvelé la société et déposé dans son sein le germe d'une civilisation inconnue jusqu'alors. Si l'on excepte la nation juive, la révélation primitive et le culte divin ne s'étoient nulle part conservés purs de tout mélange d'erreur et de superstition. Jésus-Christ sépara de la doctrine primordiale les erreurs qui l'altéroient, et manifesta les dogmes enveloppés dans la foi des âges précédens. Tout ce qu'il y a de bon, de vrai, de nécessaire et d'utile au genre humain, le christianisme le renferme, ou comme principe, ou comme conséquence. Un, dès-lors, et universel, puisque la vérité ne varie pas, qu'elle est de tous les temps et de tous les lieux, il tend par sa nature à se dilater, à s'étendre, à rassembler tous les peuples dans son unité. C'est là son caractère distinctif, et pour ainsi dire incommunicable, et c'est le caractère de tout ce qui est divin. Aucune loi plus générale que cette loi sublime des intelligences, à qui nulle raison, nulle volonté ne peut échapper entièrement, et qui conserve ceux mêmes qui la violent, parce que la violation absolue de la loi de vérité et de la loi d'ordre seroit la destruction absolue de l'être intelligent, et qu'il n'est pas en son pouvoir de se détruire. Ce qui désunit c'est ce que chacun, selon ses erreurs ou ses passions, retranche de cette parfaite loi ; mais elle n'en demeure pas moins toujours la même, toujours une et universelle : car l'homme qui est libre de se voiler les yeux, ne l'est pas de voiler le soleil ; l'homme qui est libre de choisir entre le vrai et le faux, entre le bien et le mal, ne l'est pas d'altérer la nature immuable du bien et du vrai, ni de se créer un autre principe de vie.

Quoiqu'il rejetât la révélation, Rousseau ne laissoit pas de sentir ce grand caractère de divinité dont le christianisme est empreint. « Le christianisme, dit-» il, est, dans son principe, une religion universelle, » qui n'a rien d'exclusif, rien de local, rien de propre » à tel pays plutôt qu'à tel autre... Le parfait christia-» nisme est l'institution sociale universelle (1). »

Mais comment forme-t-il une *institution sociale?* Avant Jésus-Christ, la vraie religion, confiée à la famille qui en conservoit le dépôt par une tradition domestique, n'étoit point constituée publiquement. Jésus-Christ en *instituant* un ministère public, une hiérarchie de pouvoirs gradués jusqu'au pouvoir suprême un et universel comme la religion qu'il devoit perpétuer, unit tous ses disciples dans une *société* non seulement spirituelle, mais aussi extérieure et visible, et dont la notion même exclut l'idée de limites. C'est ainsi que le christianisme, universel par ses dogmes, par son culte, par ses préceptes, c'est-à-dire comme loi d'ordre et de vérité, est encore, par la constitution divine de l'Église, l'*institution sociale universelle.*

---

(1) *Lettres écrites de la Montagne,* p. 40 et 41. *Paris,* 1793.

Et de là sa force prodigieuse : s'il agit sur tout l'homme et sur tous les hommes par la puissance de sa doctrine, il agit sur la société par le sacerdoce ; et ramenant tout à l'unité, qui est son essence, il travaille perpétuellement à établir entre les membres de la famille humaine l'union la plus parfaite qu'il nous soit donné de concevoir. *Qu'ils soient un comme nous sommes un* (1). Cette prière que Jésus-Christ adressoit à son Père, et qu'il ne lui adressa pas en vain, montroit le but du christianisme et en annonçoit les effets. « Par cette religion sainte, sublime, véritable, » les hommes, enfans du même Dieu, se reconnois- » sent tous pour frères, et la société qui les unit ne » se dissout pas même à la mort (2). » La même foi, les mêmes espérances, le même amour les unit intérieurement ; et marqués à leur naissance du même sceau divin, ils sont encore unis au dehors par les mêmes devoirs, les mêmes prières, le même sacrifice, la participation à la même victime *immolée dès l'origine du monde* (3), et par l'obéissance au même pouvoir.

---

(1) Pater sancte, serva eos in nomine tuo, quos dedisti mihi, ut sint unum, sicut et nos. *Joan.*, XVII, 11.

(2) *Rousseau; Contrat social*, livre IV, chapitre VIII. — Dès le quatrième siècle, Eusèbe faisoit remarquer ce caractère du christianisme : « Ut quemlibet hominem communis humanitatis nomine » complectatur, quemque vulgò tanquam peregrinum habent, eum » quasi naturæ lege conjunctissimum ac veluti fratrem agnoscat. » *Præpar. evangel.*, lib. I, IV, pag. 13. *Paris*, 1628.

(3) ... Agni qui occisus est ab origine mundi. *Joan. Apocal.*, XIII, 8.

Tel est le véritable christianisme, si stupidement méconnu et calomnié. Il n'opère pas sans doute des choses contradictoires, il ne fait pas qu'il y ait union là où les doctrines sont opposées et les cultes divers; qu'on soit à la fois et qu'on ne soit pas de la même société : mais, armé de bienfaits et d'une douce persuasion, il tend constamment à propager l'unité religieuse et sociale; il prolonge ses rayons à travers les nuages de l'erreur : et en même temps le caractère d'universalité propre à ses croyances, que nul homme ne peut regarder comme particulièrement à lui, parcequ'il les reçoit et ne les crée pas, il s'y soumet et ne les choisit pas, ôte ce que l'orgueil, la vanité, l'attachement toujours si vif à son sens personnel, donne aux opinions des sectaires de dur et de persécuteur. Le prosélytisme catholique cherche des frères pour partager avec eux l'héritage commun; le prosélytisme hérétique ou philosophique cherche des sujets, des raisons qui reconnoissent l'empire d'une autre raison. Née de la révolte et obligée d'en maintenir le principe, lors même qu'elle se fait un appui de l'intolérance politique, toute secte commence par l'usurpation et finit par l'anarchie.

Le grand schisme qui déchira la chrétienté au seizième siècle en offre la preuve dans toute son histoire; et quiconque suivra par la réflexion ses conséquences jusqu'au bout, n'hésitera point à le regarder comme le plus terrible fléau qui jamais ait pesé sur le genre humain. Son premier effet fut de détruire la société publique des chrétiens, ou l'Église, en niant le pouvoir qui la constitue, en substituant au ministère un et universel et à son enseignement un ministère local et un enseignement variable, en un mot en abolissant tous les liens extérieurs du christianisme. Mais par là même, qu'il nioit l'autorité divine de l'Église, il renversoit le principe de foi, et détruisoit la société purement spirituelle aussi bien que la société visible. Il rompit totalement l'unité de doctrine, de culte et de morale. L'Écriture à la main, chaque homme se fit ou put se faire, à l'aide du jugement privé, sa religion particulière : donc plus de religion commune et universelle, plus de lien entre les esprits, mais une séparation absolue, et l'hostile indépendance de l'état sauvage.

En brisant l'unité religieuse, le protestantisme brisa également l'unité politique; les peuples se classèrent d'après leurs croyances, tant il est vrai que ce sont elles qui rapprochent ou qui divisent : et il suffit de se rappeler le traité célèbre qu'avoit précédé une guerre de trente ans, pour savoir si elles étoient ennemies ces nations dont il fallut, pour assurer leur existence réciproque, balancer si exactement les forces. La France, les Pays-Bas, l'Écosse, l'Angleterre, la Suisse, sentirent aussi, et presque en même temps, que le lien social prend ses replis dans un ordre plus élevé que l'ordre politique; et qu'on peut habiter le même sol, parler la même langue, obéir aux mêmes lois civiles, et former néanmoins, au lieu d'un seul peuple, deux armées qui s'observent en attendant le combat. Les exécrables atrocités des guerres de religion, que prouvent-elles? que l'homme se sentoit blessé dans ce qu'il a de plus intime : elles prouvent qu'à l'instant où cesse l'union des âmes par les mêmes croyances, la défiance et la haine lui succèdent; le schisme pénètre jusqu'au fond des cœurs, et y rompt les derniers liens de l'humanité. Non, la société n'est pas ce qu'on pense ou plutôt ce qu'on voudroit penser. Voilà plus de vingt ans que la politique à *uni* l'Irlande à l'Angleterre : voyez ce qui se passe dans ces deux pays, et jugez de cette union. Des troupes angloises sont venues au secours de l'Espagne opprimée : l'Espagne a loué leur discipline, mais les deux peuples se sont-ils reconnus pour frères? Et vous-même qui souriez peut-être en lisant ceci, vous que ces préjugés ne sauroient atteindre, mettez la main sur la poitrine, et dites si vous donneriez votre fille à un juif ou à un musulman?

Partout où le souverain embrassa le protestantisme, il se produisit au dehors sous la forme d'Église nationale. La religion fut ce que le prince voulut; et dès-lors elle ne put s'étendre au-delà des frontières de l'État. Le calvinisme récemment modifié par le roi de Prusse n'est point le luthéranisme saxon. La Suède, la Hollande, la Suisse zwinglienne, ont chacune leur religion propre, bornée à leur territoire; et la religion anglicane ne sauroit non plus exister dans aucun lieu où ne s'étend pas le pouvoir du roi qui en est le chef. Il en est ainsi de la religion russe : entièrement soumise à l'empereur, elle suit les destins de son autorité, et s'arrête avec ses ukases.

Il suit de là d'abord qu'aucune de ces religions ne peut être le vrai christianisme, essentiellement un et universel; et Rousseau lui-même avoue que *l'Évangile n'établit point une religion nationale* (1). Donc établir une religion, une Église-nationale, c'est déclarer qu'on renonce à l'Évangile et au christianisme. Et, de fait, quel est le dogme, ou même le précepte de morale évangélique qui n'ait été nié par des protestans? Mais c'est surtout, comme nous l'avons fait voir (2), par son principe fondamental que le protestantisme renverse la religion chrétienne ; et puisque l'Europe lui doit son ancienne civilisation, l'on fait sagement de penser à en créer, et sans retard, une nouvelle, dans toutes les contrées assez heureuses pour posséder des religions et des Églises nationales.

Elles sont encore, sous un autre rapport, funestes à l'humanité. Toute religion particulière est nécessairement fausse; car la vérité est universelle. Mais indépendamment de cette considération, d'une haute importance cependant par les conséquences qui en résultent même dans l'ordre purement temporel, il est certain que de toutes les causes qui séparent et isolent les peuples, la diversité des religions est celle qui produit entre eux la division la plus complète et la plus insurmontable. A cet égard, les religions et les Églises nationales créées par le protestantisme hors de la re-

---

(1) *Contrat social*, liv. IV, chap. VIII.
(2) Chap. VI, § II.

ligion et de l'Église une et universelle, sont un retour à l'état païen. Elles ont dissous la chrétienté et rendu les nations européennes au moins étrangères les unes aux autres. Ces religions, *inscrites dans un seul pays,* sont ce que Rousseau appelle la *religion du citoyen.* « Elle a ses dogmes, ses rites, son culte extérieur » prescrit par des lois…. C'est une espèce de théo- » cratie, dans laquelle on ne doit point avoir d'autre » pontife que le prince, ni d'autres prêtres que les » magistrats… Elle est mauvaise en ce qu'étant fondée » sur l'erreur et sur le mensonge, elle trompe les » hommes, les rend crédules, superstitieux, et noie » le vrai culte de la Divinité dans un vain cérémonial. » Elle est mauvaise encore quand, devenant exclusive, » elle rend un peuple sanguinaire et intolérant… » Cela met un tel peuple dans un état naturel de » guerre avec tous les autres, très nuisible à sa propre » sûreté (1). »

Ce que Rousseau dit ici des peuples païens, s'est vu également, on ne le sait que trop, lorsque le protestantisme s'est établi, et partout où il s'est établi ; et ces tristes effets ont été plus marqués en proportion que la croyance aux doctrines nouvelles étoit plus vive. Mais à raison de la nature même de la religion que le protestantisme abandonnoit, et de sa nature propre, deux choses sont arrivées, qui toutes deux étoient inévitables.

Tout l'édifice du christianisme, ses dogmes, son

____

(1) *Contrat social,* liv. IV, chap. VIII.

culte, sa morale, reposoit depuis quinze siècles, et, dans les principes catholiques, doit reposer toujours, selon l'institution de Jésus-Christ, sur l'enseignement d'une autorité divinement infaillible. A cette autorité divine, le protestantisme substitua le jugement privé de chaque homme. C'étoit dès-lors une contradiction évidente, que de régler par des lois et par l'autorité du souverain la doctrine et le culte national. Aussi vit-on, dès le premier moment, une multitude d'Églises particulières pulluler au sein des Églises nationales ; et comme on s'étoit premièrement séparé des autres peuples, chaque peuple, divisé en lui-même, se rompit en autant de parties qu'il peut monter d'idées différentes dans des esprits sans règle et sans frein. Le fanatisme arma toutes ces Églises les unes contre les autres. Les lois se passionnèrent comme les sectes ; on mit la doctrine légale sous la protection du bourreau : mais ni le bourreau, ni les lois ne pouvoient arrêter l'action du principe qu'on avoit admis ; les dissidens opposèrent la violence à la force, et de sanglans symboles remplacèrent partout l'Évangile de paix.

Cette frénésie dura plus d'un siècle, après quoi le même principe qui l'avoit produite la modéra peu à peu en se développant dans ses dernières conséquences. Une sorte d'habitude de foi que les protestans avoient conservée en quittant l'Église catholique, se combinant avec l'orgueil et l'opiniâtreté propre aux sectaires, fit que chacun d'eux embrassa les opinions qu'il s'étoit faites, et les défendit avec une indomptable énergie.

Mais ces opinions variant sans cesse et se multipliant à l'infini, en vertu de la liberté absolue de jugement, elles finirent par inspirer successivement moins de confiance; le doute s'insinua dans les esprits, l'indifférence dans les cœurs; un christianisme vague, et sans application positive à la société ni à l'individu, devint l'unique religion du peuple. On lui apprit qu'être protestant, ce n'étoit pas croire tel ou tel dogme, professer telle ou telle foi, mais simplement n'être pas catholique (1); ce qui renferme l'entière négation de toute vérité religieuse : car quiconque en admet une seule est catholique en cela. Le déisme se propagea dans les classes élevées; quelques uns poussèrent jusqu'à l'athéisme : tous, livrés à leur propre sens pour seul guide et pour seule loi, purent penser tout ce qu'ils voulurent, et déterminer à leur gré leurs devoirs comme leurs croyances. Ainsi s'acheva la dissolution des liens religieux destinés à unir les hommes. Les Églises nationales ne furent plus que des institutions politiques dépourvues de toute influence morale sur la nation, et ne servant qu'à marquer, sous le rapport spirituel, sa séparation de toutes les autres. Mais quoique le fanatisme, qui suppose un principe de foi, fût à peu près éteint, la persécution lui a survécu, avec cette différence, qu'en général

____

(1) C'est un évêque anglican qui a défini ainsi sa religion dans un *catéchisme*. « *Demande.* Qu'est-que le protestantisme? *Réponse.* » L'abjuration du papisme, et l'exclusion des papistes de tout pou- » voir ecclésiastique et civil. » *The protestant's catechism, by the bishop of Saint-David*; p. 12.

elle n'a plus pesé que sur les catholiques (1), toujours redoutés des gouvernemens liés par les lois à une religion particulière, et dès-lors éternellement incompatible avec la religion universelle, et toujours odieux au protestantisme, beaucoup moins à cause de ce qu'ils croient, qu'à cause de l'obligation imposée, selon leur doctrine, à tous les hommes, de croire également. Que si l'on veut voir, du reste, à quel point cette espèce d'isolement politique et religieux peut, à certains égards, rétrécir la raison et abrutir l'intelligence humaine chez un peuple d'ailleurs éclairé, on n'a qu'à lire la discussion qui eut lieu l'an dernier en Angleterre, dans la chambre des lords, à l'occasion du bill présenté pour l'émancipation des catholiques. Je ne sache rien de plus humiliant pour une nation, que quelques uns des discours prononcés en cette circonstance, où le premier interprète des lois, le lord-chancelier, justement honoré comme magistrat, et l'évêque de Chester, dont on loue les connoissances littéraires, semblèrent avoir pris à tâche, ainsi que lord Colchester, de dépasser, sur les questions traitées alors dans le parlement, toutes les bornes connues de l'ignorance et de l'extravagance.

Pour apprécier exactement le protestantisme et ses effets, on doit donc aujourd'hui le considérer sous

---

(1) Nous disons *en général*, car le déisme génevois s'est montré naguère bien peu tolérant pour le calvinisme primitif; et les prisons du canton de Berne étoient remplies, à la même époque, de protestans punis par des protestans pour cause de religion. Il est vrai que, dans le nombre, il y avoit des fanatiques dangereux.

deux aspects divers. Par l'établissement d'Églises nationales, devenues de pures institutions politiques, il a brisé l'unité européenne, isolé complètement les peuples des peuples, et renversé les bases du droit public, universel et inaltérable, à qui le monde chrétien devoit sa civilisation.

La souveraineté affranchie du pouvoir spirituel défenseur suprême de la justice et des droits de l'humanité, affranchie même de toute doctrine et de tout devoir, puisqu'elle seule créoit les devoirs et déterminoit les doctrines, n'a eu désormais et n'a pu avoir, au dedans comme au dehors, d'autre règle de conduite, d'autre principe de gouvernement, que l'intérêt : c'est-à-dire que chaque peuple s'est trouvé, suivant l'expression de Rousseau, *dans un état naturel de guerre avec tous les autres ;* et le souverain, par la même raison, *dans un état naturel de guerre avec les sujets :* de sorte que *naturellement* il ne sauroit exister que de courtes trèves entre les peuples, et des trèves non moins courtes entre les sujets et le souverain. La fatigue, le besoin de repos pour ranimer leurs forces et panser leurs blessures, sépare un moment les combattans, et bientôt après recommence la lutte interminable entre le despotisme et l'anarchie.

D'une autre part le protestantisme, ne pouvant prescrire la croyance d'aucun dogme positif, pas même la croyance que l'Écriture est la parole de Dieu , et obligeant les hommes de former leur foi d'après leurs propres lumières, détruit radicalement la société religieuse aussi bien que la société politique ; car on n'établit pas plus une société religieuse en disant : *Convenons de croire chacun tout ce qui nous paroîtra vrai*, qu'on n'établit une société politique en disant : *Convenons de faire chacun tout ce qui nous paroîtra bon;* et l'un est la suite nécessaire de l'autre. Quiconque est libre de croire ce qu'il veut, est libre d'agir comme il veut; et le jugement qui règle la foi règle encore les actions. Ainsi plus de devoirs universels, ou, en d'autres termes, plus de société, que celle dont les lois, écrites dans le code civil et le code criminel, ont la force pour garantie et le glaive pour sanction.

Or qu'on jette un coup d'œil sur l'Europe, et qu'on dise s'il existe maintenant, hors de l'Église catholique, une doctrine religieuse, une doctrine morale, une doctrine politique arrêtée? Quelle autre foi a remplacé dans les esprits la foi chrétienne? quel autre lien unit les protestans, que la haine de la religion qu'ils ont quittée? qu'ont-ils de commun excepté cette haine? Et ceux qui, plus avancés dans la même voie, rejettent l'Ecriture, la révélation, Dieu même, quel est encore le lien qui les unit, sinon la haine de toutes les croyances auxquelles ils ont renoncé? Sur quel autre point s'accordent-ils? Y a-t-il un seul principe, une seule idée dont ils conviennent, pour essayer de bâtir sur ce fondement? A quoi tendent tous leurs efforts, si ce n'est à détruire? et que peut-il résulter d'une destruction universelle? Leurs œuvres mêmes leur déplaisent; ils ne les épargnent pas plus que le reste. La société, disent-ils,

est dans un état de passage; rien de ce qui est ne
doit subsister. Mais cette société qui passe, savent-
ils où elle va? Non; quand on le leur demande, ils
répondent qu'on le saura plus tard : et cependant,
comme pour lui frayer le passage, ils abattent tout
ce que le temps avoit élevé, et, à chaque édifice qui
croule, on les entend pousser des cris de joie sur
les décombres.

Nous ne parlerons point des forfaits inouïs qui ré-
vèlent journellement une dépravation telle qu'on n'en
connoissoit pas d'exemple; des monstres qui apparois-
sent comme les précurseurs d'une époque de crime :
il suffit de considérer les mœurs générales pour y découvrir les symptômes d'un désordre profond , et de
sinistres preuves de l'affoiblissement de l'esprit social.
Isolés déjà par les opinions, les hommes s'isolent, s'il
est possible , encore plus par les intérêts. La cupidité
est toute l'âme. Qui, aujourd'hui, a une famille,
une patrie? Soi, et puis rien. Les sentimens généreux , l'honneur, la fidélité , le dévouement, tout
ce qui faisoit battre le cœur de nos aïeux, émeut-il
un moment le nôtre? Et c'est que pour se sacrifier
il faut croire à quelque chose qui ne soit ni de cette
terre, ni de cette vie. Ce que le pauvre paysan apprenoit au pied de l'autel, à supporter en paix la
condition humaine, à aimer ses frères, à les servir,
à se dévouer pour son pays, à mourir pour son
Dieu, on ne l'apprend ni à la bourse, ni au théâtre,
ni dans les antichambres et les salons où les places
se distribuent. Calculer, voilà le devoir pour les hom-

mes de ce temps. La conscience étonne et scandalise presque. Tel est le progrès de la corruption, que la servilité lasse déjà la puissance ; et que se vendre deviendra bientôt un privilége. Qu'attendre de la génération qui prend racine dans cette fange? Enivrée d'elle-même, de ses pensées, de sa force, des désirs vagues qu'elle étend dans un vague avenir, tout ce qui est lui semble un obstacle à l'accomplissement de ses destinées. Une ardente inquiétude l'emporte dans mille routes diverses ; agitée, tourmentée, parce qu'elle n'a pas la vie en elle, les anciens l'auroient comparée à ces ombres errantes qui cherchent un tombeau.

Que pour hâter la dissolution qui se manifeste de toutes parts dans la société les révolutionnaires apellent le schisme, cela se conçoit : car la passion du mal s'irrite par elle-même, croît sans cesse, et n'est jamais rassasiée de destruction. Mais que, parmi les hommes qui n'ont pas fait un pacte éternel avec le désordre, il s'en puisse trouver qui ne tremblent pas à la seule pensée de ce schisme et de ses conséquences inévitables, c'est là, certes, ce qu'il est difficile de s'expliquer. Il n'entre pas dans notre dessein de développer ici des considérations purement politiques ; cependant il en est une que nous devons du moins indiquer. Qui ne voit que, par le schisme, la France deviendroit de toutes les nations européennes la plus isolée, la plus séparée de toutes les autres? Dépouillée tout-à-coup de la force qu'elle tire de son union avec les contrées catholiques voisines, elle seroit pour les peuples un objet d'horreur, et pour les gouvernemens un sujet perpétuel de crainte ; car ils sentiroient qu'un pareil changement, à la fois politique et religieux, menaceroit plus que la guerre leur sûreté, et donneroit aux esprits remuans, partout aujourd'hui si nombreux, un exemple redoutable. Ainsi la France, en rompant le lien de l'unité religieuse, renonceroit au rang glorieux qu'elle occupe dans le système de l'Europe ; elle perdroit cette haute influence, cet ascendant moral, cette espèce de domination pacifique que sa foi plus que ses armes lui avoit acquise parmi les puissances catholiques, et la perdroit sans compensation : car elle resteroit comme auparavant, divisée des puissances non catholiques qui la bordent par tous ses intérêts matériels. Quelles sont les nations rivales de sa prospérité ? qui peut lui envier son territoire, entraver son commerce, s'alarmer de son industrie ? Est-ce de ces causes permanentes de défiance et d'inimitié que sortiroient pour elle de nouvelles et solides alliances ? Croit-on qu'elle parvînt ou à confondre entièrement sa politique avec celle de l'Angleterre, ou à ravir à l'Angleterre l'ascendant qu'elle exerce sur l'Europe protestante ? L'apostasie, en détachant d'elle tous ses vrais alliés, ne lui en rendroit pas un seul. Inquiétante pour ses voisins, et inquiète elle-même ; déchue de son antique autorité, et contrainte pour sa propre conservation de se créer au dedans une sauvegarde d'une autre nature, les efforts prodigieux auxquels l'obligeroit sa position, la précipiteroient forcément

17.

dans un système de conquête, qui, fût-il heureux au
commencement, amèneroit tôt ou tard sa ruine. Il
n'y eut jamais de conquêtes durables que celles de
la civilisation dans sa vigueur sur la barbarie, ou
celles des peuples neufs sur la civilisation corrompue
et mourante : et c'est pourquoi nul grand empire
ne sauroit aujourd'hui se former dans la société européenne. Des Tartares peut-être pourroient l'asservir; les armées les plus puissantes recrutées dans
son sein ne réussiroient jamais qu'à la ravager.

Telles seroient quelques unes des conséquences du
schisme : et qu'on ne s'imagine pas qu'il pût s'effectuer
sans de violentes secousses intérieures. On sait bien
que ceux qui le demandent n'hésiteroient pas à employer la persécution pour l'établir : mais la persécution provoque la résistance; et si la foi devoit avoir
encore parmi nous ses martyrs, elle auroit aussi,
qu'on n'en doute pas, ses défenseurs.

Admettons cependant le succès d'une pareille tentative; qu'en résulteroit-il ? Le protestantisme,
comme religion, est à jamais éteint; dénué de toute
doctrine, il se réduit à une grande négation, et,
sous cette forme qu'il ne peut plus perdre, il n'offre
rien qui puisse remplacer la foi des peuples catholiques. Le parti révolutionnaire, en essayant de le
ranimer, n'a pu lui donner ce qui lui manque, des
croyances. Il a remué ses cendres, il y a cherché
quelque étincelle pour exciter de nouveaux embra-
semens : il étoit trop tard, ces cendres étoient
froides. Au lieu de la réforme et de ses opinions, va-

riables mais passionnées, il n'a trouvé que la philosophie et ses doutes; et dès-lors son alliance avec le protestantisme n'a pu que marquer une tendance politique commune.

Il n'est donc possible, en aucune façon, de rendre le peuple protestant, et le schisme n'auroit d'autre effet que de le précipiter dans une impiété brutale. Qu'on se représente ce que seroit à ses yeux une religion administrative, dont les dogmes, le culte, la discipline, dépendroient des caprices d'un ministre et de ses commis. Pour pasteurs, qui auroit-il? quelques apostats, des hommes sans foi et par conséquent sans mœurs, méprisés profondément de ceux même qui les soutiendroient. Si déjà il y a des exemples de prêtres vénérables sacrifiés par leurs supérieurs hiérarchiques à la vengeance ou aux lâches frayeurs de l'autorité civile, et punis ecclésiastiquement de leur zèle à remplir les devoirs du sacerdoce, qu'on juge à quel excès de servilité descendroit bientôt le clergé que nous venons de peindre. Dans l'abjection où il croupiroit, les derniers misérables dédaigneroient d'abaisser leurs regards jusqu'à lui. Et toutes les croyances, et toute la morale, ce sacré dépôt de la vie des peuples, seroit confié à ce rebut de la race humaine?

Voyez, dans les lieux où la religion a perdu son empire, où les classes inférieures, privées de ses enseignemens, n'ont plus pour règle que l'intérêt, pour guide que l'instinct du vice; où les repaires de la débauche sont ses seuls temples, des chants obscènes ses seules prières ; où l'enfant, quelquefois dressé au crime, et toujours nourri dans la corruption, n'apprend que par le blasphème qu'il y a quelque chose qu'on nomme Dieu ; où, parvenu au terme de sa hideuse carrière, l'homme ne trouve en lui-même ni une idée d'avenir, ni une espérance du ciel, ni un souvenir d'innocence : voyez toutes ces suites inévitables de l'extinction de la foi chez un peuple chrétien, et comprenez ce que ce seroit qu'une vaste population ainsi dégradée, tantôt assoupie comme d'une lourde ivresse, tantôt agitée de mouvemens terribles quand ses passions viendroient à fermenter. Un effroyable despotisme pourroit seul, un moment, retracer quelque apparence d'ordre, au milieu de l'anarchie, qui, contenue et non pas domptée, ne tarderoit pas à rompre ses digues, avec une fureur irritée encore par cette contrainte passagère.

Sous quelque rapport qu'on envisage l'ordre politique et l'ordre religieux, on est donc constamment ramené à la même conclusion : point de pape, point de christianisme ; point de christianisme, point de religion ; point de religion, point de société. Se séparer de Rome, faire le schisme, créer une Église nationale, ce seroit proclamer l'athéisme et ses conséquences. Or, qu'on ne s'y trompe pas, les maximes qu'on appelle gallicanes renferment tous les principes de cette funeste scission, et les révolutionnaires le savent bien. Une Église qui s'attribue le droit de fixer les limites de la puissance suprême divinement pré-

posée à l'Église universelle, qui fait profession de né
pas reconnoître, en matière de discipline, l'autorité
du pontife romain et des conciles œcuméniques, se
déclare par cela même indépendante; et si, dans la
pratique, elle agissoit conformément à sa doctrine,
le schisme seroit consommé. Tous les sectaires l'a-
perçoivent clairement, et il se rencontre des catholiques qui ne le voient pas encore ! On a lu les paroles
frappantes qu'adressoient les calvinistes aux prélats de
1682; qu'on entende maintenant les protestans d'aujourd'hui : « S'ils ont admis que *chaque Église nationale*
» *a le droit de fixer les limites de la souveraineté spi-*
» *rituelle*, qui les empêche de transporter ce droit à
» l'individu, et alors *leur réforme commençante* sera
» accomplie, et alors leur culte s'abaissera, ou,
» disons mieux, s'élèvera à la simplicité de l'Évan-
» gile (1)? »

La philosophie tient le même langage ; elle avoue,
elle prouve la conformité des maximes gallicanes avec
le protestantisme : conformité évidente pour le bon
sens, et qui n'est plus contestée, dit-elle, *que par*
quelques publicistes véritablement indifférens en religion.
Vous qui soutenez ces maximes funestes et qui vous
croyez catholiques, qui en prenez le nom du moins,
écoutez ce qu'on dit de vous et de votre doctrine dans
le camp ennemi : « La question va de jour en jour se
» précisant davantage, entre la religion romaine d'une
» part, le protestantisme et la philosophie de l'autre.

---

(1) *Revue protestante*, tom. II, *sixième livraison*, p. 263.

» En vain quelques politiques à transactions et quel-
» ques héritiers des opinions parlementaires s'obs-
» tinent à vouloir relever le *gallicanisme ;* ce devoit
» être son sort de mourir, lorsqu'il y auroit pleine
» connoissance, pleine franchise dans les deux seules
» écoles qui peuvent réellement se disputer le monde.
» Il faut aujourd'hui ou rejeter complètement le prin-
» cipe de l'*autorité,* ou l'accepter sans réserve. L'unité
» catholique se compose du concile d'une part, et
» du Saint-Siége de l'autre, mais liés d'une indisso-
» luble union ; stipuler des libertés particulières à une
» Église c'est dissoudre l'unité. Et que le tort vienne
» du souverain pontife qui envahit les droits des
» Églises, ou des Églises qui se révoltent contre le sou-
» verain pontife, il n'importe, la séparation existe ;
» il n'y a plus de catholicisme : c'est reconnoître le
» droit d'examen, c'est proclamer la souveraineté
» nationale en matière de religion ; c'est un protes-
» tantisme de discipline, qui doit, tôt ou tard, ame-
» ner le protestantisme contre le dogme. On conçoit
» que lorsque les esprits n'étoient ni assez éclairés, ni
» assez hardis pour prévoir et déduire les consé-
» quences, on ait pu s'arrêter à ce tempérament diplo-
» matique d'un concile d'évêques unis à un roi contre
» le Saint-Siége, et maintenant le dogme par la force,
» lorsqu'ils rompoient la discipline par le raisonne-
» ment. Mais aujourd'hui que le gallicanisme a porté
» tous ses fruits, qu'il s'est allié à toutes les idées de
» liberté politique, comment les catholiques ne sen-
» tiroient-ils pas son défaut ?... Ni l'appui des poli-

» tiques du jour, ni les éloquentes prédications du
» grand poète qui ranima le catholicisme français il
» y a vingt-cinq ans, n'ont pu soutenir ce qui tomboit.
» Les arrêts des cours ne feront pas mieux (1). »

Un évêque cependant ose taxer de *fausses inquiétudes* les craintes que cette doctrine inspire aux catholiques. Il emploie, et dans quel temps ! tous ses efforts
pour la ranimer ; il se flatte que, par ses soins, elle
renaîtra *sous les auspices du savoir et du génie de
Bossuet*. O Église de France, Église affermie par les
prières et consacrée par le sang d'un si grand nombre
de martyrs, qu'à jamais Dieu, dans sa clémence,
détourne de toi un funeste présage ! Tes maux sont
profonds sans doute, et l'avenir, un avenir prochain,
te réserve encore de plus dures épreuves ; mais, nous
en avons la confiance, tu triompheras du monde, et
de ses violences, et de ses artifices, par la foi (2).
Interroge les siècles passés, ils te raconteront aussi tes
périls et tes afflictions. « Est-il, s'écrioit un de tes
» anciens Pères, est-il dans les Gaules un évêque qui,
» ému de piété au fond de son âme, et enflammé du
» zèle de la loi sainte, se lève pour briser l'erreur, et
» pour ranimer l'espérance de ceux qui sèchent de
» douleur? Elle est éteinte la force des Denys, la
» piété des Martin ! Vous aussi, ô Hilaire ! vous qui
» défendiez l'unité de l'Église avec le glaive de l'Es-
» prit divin ; vous aussi, Père saint, vous nous avez

____

(1) *Le Globe,* tom. III, n° 15.

(2) Hæc est victoria quæ vincit mundum, fides nostra. *Joan.,*
V, 4.

» abandonnés. O Église des Gaules, Église délaissée,
» désolée ! quel dernier espoir de salut te reste-t-il ?
» et qui soulagera la tristesse des âmes chrétiennes ?
» Hélas ! tu es ébranlée dans tes fondemens mê-
» mes (1). »

Il a été dit aux apôtres : *Allez et enseignez ;* voilà
le premier devoir des évêques, et saint Paul le rappelle sans cesse : *Publiez la saine doctrine ; parlez ,
exhortez, reprenez avec toute autorité* (2): car *Dieu ne
nous a pas donné l'esprit de crainte, mais l'esprit de
force et d'amour* (3). Il est temps que les premiers pasteurs se souviennent de ce précepte, et que leur voix
console, encourage, unisse le troupeau. Il est temps
qu'ils repoussent avec publicité des maximes fatales à
l'Église, et qui sont devenues comme le symbole de
tous ses ennemis. « Qui ne résiste point à l'erreur, l'ap-
« prouve ; et qui ne défend pas la vérité, l'opprime (4). » Qu'importe les inconvéniens que s'exa-

_____

(1) Nec est præsul in Galliis cujus viscera tangat affectio pietatis,
aut zelus sacræ legis inflammet, ut consurgat ad frangendos impe-
tus errorum , ad relevandas spes dolore tabescentium. Defuncta et-
enim est Dionysii fortitudo : non comparet pietas Martini. Tu quoque
dereliquisti nos, sancte Pater Hilari, qui olim unitatem Ecclesiæ,
Spiritus sancti gladio tuebaris. O derelicta, ô mœsta, ô desolata
Galliarum Ecclesia! quæ jam erit spes salutis ulterior ? ubi am-
pliùs afflicta christiani anima respirabit ?... Proh dolor! funditùs ce-
cidisti. *S. Fulb. Ep.* 21.

(2) Tu autem [loquere quæ [decent sanam doctrinam .... Hæc
loquere , et exhortare, et argue, cum omni imperio. *Ep. ad Tit.,*
II, 15.

(3) Non enim dedit nobis Deus spiritum timoris, sed virtutis et di-
lectionis. *II ad Timoth.,* I. 7.

(4) Error cui non resistitur, approbatur; et veritas quæ minimè
defensatur , opprimitur. *Ep. Felic. III ad Acacium.*

gère la timidité ? et à quelle époque le devoir fut-il
donc sans inconvéniens (1)? Ce seroit une triste prudence que celle qui sacrifieroit à quelques instans
d'une fausse paix l'avenir de la foi et de la vie de la société. « Tout ce qui se fait pour le repos de l'Église et
» pour l'affermissement de la religion, se fait pour le
» salut de l'empire (2). »

Que le zèle du clergé s'élève avec la grandeur de
sa mission ; que les évêques lui donnent l'exemple de
toutes les vertus généreuses : qu'entourés des vieillards
du sanctuaire, ils racontent au jeune sacerdoce les
antiques douleurs de l'Église et ses douleurs récentes;
qu'ils l'instruisent de ce qu'ils ont vu, du danger des
fausses doctrines, de tous les principes qui tendent à
dissoudre l'unité : qu'ils le rappellent à ces jours heureux où les enfans du père commun, au lieu de discuter sa puissance, ne savoient qu'y obéir avec un docile amour ; qu'ils lui montrent la terre où se prépare
l'épreuve de sa fidélité, le ciel où il en recevra le prix,
et peut-être une vertu nouvelle émanée de la croix
sauvera une seconde fois le monde.

Nous avons présenté le tableau des attaques diri-

------

(1) Doceant te qui à concessu Judæorum post mille verbera redi-
bant gaudentes, quia digni habiti fuerant pro nomine Christi contu-
meliam pati. Quod sî adhùc times et formidas, jugum et onus au-
diens, non à natura rei timor oritur, sed à tua segnitie, ità ut si sis
paratus et diligens, omnia tibi facilia et levia futura sint. *S. Joan.
Chrysost. Homil. XXXVIII in Matth. n.* 3.

(2) Pro tui enim imperii salute geritur, quod pro quiete Ecclesiæ, vel sanctæ religionis reverentià laboratur. *Cœlest. Epist. ad
Theod.*

gées contre l'Église : mais ce tableau seroit incom-
plet, si l'on n'y joignoit quelques réflexions sur des
actes qu'on a cru lui être favorables, et qui cependant,
à plusieurs égards, n'ont servi et ne pouvoient servir
qu'à consacrer son oppression. Ce sera le sujet du
chapitre suivant.

CHAPITRE IX.

*Réflexions sur quelques actes du gouvernement relatifs
à la religion.*

Rien aujourd'hui de plus commun que de juger
d'après des souvenirs, des idées d'un autre temps et
d'une autre société, sans tenir compte des changemens survenus dans l'ensemble des institutions et de
la marche générale des choses, qui modifie les effets
et souvent change la nature de ce qu'il y a de meilleur en soi. Pour beaucoup de gens, animés d'ailleurs
de louables intentions, il n'est point de source plus féconde d'erreurs. Immobile au milieu du mouvement
universel, leur esprit ne sauroit sortir du passé. Ils
confondent un État politiquement athée avec un État
chrétien, la république avec la monarchie, le despotisme ministériel avec l'autorité royale, un gouvernement constitué avec chacune des nombreuses formes que peut prendre la révolution : et de là les méprises étranges où ils tombent, lorsqu'il s'agit d'apprécier certains faits qu'ils n'aperçoivent qu'à travers
l'illusion qui les préoccupe.

Ainsi la France a des évêques, des curés, des séminaires dotés par l'État ; et tout cela est bien sans
doute : mais allez plus avant, considérez le mode de
cette dotation, et vous verrez d'abord que, renouvelée d'année en année, elle n'a rien de fixe; qu'on peut

la refuser comme on l'accorde ; qu'il faut voter à chaque session l'existence de la religion, s'enquérir par le scrutin si l'on continue d'en vouloir, et faire dépendre la foi, le culte et la morale du peuple, d'une boule noire ou blanche. L'athéisme, nettement professé, seroit un moindre outrage à la Divinité que cette espèce de jugement annuel auquel on soumet sa loi. Et chez quelle nation vit-on jamais remettre périodiquement en question la société entière, qui n'a d'autre base que cette loi immuable et imprescriptible ? La France conservera-t-elle des temples, des prêtres, des autels? consentez-vous à ce qu'on enseigne pendant douze mois encore aux Français, les croyances de leurs pères et les devoirs éternels de l'homme? voilà ce que l'on demande aux pairs du royaume et aux députés des départemens. Dépendante des passions politiques des partis et des opinions, qui en ce siècle sont aussi des passions, la première et, sans hésiter, la plus importante des institutions sociales n'a d'autre garantie qu'un article du budget. La religion, chaque année, reçoit un permis de séjour, et par surcroît de grâce on l'admet à une solde provisoire. Ses ministres, au lieu d'apparoître avec la dignité qui impose le respect, ne se présentent que comme les salariés de l'administration, et des salariés du dernier rang. On appelle le mépris sur les pasteurs des peuples, et après cela l'on s'étonnera de l'impiété des peuples et de leur corruption !

La position précaire du clergé, l'abaissement où il est réduit, ne sont pas les seuls effets du mode adopté pour sa dotation. L'État payant à chacun ses gages, et chaque centime ayant d'avance son emploi marqué, il en résulte que le clergé, sous la tutelle de l'administration qui ne connoît que des individus, ne dispose réellement d'aucuns revenus, n'a aucune affaire commune, aucuns liens de corps, et qu'isolés les uns des autres les évêques ne voient que leur diocèse propre, où on leur ménage assez de luttes et de difficultés pour qu'ils craignent peut-être de les multiplier en s'occupant des intérêts généraux de la religion. C'est là, on ne sauroit trop le répéter, une des grandes plaies de l'Église de France. Elle a des hommes qui administrent au spirituel un territoire déterminé, comme les préfets administrent au civil leur département ; mais elle n'a point d'épiscopat. Purement passive, elle ne peut, dans sa situation présente, et tant que les évêques ne prendront pas des mesures pour s'unir, ni faire entendre ses justes plaintes, ni exposer ses besoins, ni réclamer ses droits.

Et encore, telle qu'elle est, redoute-t-on son influence. Quelle que soit la nécessité d'augmenter le nombre des siéges, nécessité reconnue par la commission de la Chambre des députés, à qui l'on dut la loi du 4 juillet 1821 (1), on s'obstine à priver la France

____

(1) « Cette loi, disoit M. de Bonald, rapporteur de la commis-
» sion, cette loi est donc encore *provisoire* ; car il est écrit que nous
» n'en sortirons pas, et l'on diroit qu'une force secrète nous y re-
» tient malgré nous. Cette terre si remuée par la révolution seroit-
» elle, comme dit Bossuet, incapable de consistance, et n'oseroit-
» on y hasarder aucune construction solide? Je crois cependant
» qu'avec plus de confiance en lui-même, en nous, et surtout en la

de ce puissant moyen de régénération. Des villes ont offert de prendre à leur charge une partie des dépenses qu'occasioneroient de nouvelles érections, on a repoussé leurs offres : et l'on ne néglige aucune précaution pour empêcher partout l'expression du vœu général. Que les ministres viennent donc encore nous parler de leurs bons désirs, arrêtés, disent-ils aux simples, par mille obstacles que l'on ignore : qui pourroit être dupe d'un pareil langage ? Ils ne trompent que ceux qui sont résolus à se laisser tromper. L'obstacle, l'unique obstacle est la volonté des hommes qui gouvernent, les ménagemens qu'ils croient, pour leur intérêt, devoir garder avec la révolution. N'ontils pas besoin d'être soutenus un peu de tous côtés? La religion, c'est quelque chose; mais leurs places c'est tout. Dans l'embrasement de sa ville, Énée emportoit ses dieux : dans l'incendie de l'Europe, ils songent à leurs portefeuilles.

Mais enfin les fonds, où les trouver? J'entends. On a des fonds pour encourager un pernicieux agiotage; on a des fonds pour les théâtres, pour amuser le peuple et pour le corrompre : on n'en a point pour le rappeler aux devoirs que chaque jour il oublie da-

---

» force infinie de la vérité et de la raison, peut-être avec moins
» d'indulgence pour ces doctrines qui ont autrefois fait quelque
» bruit dans le monde, et qui, pour en faire encore, désespérant
» de se faire écouter, ont voulu se faire craindre, et se sont jetées
» dans les intrigues politiques ; je crois que le gouvernement auroit
» pu proposer en faveur de la religion une loi *plus décisive et plus*
» *complète*, que la France espéroit comme un bienfait, que l'Europe attendoit comme une garantie. » *Rapport de M. de Bonald*, séance du 7 mai 1821.

vantage, pour réformer ses mœurs, pour le tirer de sa brutale ignorance, pour l'instruire des vérités qui sont le fondement de l'ordre social. Là où manquent les prêtres, on est forcé de les remplacer par des gendarmes. Mais des gendarmes répriment les délits, et des prêtres les préviennent; des gendarmes assurent l'action du glaive de la justice, et des prêtres assurent son repos : en étouffant au fond des cœurs la pensée même du crime, ils sauvent tout ensemble et le malheureux qui l'eût commis, et sa victime. Ils font plus, ils sauvent la morale, ils sauvent à la société des exemples toujours funestes, même quand ils sont punis.

Un autre inconvénient du système suivi à l'égard de l'Église, est d'arrêter la puissance créatrice de la religion. Le christianisme catholique, le vrai christianisme, agit de mille manières sur la société; il fait ce que lui seul peut faire, et ce qui ne sauroit être fait par le simple exercice du ministère pastoral : et c'est encore ce qu'on ne veut pas voir, ou peut-être ce qu'on ne voit que trop. Les meilleures lois empêchent le mal, leur influence ne va pas au-delà ; elles sont répressives, rien de plus. Le christianisme opère le bien; il travaille sans relâche à soulager toutes les misères de l'homme, il vient au secours de toutes ses foiblesses, il adoucit les maux qu'il lui commande de supporter. A raison même de la civilisation qu'il a développée, la condition du pauvre seroit, sans lui, intolérable dans les sociétés modernes, et l'expérience le montre assez. Partout où l'on n'enchaîne par son action il rattache à l'ordre les classes inférieures, par les prodiges d'une charité qui, créant pour ainsi dire dans le monde présent un autre monde, oppose à la hiérarchie des richesses et des grandeurs la hiérarchie des souffrances et du dénuement ; il n'abaisse point le malheur, il ne mendie pas en son nom, il ordonne de payer le tribut à la souveraineté de l'indigence, et apprend aux rois mêmes à la servir à genoux.

Combien ces sublimes idées qui, sans flatter les passions de l'homme, l'élèvent à une si grande hauteur, ne prêtoient-elles pas de force aux lois et de solidité à l'ordre public chez les nations chrétiennes ! Au lieu de se sentir délaissé, le peuple voyoit, grâce à la religion, qu'il étoit aussi de la famille, et que Dieu lui avoit réservé sa portion d'héritage sur la terre. Des asiles lui étoient ouverts, où l'enfance trouvoit une éducation morale, la vieillesse du repos, les malades des soins et des consolations. Une multitude d'œuvres semblables concouroient au même but : on en a presque tari la source, en ôtant au clergé, réduit à des salaires individuels, le moyen de pourvoir aux dépenses qu'elles exigent. Il restoit une ressource, les fonds accordés par les conseils de département : M. le ministre de l'intérieur s'est empressé de la détruire. Il a jugé convenable, non seulement d'annoncer qu'il n'admettroit plus de pareilles allocations (1), mais de

---

(1) « J'ai rejeté des subventions ou secours pour des colléges,
» pour des corporations religieuses, pour des écoles, parce que les
» colléges ne peuvent être soutenus que sur les fonds de l'instruc-
» tion publique ; que les rétributions, secours, tels qu'ils étoient vo-
» tés pour les corporations qui en étoient l'objet, n'auroient pu être
» imputés que sur les fonds des affaires ecclésiastiques, ou, selon

donner même à une décision si religieuse, si politique, si bienfaisante, un effet rétroactif. Un département témoin de l'utilité d'un établissement formé dans son sein, alloue, pour le soutenir, une somme qu'il s'impose lui-même. Non pas, lui dit-on, adressez-vous au ministre des affaires ecclésiastiques. — Mais on n'en peut rien obtenir; il n'a jamais de fonds disponibles. — Eh bien, s'il n'a pas de fonds, vous vous en passerez; c'est un malheur, mais vous serez en règle (1).

Qu'est-ce donc qu'une administration ainsi occupée d'empêcher le bien, d'arrêter les efforts que l'on tente pour l'opérer; qui interdit à un pays bouleversé depuis quarante ans, le droit de réparer ses désastres; qui met la main sur toutes les ruines que la révolution a faites, et qui dit : « Ceci est sacré, on n'y touchera pas ? » Qu'on méconnoisse la nécessité des institutions charitables que la religion cherche à fonder, qu'on refuse de venir à leur aide, c'est déjà sans doute quelque chose de plus que de l'aveuglement; mais qu'on défende d'y coopérer, qu'un despotisme absurde, s'il n'est pas criminel, déclare qu'il ne permettra pas même les contributions volontaires du zèle : c'est là

» les cas, sur les fonds des communes. » *Instruction du ministre de l'intérieur, en date du* 18 *juin* 1825.

(1) C'est ainsi que le petit séminaire d'Agen vient d'être dépouillé par le ministre d'une somme de six mille francs votés en sa faveur par le conseil du département. Cette suppression a obligé de renvoyer trente enfans. Le même conseil avoit voté une somme de quatre cents francs, pour être employée en vingt souscriptions à la Société catholique des bons livres. Le ministre a également refusé d'approuver cette allocation. Et puis plaignez-vous des progrès de l'impiété parmi le peuple !

18.

ce qu'aucun siècle n'avoit vu, et ce qui n'a de nom dans aucune langue humaine.

Les donations particulières, quoique autorisées par les lois, ne sont guère plus respectées. On demande quelquefois en France ce que fait M. de Corbière? Ce qu'il fait? des testamens. Juge en dernier ressort de ceux qui contiennent quelques legs en faveur d'un établissement pieux, il les casse, les approuve, les modifie comme il lui plaît. Un homme aura donné telle somme à un hôpital, telle somme à sa paroisse, ou à une école : M. de Corbière, en sa qualité de testateur suprême, retranche de l'une, ajoute à l'autre, selon ses caprices du moment, ou gratifie les héritiers soit d'une partie, soit de la totalité du legs qui grevoit la succession ; de sorte qu'il dispose en réalité de tout ce que la piété des mourans destine à des œuvres saintes. Je ne sais s'il seroit possible d'imaginer un plus grand scandale que ce mépris pour les dernières volontés de l'homme : cela est au-dessus même de la barbarie ; et cette violation, plus odieuse que celle des tombeaux, supposeroit dans un peuple où elle seroit habituelle, l'entière extinction du sens moral. Malheur à la nation qui reçoit de pareils exemples ! et que ceux de qui elle les reçoit auront un jour une pesante mémoire à porter ! Le ministre, en se substituant au testateur légitime, sait-il ce qui s'est passé dans sa conscience? Lorsqu'il le croit généreux, souvent il n'a voulu qu'acquitter son âme. Vous l'ignorez, dites-vous; respectez donc les dispositions de celui qui a seul pu le savoir. La présomption de justice est pour ce qui se fait en présence de Dieu et de la mort.

Il semble, à considérer les actes de la politique de ce temps, que son principal but soit de combattre la religion et d'anéantir peu à peu son influence sur la société. Ce que paroissent lui donner les lois, l'administration le lui ôte. Elle redoute le christianisme ; mais quand elle l'aura détruit en France, qu'offrira-t-elle en sa place au peuple ? quelle autre doctrine, quelle autre morale ? Sera-ce les préfets et les sous-préfets qui lui enseigneront ses devoirs, qui mettront à côté de ses peines les consolations qui les adoucissent, qui menaceront le vice d'un châtiment qui n'est pas de la terre, et garantiront le ciel à la vertu ? Fondera-t-on, dans les bureaux du ministère de l'intérieur, une nouvelle foi, un nouveau culte, une nouvelle Église ? et une circulaire du ministre remplacera-t-elle l'Évangile du Fils de Dieu ?

D'un système opposé à la religion, il ne peut rien sortir qui ne tourne contre elle. Qu'on ait ouvert à trois prélats l'entrée du conseil d'État, ce n'est qu'une dérision ; et tout le monde l'a senti. Mais la nomination de quelques évêques à la pairie a plus d'importance. Beaucoup de gens ont cru y voir une imitation du gouvernement anglois ; ils se sont étrangement trompés. En Angleterre, l'Église est liée à la constitution du pays ; et c'est là toute sa force. Le clergé forme un ordre qui participe de droit à la législation ou à la souveraineté : les évêques le représentent dans la chambre haute, en vertu de leur titre d'évêques ; et

s'ils y brillent peu par l'indépendance de leur caractère et de leurs votes, il en faut moins accuser les
hommes que les institutions. La servitude est le partage de toute Église nationale, et la première condition de son existence.

Parmi nous la dignité de pair accordée à quelques
évêques est une faveur purement personnelle, étrangère au corps dont ils sont membres et au siége qu'ils
occupent. Il n'en rejaillit réellement aucun éclat sur
la religion, qui demeure toujours en dehors de la constitution politique; mais il en résulte pour elle de
graves inconvéniens. Le plus dangereux par ses suites est de placer une partie de l'épiscopat dans une
position fausse, de rapprocher et de confondre aux
yeux du public ce qui devroit être soigneusement séparé ; puisque autre est le principe de l'Église, autre
le principe du gouvernement. Il peut se présenter, et
il se présente de fait, des discussions très délicates :
si les évêques se conforment en ces occasions au système politique, on ne sait plus comment concilier leurs
fonctions de pairs avec leurs devoirs d'évêques; et
soit qu'ils parlent, soit qu'ils se taisent, leur seule
présence, interprétée comme une sorte d'acquiesce-
ment, sert toujours, quoi qu'ils fassent, à couvrir plus
ou moins le vice de certaines lois.

En général, jusqu'à ce moment, ils ont pris le parti
du silence; mais qu'arrive-t-il de là ? Les autres évêques, les regardant comme plus spécialement chargés
de la défense de la religion, imitent leur silence, et
l'épiscopat entier reste muet, lorsqu'il seroit si néces-

saire que sa voix se fît entendre. Au fond, l'on ne voit pas bien comment le silence seroit un motif canonique qui dispensât pendant six mois les premiers pasteurs de la résidence. On peut se taire également partout. Et n'est-il pas à craindre que le clergé, ainsi que les fidèles, s'endorment dans une sécurité trompeuse, lorsqu'aucune réclamation, aucun avertissement, aucune plainte, ne sortent de la bouche des gardiens naturels de la foi, attaquée de toutes parts cependant ?

Pour bien juger des actes qui intéressent l'Église on ne doit jamais perdre de vue qu'elle n'est rien dans l'Etat, qu'elle n'occupe aucune place dans l'ordre politique; qu'on a séparé systématiquement la législation civile de sa législation, et que, méconnoissant la nature de la société religieuse, on travaille sans relâche à la détruire en s'efforçant de la faire entrer dans le cadre d'une administration matérielle. Or, en cette position, tout ce qui diminue l'indépendance du clergé est un mal, et un très grand mal. Sous ce rapport, les distinctions personnelles les plus honorables ne sont pas exemptes de danger. Elles créent des liens qui ôtent toujours quelque chose de la liberté; elles excitent l'ambition, fertile en prétextes pour justifier les condescendances les moins excusables, lorsqu'elles sont utiles à ses desseins. La vertu même peut être tentée, en croyant découvrir, dans ce qui élève l'homme, de nouveaux moyens de succès pour son zèle. Jusque-là on se tient en réserve, on évite de se commettre, on prend l'habitude de céder, de dissi-

muler; car rien n'affoiblit comme le désir : ce ne sera,
si l'on veut, qu'un désir vague, une chance possible
et lointaine; mais cette chance, on ne veut pas se
l'ôter : on attend; et l'on dit à la vérité, Attendez
aussi.

La vraie dignité, la force véritable des évêques
comme des prêtres, dépend aujourd'hui de leur éloi-
gnement des affaires publiques ; il leur suffit de celles
de l'Église. L'avenir de la religion est assuré ; elle ne
périra point, ses fondemens sont inébranlables.
Séparez-la donc de ce qui tombe. Pourquoi mêler ce
qui ne sauroit s'allier?

Une prudence toujours fausse, quelquefois impie,
voudroit plier à l'esprit du siècle l'Église qui est de
tous les siècles. On lui demande de varier avec le
monde, qu'elle doit ramener sans cesse à ce qui ne
varie pas. De l'opposition qu'elle éprouve, de la haine
dont elle est l'objet, on conclut qu'il faut qu'elle se
modifie, qu'elle tolère le désordre pour que le désordre la tolère, qu'elle apaise ses ennemis à force de
soumissions, qu'elle négocie avec l'athéisme, au fond
assez traitable, se ménage ses bonnes grâces, et, par
une alliance qui garantira les intérêts réciproques,
s'assure à jamais sa protection.

Quoi qu'il en soit de cette haute sagesse, ce n'est
pas ainsi que le christianisme s'établit jadis sur la terre
et ranima le genre humain qui expiroit. Jésus-Christ
ne négocia point, il ne fit point de concessions, et
l'Esprit qu'il promit d'envoyer à ses disciples n'étoit
pas l'esprit du siècle, mais l'Esprit de Dieu et de l'éter-

nité. On parle beaucoup maintenant de modération, de mesure ; il seroit bon d'expliquer ces mots : nous les avons vainement cherchés dans l'Evangile ; ils ne sont pas du langage de ce temps : on ne connoissoit alors que la vérité et la charité.

On ne sauroit trop le redire, tout ce qui associe l'Église à l'action d'une politique étrangère au christianisme, ne sauroit que lui être funeste. On a mis un prélat à la tête de l'éducation : l'éducation en est-elle meilleure ? Que ceux qui sont instruits de l'état des écoles répondent. C'est à la religion elle-même qu'il falloit confier l'enfance, et non à un homme de la religion. Le caractère dont il est revêtu consacre une partie du mal, voile l'autre, tranquillise la conscience des parens, charge la sienne, voilà tout. Non, ce n'est pas tout : on voit, au sein de la capitale, un collége renfermer dans son enceinte deux temples, l'un catholique, l'autre protestant ; et ce collége est sous l'autorité d'un évêque ! Il est vrai qu'il ne s'y trouve pas de mosquée.

Qu'a produit l'institution d'un ministère des affaires ecclésiastiques ? ce qu'elle devoit produire : une plus dangereuse oppression de l'Église, devenue l'instrument de sa propre servitude. Le ministre peut-il changer le système politique ? et en est-ce moins, parcequ'il y concourt, un système antichrétien ? Lorsque, sans déguiser leurs maximes, des laïques l'appliquoient aux choses de la religion, ils n'abusoient personne ; on gémissoit, et l'on n'étoit pas trompé. Les mêmes actes venant d'un évêque, et autorisés de son nom, n'excitent plus la même défiance, n'inspirent plus les mêmes sentimens. On s'accoutume au mal, on cesse de le repousser, à cause de la main qui le présente. Il se forme peu à peu en sa faveur une espèce d'opinion que la foiblesse se hâte d'embrasser. Le penchant qui attire les hommes vers le pouvoir quel qu'il soit, l'espérance de parvenir en le flattant, la lassitude même du combat, tout contribue à précipiter la décadence. La vérité qu'on a fui devient importune ; elle blesse l'amour-propre et réveille le remords. Autrefois cela étoit bon, voilà ce qu'on dit de l'ordre. Le devoir fatigue : on ne veut marcher qu'en descendant.

Qu'on se rappelle la loi sur les communautés religieuses de femmes, la réponse de monseigneur d'Hermopolis à M. Royer-Collard à l'occasion de la loi sur le sacrilége, le discours du même prélat où il établit en termes si clairs la suprématie civile, et où il invite théologiquement les députés de la France à remonter à Néron et à Dioclétien pour connoître *avec précision* les véritables droits de l'Eglise : qu'on se rappelle ces exemples si tristement mémorables, et qu'on juge de ce qui doit en sortir un jour. Quelles leçons pour le clergé ! quelles instructions pour les fidèles ! quel spectacle pour le monde entier ! La révolution recueille ces paroles, elle y applaudit, et sa joie menace l'Église. Que répondra-t-on, quand bientôt elle tirera les conséquences des principes qu'on lui a faits ? suffira-t-il alors de lui prêcher la mesure et la modération ? Prodigieux aveuglement ! et qui l'expliquera ? *Je les enivrerai,* dit le Seigneur, *afin qu'ils s'assoupissent, et qu'ils dorment d'un sommeil éternel* (1).

- Frappé d'impuissance pour opérer le bien, entraîné par le système auquel il est lié dans des voies anticatholiques, le ministère chargé de l'administration de l'Église de France n'a pas entrepris une seule œuvre, formé un seul dessein où ne se manifeste l'esprit qui le conduit. Il en est un dont les suites, s'il s'exécutoit tel qu'on l'a conçu, pourroient être si fatales à la religion, qu'on ne sauroit se dispenser de l'examiner particulièrement. Nous voulons parler du rétablissement de l'ancienne Sorbonne, *destinée*, dit-on, *à faire revivre les hautes études ecclésiastiques*. Le but est louable, nous le reconnoissons. Mais pourquoi faut-il qu'en rappelant continuellement les règles antiques on ne cesse de les violer, et que l'Eglise ait toujours à se plaindre de ce qu'on semble faire pour elle? Le bien est dans les paroles, et le mal dans les actes : et encore les paroles ne sont-elles souvent qu'un mal de plus, une consécration dogmatique du désordre qu'on avoue et qu'on justifie. On en verra tout-à-l'heure de nouveaux exemples.

L'ancienne Université fut une de ces nombreuses créations qui contribuèrent au progrès de la civilisation chrétienne, et que l'Europe dut aux pontifes romains. « Jamais, dit l'historien de ce corps illustre, » elle n'a reçu de statuts ni de l'évêque ni du chan-

---

(1) Inebriabo eos ut sopiantur, et dormiant somnum sempiternum, et non consurgant, dicit Dominus. *Jerem.*, LI, 39.

» celier. Les papes étoient ses souverains législateurs,
» et sous leur autorité elle faisoit elle-même les régle-
» mens qui lui paroissoient nécessaires... Les monu-
» mens qui nous restent confirment ce que je viens de
» dire. Nous avons connoissance certaine, dans les
» commencemens du treizième siècle, de deux statuts
» faits pour l'Université, et ils sont l'ouvrage, l'un de
» la Compagnie elle-même, l'autre d'un légat du pape
» (Robert de Courçon (1)). » Innocent III confirma
le réglement fait par la Compagnie elle-même.

Lorsque Robert de Sorbon fonda le collége qui
porte son nom, pour les écoliers en théologie, le pape
Clément IV régla par une bulle de l'année 1268 ce
qui concernoit cet établissement (2). Le même ordre
subsista jusqu'en 1451. « On doit avoir observé, dit
» l'écrivain déjà cité, que, jusqu'au temps dont je
» parle ici, l'Université n'avoit reçu que des sou-
» verains pontifes soit réforme, soit réglement de
» discipline; Charles VII est le premier de nos rois
» qui ait fait intervenir dans un pareil ouvrage la
» puissance séculière. Il associa au cardinal d'Estou-
» teville (chargé par le pape de réformer les colléges
» de l'Université) des commissaires royaux; encore
» étoient-ils presque tous ecclésiastiques. Le pouvoir
» même de ces commissaires ne s'étendoit *qu'à la ré-*
» *forme des priviléges royaux* : c'est l'expression de

____

(1) *Histoire de l'Université de Paris*, par Crévier, tom. I, p. 293
et suiv.
(2) *Ibid.*, p. 496.

» l'original. Le cardinal prit leur conseil, mais c'est
» lui seul qui parle dans toute la pièce (1). »

Ce ne fut qu'après les troubles de religion, vers la
fin du seizième siècle, que l'Université de Paris, soustraite presque entièrement à l'autorité des souverains
pontifes, passa sous celle des rois et du parlement,
qui rédigea pour elle de nouveaux statuts. La publication s'en fit d'une manière très solennelle, et les
magistrats annoncèrent dès-lors la prétention inouïe
de diriger l'enseignement théologique. « L'avocat-
» général, Louis Servin, donna des avis particuliers
» à chaque faculté. Il recommande aux théologiens
» de faire de la lecture et de l'étude de l'Écriture
» sainte la base et le fondement de toute leur doc-
» trine ; sans pourtant négliger la scholastique, dont
» il reconnoît l'utilité pour la réfutation des erreurs
» et des hérésies : aux décrétistes d'avoir attention,
» en enseignant le droit canon, à n'avancer rien de
» contraire aux lois et libertés de l'Église gallicane,
» qui sont les *droits communs de l'Église univer-*
» *selle* (2). »

Parmi les hommes qui prirent le plus de part à ces
changemens, on distingue deux prélats : Renaud de
Beaune, archevêque de Bourges, *un peu léger en
créance,* disoient ses contemporains (3), soupçonné

---

(1) *Histoire de l'Université,* etc., tom. IV, p. 171.

(2) *Ibid.,* tom. VII, p. 52 et suiv.

(3) « Aucuns le dient un peu leger en créance, et gueres bon pour
» la balance de monsieur saint Michel, où il pèse les bons chrestiens
» au jour du jugement. » *Brantôme,* Vie de Catherine de Médicis ;

même d'athéisme par quelques uns; et René Benoît, évêque nommé de Troyes, dont la foi n'étoit pas moins suspecte (1). Cependant l'institution nécessaire pour l'enseignement continua toujours, chose remarquable, d'être donnée au nom du Saint-Siége. « Le » chancelier, dit Duboulay, donne, *par l'autorité apo-* » *stolique*, le pouvoir denseigner (2). »

Jusqu'ici, au contraire, on n'a vu figurer que l'autorité civile dans l'érection de la nouvelle Sorbonne; c'est par cette autorité seule que tout se fait. Quelques évêques choisis et appelés par elle pour concourir à la rédaction des réglemens, ne sont et ne peuvent être que de simples conseillers. Chaque évêque préside de droit à l'enseignement dans son diocèse; il nomme et institue ceux qu'il juge propres à le remplacer dans

---

OEuvres, tom. II, pag. 32. — M. de Thou rapporte qu'il vouloit être regardé dans le royaume, tant que le schisme y dureroit, comme le chef des évêques, pour les dispenses et la collation des bénéfices, et qu'on l'accusa d'aspirer à devenir patriarche. *Voyez* son article dans la *Biographie universelle*.

(1) René Benoit publia une traduction française de la Bible, que la faculté de théologie de Paris flétrit, par une censure du 15 juillet 1567, à cause de sa conformité avec la version de Genève. Grégoire XIII ratifia cette censure, et René Benoît fut exclu de la faculté par un décret du 1er octobre 1572. Nommé à l'évêché de Troyes, le Saint-Siége lui refusa constamment des bulles d'institution. Il avoit composé, en faveur de son ami de Belloy, un ouvrage scandaleux, sous ce titre : *Examen pacifique de la doctrine des huguenots, où l'on montre, contre les catholiques rigides, que nous ne devons point condamner les huguenots avant que l'on ait prouvé de nouveau.* Il y prétendoit que le concile de Trente ne suffisoit pas pour les condamner, parce que ce concile n'étoit pas reçu en France. *Biographie universelle.*

(2) *Histoire de l'Université*, etc., tom. VII, p. 148.

eette fonction. Là se borne son autorité. Il ne peut conférer à personne la prérogative, qu'il ne possède pas, d'un enseignement plus étendu, tel que celui des universités. *Nemo dat quod non habet.* La juridiction épiscopale circonscrite dans un territoire déterminé, ne sauroit en aucune façon être la source du pouvoir *général* d'enseigner. Rien à cet égard ne peut suppléer l'autorité pontificale. Si donc elle n'intervient pas dans la fondation de la Sorbonne nouvelle, on ne réussira jamais à former qu'une école schismatique où des professeurs institués par la puissance séculière enseigneront la doctrine qu'elle leur prescrira. Alors oubliant même jusqu'au langage catholique, on pourra se féliciter d'avoir un *centre des lumières qui entretienne dans notre Église l'unité de doctrines, de vues, et de règles de conduite* (1). L'Église universelle ne connoît, il est vrai, qu'un centre, le centre de la foi et du gouvernement; mais *notre Église,* plus avancée, possédera, dans le siècle des lumières, un *centre des lumières,* et c'est à ce centre et à ces lumières qu'elle devra l'unité de doctrines qui, depuis Jésus-Christ et selon sa promesse, s'étoit conservée, non par les *lumières* des hommes, mais par l'assistance de l'Esprit saint, qui dicte

---

(1) « Centre des lumières, elle (l'ancienne Sorbonne) entretenoit » dans notre Église cette unité de doctrines, de vues, de règles de » conduite, qui a fait sa beauté aux jours de ses prospérités, et sa » force, aux jours de ses malheurs. » *Lettre de son excellence le ministre des affaires ecclésiastiques et de l'instruction publique à MM. les évêques et autres membres composant la commission créée par ordonnance royale du 20 juillet 1825 au sujet de l'établissement à Paris d'une école des hautes études ecclésiastiques.*

à l'Église et à son chef leur infaillible enseignement.

Et voulez-vous savoir *avec précision* quelles sont ces *lumières* dont la nouvelle Sorbonne redeviendra le centre, à l'imitation de l'ancienne ; écoutez ce qu'on dit de celle-ci : « Rempart de la foi contre les
» attaques de tous les novateurs, au point d'avoir mé-
» rité le surnom de *concile permanent des Gaules,* elle
» étoit encore la gardienne de ces maximes françaises
» auxquelles Bossuet donna tout le poids de son savoir
» et de son génie. Elle les professoit avec liberté, mais
» aussi avec cette sagesse qui en prévient les abus, qui
» concilie tous les droits et tous les devoirs, et s'éloi-
» gne également de la servitude et de la licence (1). »

Qu'on ose parler de maximes *françaises* lorsqu'il s'agit du point le plus important de la doctrine *catholique,* du fondement même de l'Église et de sa constitution divine ; qu'on s'applaudisse d'être séparé sur ce point de toutes les autres églises unies au successeur de Pierre : qu'on représente leur obéissance comme une *servitude* dont on a su s'affranchir *avec cette sagesse qui prévient les abus, qui concilie tous les droits et tous les devoirs ;* qu'on oppose froidement Bossuet au Vicaire de Jésus-Christ, *son savoir* à l'autorité du *Docteur de l'Église universelle* (2), *son génie*

----

(1) *Lettre* ci-dessus citée.

(2) Dans la consécration du pontife romain, on ajoute à la formule en usage pour les évêques ces paroles du Sacramentaire de saint Grégoire-le-Grand : ... *et idcircò huic famulo tuo quem apostolicæ Sedis præsulem, et primatum omnium qui in orbe terrarum sunt sacerdotum,* et universalis Ecclesiæ tuæ Doctorem dedisti, *et ad summi sacerdotii ministerium elegisti...*

aux promesses du Fils de Dieu et à ses paroles (1) *qui ne passeront point :* c'est là ce qui effraie, ce qui consterne plus que les efforts de l'impiété. De sinistres pensées s'emparent de l'âme : on ne discute point, on tombe à genoux pour conjurer Dieu de détourner l'avenir qui s'approche.

Et quel moment choisit-on pour annoncer à l'univers catholique qu'on a résolu de perpétuer ces maximes de schisme, le moment même où les plus ardens ennemis de la religion chrétienne les réclament comme leur doctrine, comme l'arme avec laquelle ils vaincront l'Église ! Parce que, pendant les deux derniers siècles, le clergé français n'en a pas tiré les conséquences, parce qu'il les a toujours démenties dans la pratique, on refuse d'en voir le danger. Mais si *nulle Église ne fut jamais plus soumise au Saint-Siége, dans les matières spirituelles, que l'Église de France* (2), et si on doit la louer de cette soumission, donc elle est conforme à l'ordre de Dieu et aux vrais principes catholiques, autant que les maximes qui autoriseroient une autre conduite y sont opposées. Et néanmoins que dites-vous ? « Demeu- » rons dans les voies tracées par nos pères : comme » eux, sachons toujours allier ce qu'ils n'ont jamais » séparé ; soyons à la fois Français et catholiques » romains (3). » Et c'est-à-dire : Déclarons toujours

---

(1) Rogavi pro te ut non deficiat fides tua. *Luc.*, XXII, 32.

(2) *Les Vrais principes de l'Église gallicane;* Avertissement, pag. 3, *troisième édition.*

(3) *Ibid.*, pag. 5.

que nous n'admettons pas le devoir de se soumettre,
et demeurons cependant toujours soumis ; soyons fer-
mes dans l'inconséquence, prenons garde d'en sortir
jamais : et quand les *serfs du christianisme,* les malheureux qui ne sont encore que *catholiques romains,*
nous demanderont en quoi nous différons d'eux, et
ce que c'est enfin que d'être *Français* en religion,
nous leur répondrons fièrement que c'est la *liberté* de
penser d'une manière, en ayant soin d'agir d'une
autre. Que s'ils insistent pour savoir *avec précision* ce
qui arriveroit si les *Français* s'avisoient un jour d'a-
gir comme ils pensent, ou de réduire en pratique les
libertés gallicanes, mal comprises à la vérité, la réponse
n'est pas moins facile : « C'est en leur nom que fut
» proclamée cette déplorable *Constitution civile du*
» *clergé;* c'est en leur nom que notre Église fut bou-
» leversée de fond en comble, que le pontife romain
» fut persécuté, dépouillé, jeté dans les fers. Voilà les
» excès qui les ont décréditées aux yeux de ceux qui
» ne les ont connues que par l'abus qu'en a pu faire
» un pouvoir tyrannique. En les invoquant pour
» nous précipiter dans le schisme, en les exagérant
» pour avoir le droit d'insulter le clergé, vous les ren-
» dez odieuses, vous les ruinez dans l'esprit des vrais
» fidèles (1). »

Voilà ce qu'on est obligé d'avouer, alors même
que l'on prend à tâche de *calmer les fausses inquié-*
tudes (2) des catholiques. Et ces maximes *décréditées*

____

(1) *Les Vrais principes de l'Église gallicane.*
(2) *Ibid.,* pag. 2.

par l'abus qu'on en a fait, ces maximes *qu'on invoque pour nous précipiter dans le schisme,* ces maximes *ruinées dans l'esprit des vrais fidèles,* on fonde une école pour en conserver précieusement la tradition, et l'on assure que cette école, *appropriée à nos besoins et à notre situation présente, prépare à notre Église le plus consolant avenir,* et qu'à la seule annonce d'un pareil établissement *la France religieuse a tressailli d'espérance* (1)!

Quand Dieu *prépare,* non pas un *consolant avenir,* mais une de ces grandes calamités que sa colère envoie sur les peuples, un esprit de vertige les précède, et le sens humain est comme renversé. *Il ôte l'intelligence aux pasteurs, il aveugle les gardiens* de la doctrine, et *ils ne savent rien ; muets* contre l'ennemi, *ils se repaissent d'idées vaines, et se complaisent dans les songes.* Il y a un souffle qui les emporte, et *chacun d'eux décline dans sa voie* (2). Alors le chrétien lève au ciel les yeux, et, prêt à tout, médite en lui-même ce mot de l'apôtre : *Étrangers et voyageurs* (3), *nous n'avons point ici de demeure permanente, mais nous cherchons une autre cité* (4).

---

(1) *Lettre de son excellence le ministre des affaires ecclésiastiques,* etc.

(2) Speculatores cæci omnes, nescierunt universi : canes muti non valentes latrare, videntes vana, dormientes, et amantes somnia... Ipsi pastores ignoraverunt intelligentiam : omnes in viam suam declinaverunt. *Is.,* LVI, 10, 11.

(3) *I Petr.,* II, 11.

(4) *eHbr.,* XIII, 14.

CHAPITRE X.

Conclusion.

Nous avons montré, aussi clairement qu'il nous a été possible, les vrais rapports de la religion avec l'ordre politique et civil ; nous avons établi les principes sur lesquels repose leur union, et combattu les erreurs opposées, qui égarent dangereusement certains esprits, et qui règnent plus dangereusement encore dans les lois. Il ne nous reste qu'à résumer les principales considérations que renferme cet écrit, pour en tirer ensuite les dernières conséquences.

Il n'existe et ne peut exister d'union véritable qu'entre les esprits : donc la société, et toutes les lois essentielles de la société, sont de l'ordre spirituel ou religieux, et la perfection de la société dépend de la perfection de l'ordre spirituel ou religieux.

Il suit de là qu'avant Jésus-Christ, la société politique, imparfaite et à peine naissante, ne pouvoit se développer ou se perfectionner, parce que la société religieuse, ou la religion vraie et universelle, n'étoit ni développée ni constituée publiquement. Concentrée dans la famille, les croyances s'y perpétuoient ainsi que le vrai culte par la tradition paternelle ; car il n'existoit point, excepté chez les Juifs, d'autre enseignement, et le sacerdoce primitif n'étoit qu'une fonction de la paternité. On ne vit se former, parmi les nations, des colléges de prêtres, qu'après l'introduction de l'idolâtrie. Le principe de la vie sociale étant fixé dans la famille par la première institution du genre humain, il en résultoit que la famille soutenoit seule l'ordre politique, qui, ne s'appuyant que sur elle, ne pouvoit s'élever à un état plus parfait que la constitution domestique ; et il en résultoit encore que les lois qui règlent le pouvoir, et qui sont le fondement de son droit, n'avoient d'autre interprète que la famille ou le peuple, ni d'autre garantie que sa force : et c'est la véritable cause du peu de stabilité des gouvernemens anciens. Nul juge, nul conciliateur entre le pouvoir et les sujets : se touchant par tous les points, avec des intérêts divers, il y avoit entre eux une guerre continuelle. Pour n'être pas renversée, la puissance devenoit oppressive ; l'opression hâtoit la révolte, qui ramenoit bientôt une oppression plus dure. La société flottoit sans cesse entre la tyrannie d'un seul et la tyrannie de tous, entre le despotisme et l'anarchie ; et ces deux fléaux s'aggravoient à mesure que le principe religieux s'affoiblissoit dans la famille.

L'immense révolution que le christianisme effectua sous ce rapport dans le monde, et qui sauva le monde, ne tint qu'à une chose, d'abord presque inaperçue, comme il arrive toujours lorsque c'est Dieu qui agit, et non pas l'homme. Jésus-Christ ne changea ni la religion, ni les droits, ni les devoirs ; mais en développant la loi primitive, en l'accomplissant, il éleva la société religieuse à l'état public, il la consti-tua extérieurement par l'institution d'une merveil-leuse police, qui de toutes les familles ne fait qu'une seule famille, gouvernée, dans l'ordre du salut, par l'autorité d'un ministère spirituel, gouverné lui-même par un chef unique.

Dès-lors l'interprétation et la défense de la loi di-vine, qui est aussi la loi politique fondamentale, n'ap-partinrent plus au peuple, mais au ministère spirituel et à son chef, à qui Dieu même en a confié le dépôt. Le pouvoir fut protégé contre les sujets, et les sujets contre le pouvoir, par le *Souverain* de la société re-ligieuse universelle, *défenseur suprême de la justice.* Les peuples purent obéir avec sécurité, les rois ré-gner sans crainte. Il y avoit désormais un juge entre eux, et le droit avoit détrôné la force.

Ce fut ainsi que se forma peu à peu la chrétienté. Mais il vint un temps où les rois refusèrent de recon-noître ce juge ; et, par une funeste contradiction, ils voulurent que la loi divine demeurât toujours la règle des actions privées et le fondement du devoir d'obéir, en cessant d'être la règle des actions publiques et le fondement du droit de commander. C'étoit renverser la base de la société chrétienne et de toute société ; c'étoit, en déclarant que la souveraineté n'est liée par aucune obligation envers Dieu ni envers les hommes, constituer un despotisme monstrueux, et préparer une anarchie plus monstrueuse encore.

Tout ce que nous avons vu, et tout ce que nous voyons, n'est en effet que la conséquence de ce sys-

tème athée, qui, si rien n'en arrête le développement, anéantira la société humaine et le genre humain même. Destructif par sa nature, il divise à
l'infini, et rompt tous les liens qui unissent les hommes. A quelque degré qu'on y entre, on ne peut
dire : Je n'irai pas plus loin ; toujours il entraîne au-
delà.

Et premièrement, en combattant le pouvoir spirituel dans l'exercice d'une de ses fonctions les plus
importantes, on a été contraint d'attaquer son droit
même ; et ce droit étant indivisible, on n'a pu l'attaquer sur un point sans l'attaquer sur tous les points,
sans le nier complètement. De là le schisme fatal qui
sépara, au seizième siècle, une partie de l'Europe
de l'Église catholique et du christianisme, et qui,
après avoir ruiné toutes les croyances, ébranlé tous
les devoirs, va se perdant sous nos yeux dans le
scepticisme universel. On commença par protester
contre le pape, on finit par protester contre Dieu.
Si quelques esprits inconséquens s'agitent encore
entre ces deux termes en s'approchant chaque jour
du dernier, c'est que, foibles et craintifs, ils ne
suivent pas le principe qu'ils ont choisi pour guide,
ils sont traînés par lui.

En France même, on a vu que, pour affranchir
l'autorité temporelle de toute dépendance du pouvoir
spirituel, les parlemens furent obligés d'attaquer
celui-ci dans son essence : et les maximes proclamées
en 1682 pour consacrer la doctrine des parlemens,
en établissant d'une part l'athéisme politique, qui

est devenu la base des lois, renversent d'une autre part la constitution de l'Église et l'Église elle-même, et conduisent immédiatement à toutes les conséquences du protestantisme. Cette vérité reconnue des sectaires, et désormais évidente pour le bon sens, ne sauroit être trop méditée. L'indifférence à cet égard, de quelque motif qu'elle se couvre, n'est que l'indifférence au schisme. On affecte de concilier ce qu'on sait être inconciliable ; et ce vain travail, où la raison se perd et la conscience encore plus, on l'appelle sagesse : *Dicentes se esse sapientes, stulti facti sunt* (1).

Secondement, le même système, considéré dans l'ordre politique, a eu pour effet de rallumer la guerre entre le pouvoir et les sujets, de rendre ceux-ci juges de toutes les questions qui naissent entre eux et la souveraineté ; d'anéantir successivement, par suite de cette guerre, la hiérarchie sociale, de préparer la chute du trône, et de conduire la France, à travers le sang, sous l'épée d'un despote.

A ce despote a succédé une démocratie voilée par des mots, comme la déclaration de 1682 voile par des mots l'aristocratie souveraine qu'elle établit de fait dans l'Église, et qui ne seroit qu'un court passage à l'anarchie la plus absolue. Déjà cette anarchie existe dans l'État, elle existe dans les esprits remués en tout sens par des opinions turbulentes ; elle existe dans le principe des lois qui ne se rattachent à aucunes croyances, dans l'administration dirigée pres-

____

(1) *Rom.*, I, 22.

que uniquement par des volontés arbitraires, dans les mœurs générales qui n'ont de règle que l'intérêt. Écoutez ce qui se dit, lisez ce qui s'imprime, et cherchez, au milieu de cette effroyable confusion, une vérité admise, une idée commune et invariablement adoptée par d'autres raisons que la raison qui l'a conçue. Le monde intellectuel et moral est livré à une race de sophistes plus dépravés que ceux de la Grèce, toujours prêts à se vendre à qui les paie, faisant aujourd'hui de la religion, demain de l'athéisme ; se jouant des autres et d'eux-mêmes avec une impudence qu'ils avouent, et dont ils sont fiers ; ennemis du vrai et du bien, plus par instinct que par persuasion ; tour-à-tour bas, hautains, dédaigneux, flatteurs ; affectant la science et ne sachant rien, prodigues de sarcasmes et de mensonges, hardis contre le bon sens, doués enfin de tout ce qu'il faut pour porter le désordre dans les sentimens et dans les pensées de la multitude. Semblables à ces barbares qui errent parmi les débris des antiques cités jadis la gloire de l'Orient, et qui hâtent le ravage des siècles, ils parcourent les ruines de la société chrétienne, abattant ce qui reste encore debout.

Cependant le peuple de plus en plus séparé du passé, se corrompt dans le présent, où il ne voit que ce qu'on lui montre, des appétits à satisfaire. Au-dessous du peuple, les uns contemplent, à travers les nuages brillans de leur imagination, je ne sais quel avenir qui fuit toujours : d'autres, moins prompts à espérer, déclarent, au contraire, que le temps les inquiète; et que si l'on est sage, on se concertera pour le fixer. En attendant il suit son cours et emporte pêle-mêle les croyances, les mœurs, les opinions, les lois.

Nul lien véritable entre les États, divisés par la vieille politique des intérêts qui se complique de mille intérêts nouveaux; et, dans chaque État, un esprit d'indépendance qui, plus ou moins développé, plus ou moins favorisé par les événemens, éclate en révolutions, ou mine sourdement les bases de l'ordre. Partout, ou presque partout, les peuples se détachent de leurs chefs. Las d'obéir, parce qu'on leur a dit que l'obéissance étoit l'esclavage, ils se croient opprimés tant qu'ils ne commandent pas. Une génération s'élève imbue des doctrines d'anarchie, ardente de désirs et de passions, et résolue à se faire un monde selon ses pensées. Tel est le spectacle qu'offre l'Europe. Et qu'oppose-t-on à ce [mouvement terrible? des soldats. Il faut des armées pour garder les trônes, pour les défendre contre le peuple; mais qui les défendra contre les armées? On peut aussi, nous le savons, graver sur le sabre le mot d'ordre de la rebellion.

Que prévoir donc, qu'attendre, à quels destins sommes-nous réservés? N'y a-t-il nul moyen de remédier aux maux présens, d'échapper aux calamités futures? Toute sagesse seroit-elle vaine, tout effort impuissant? ne reste-t-il qu'à se voiler la tête?.

Écartons d'abord les soupçons bas et les accusations familières aux hommes qui ne conçoivent aucune opinion, aucun sentiment désintéressé. Si l'ordre doit revivre, ce ne sera pas de nos jours. Donc ceux qui demandent l'ordre, ne le demandent pas pour eux; ils ne jouiront point de ses bienfaits; aucune vue personnelle ne peut dès-lors être leur motif; ils n'ont rien à espérer, rien à recueillir que l'injure, la calomnie et la persécution. On ne change point en quelques années l'esprit des peuples, c'est l'œuvre du temps; et jusqu'à ce que cet esprit ait changé, il est impossible que la société chrétienne renaisse. Elle est le fruit, non de la violence, mais de la conviction; sa base est la foi, et non pas l'épée. Elle existe quand on y croit, elle cesse d'être quand on cesse d'y croire, et jamais les lois ne la recréeront qu'en aidant à la rétablir dans la pensée et dans la conscience.

C'est la tâche des gouvernemens; l'avenir des nations et leur propre avenir dépend d'eux, du moins en partie. Qu'ils y réfléchissent sérieusement; il s'agit de la vie. Qu'ont-ils fait jusqu'à présent que conspirer contre eux-mêmes? Le salut n'est pas où ils l'ont cherché. Qu'ils le comprennent enfin, il n'existe aujourd'hui dans la société que deux forces : une force de conservation dont le christianisme est le principe et dont l'Église est le centre; une force de destruction qui pénètre tout pour tout dissoudre, les doctrines, les institutions, le pouvoir même.

La plupart des gouvernemens se sont placés entre ces deux forces, pour les combattre toutes deux. Ils combattent l'Église, parce qu'ils tiennent obstinément à un système d'indépendance absolue, qui, en abolissant la notion du droit, ébranle partout la sou-

veraineté dans ses fondemens. Ils se défendent comme
ils peuvent, avec la police et des baïonnettes, contre
la force révolutionnaire, qui tourne contre eux leurs
propres maximes.

S'ils ne sortent pas, et bien vite, de cette position,
leur ruine est certaine : car il est évident qu'aucun
pouvoir ne sauroit subsister qu'en s'appuyant sur les
forces de la société. On ne règne pas long-temps
lorsqu'on ne veut régner que par soi ; jamais l'homme ne subit volontairement le joug de l'homme. Il
faut que la puissance descende de plus haut, de celui
qui a dit : *Per me reges regnant.* On peut donc le
prédire avec assurance, si les gouvernemens ne s'unissent pas étroitement à l'Église, il ne restera pas
en Europe un seul trône debout : quand viendra le
souffle des tempêtes (1) dont parle l'Esprit de Dieu, ils
seront emportés *comme la paille sèche et comme la
poussière* (2). La révolution annonce ouvertement
leur chute, et à cet égard elle ne se trompe point ; ses
prévoyances sont justes.

Mais en quoi elle se trompe stupidement, c'est de
penser qu'elle établira d'autres gouvernemens en
place de ceux qu'elle aura renversés, et qu'avec des
doctrines toutes destructives elle créera quelque chose
de stable, un ordre social nouveau. Son unique
création sera l'anarchie, et le fruit de ses œuvres des
pleurs et du sang.

---

(1) Spiritus procellarum, pars calicis eorum. *Ps.*, X, 7.
(2) Tanquam pulvis quem projicit ventus a facie terræ. *Ibid.*,
I, 4.

Que si les gouvernemens aveuglés sans retour persistent à se perdre, s'ils ont résolu de mourir, l'Église gémira sans doute, mais elle n'hésitera pas sur le parti qu'elle doit prendre : se retirer du mouvement de la société humaine, resserrer les liens de son unité, maintenir dans son sein, par un libre et courageux exercice de son autorité divine, et l'ordre et la vie, ne rien craindre des hommes, n'en rien espérer, attendre en patience et en paix ce que Dieu décidera du monde.

S'il est dans ses desseins qu'il renaisse, alors voici ce qui arrivera. Après d'affreux désordres, des bouleversemens prodigieux, des maux tels que la terre n'en a point connus encore, les peuples, épuisés de souffrances, regarderont le ciel; ils lui demanderont de les sauver; et avec les débris épars de la vieille société l'Église en formera une nouvelle, semblable à la première en tout ce qui varie selon les temps, et telle qu'elle résultera des élémens qui devront entrer dans sa composition.

Si, au contraire, ceci est la fin, et que le monde soit condamné; au lieu de rassembler ces débris, ces ossemens des peuples et de les ranimer, l'Église passera dessus, et s'élèvera au séjour qui lui est promis, en chantant l'hymne de l'éternité.

FIN DU TOME SEPTIÈME.

TABLE.

FIN DE LA TABLE.